宋朝往事系列

耿元骊 主编

# 文天祥
## 凛然正气盈天地

蒋金玲——著

辽宁人民出版社

© 蒋金玲　2025

**图书在版编目（CIP）数据**

凛然正气盈天地：文天祥 / 蒋金玲著 . — 沈阳：辽宁人民出版社，2025.1
（宋朝往事系列 / 耿元骊主编）
ISBN 978-7-205-11152-6

Ⅰ. ①凛… Ⅱ. ①蒋… Ⅲ. ①文天祥（1236—1282）—传记—通俗读物 Ⅳ. ① K827=442

中国国家版本馆 CIP 数据核字（2024）第 092631 号

出版发行：辽宁人民出版社
　　　　　地址：沈阳市和平区十一纬路 25 号　邮编：110003
　　　　　电话：024-23284191（发行部）　024-23284304（办公室）
　　　　　http://www.lnpph.com.cn
印　　刷：天津光之彩印刷有限公司
幅面尺寸：145mm×210mm
印　　张：11.25
字　　数：201 千字
出版时间：2025 年 1 月第 1 版
印刷时间：2025 年 1 月第 1 次印刷
责任编辑：赵维宁
助理编辑：姚　远
封面设计：乐　翁
版式设计：一诺设计
责任校对：吴艳杰
书　　号：ISBN 978-7-205-11152-6
定　　价：78.00 元

# 总　序

## 宋朝往事，如在眼前

后周显德七年，岁在庚申，公元纪年则曰960年。这一年的春节，就在公历1月31日。经过了数十年各方势力混战，天下仍大乱，百姓仍生活在苦难之中（当然，传统王朝盛世，百姓也在苦难之中，乱世倍增而已）。不过，古今一例，大过年的，百姓们假装也要假装一下，麻醉也要麻醉一下，大户小家都欢天喜地，撤旧符，换新桃，祭祖悬影，张灯结彩，宴饮欢唱。无论内忧外患如何，生活总要继续下去。可是，就在中原大地一片祥和的气氛之中，突然——可以说非常非常突然，大年初一，北境传报紧急军情！北汉勾结辽军攻打过来！开封城内，惊慌失措的百姓，惊慌失措的大臣，还有惊慌失措的小皇帝，焦急地一叠声：怎么办？怎么办？

大周，说起来总是中原正朔，且正处蓬勃之际，岂能坐以待毙！必须抵抗，必须派最富军事指挥才能的大将率军抵抗！不过，谁是具有这样能力的大将呢？当然，朝廷知道，百姓知道，只有赵匡胤一人而已。赵匡胤成竹在胸,也不推辞,安排妥当,于大年初三带兵北征。走了一天,来到陈桥驿,夜色降临,驻扎下来。接下来的故事,三尺孩童以上,便无人不知无人不晓了,"黄袍加身"的"陈桥兵变"成为古今耳熟能详的"往事"。显德七年飞速变成了建隆元年,开启了一个全新朝代:宋朝。由此,也就进入了我们想重新回忆的"宋朝往事"。

在中国历史上,"宋"之魅力,独树一帜,让人不停地想起它。提起宋朝往事,很多人都感觉历历在目。那么,以后见者之明,再观察宋代,到底该如何认识宋呢?陈寅恪先生讲"华夏民族之文化,历数千载之演进,造极于赵宋之世",就已经为它定性定向,成为我们认知宋朝的一个基底性叙述了。不过晚清民国以来,学者与世人在外敌入侵的背景下,看待宋朝总是觉得它"积贫积弱",几乎只有陈先生独具慧眼,但是随着世界变化,研究逐步深入,观念多轮更新,世人越发理解了陈先生先见之明,发现宋朝既不贫也不弱,乃至更多强调宋朝有趣又有生机的那一面了。在当代中国人看来,这是一个有意思、有故事的风雅时代。

宋朝文化,偏于"雅致"气象,已经有无数学者指出过了。虽然"西园雅集"其事本身未必完全符合史实,但是"雅集"精神却是宋代真实的"文化心理"。他们吟诗词而唱和,他们抚琴听音,他们绘山水而问禅风,"宋型"文人风貌就显现其中。从对"西园雅集"千年反复阐释与模仿当中,足见其影响之深远。而"雅集"所体现出来的"极简"美学,是宋代高雅文化全部核心所在。扬之水先生说:"抚琴、调香、赏花、观画、弈棋、烹茶、听风、饮酒、观瀑、采菊、绘画和诗歌,携手传播着宋人躬身实践和付诸想象的种种生活情趣。"当然,这种风雅文化,也深深影响到市井文化,推动了市井文化与风雅文化同步大放异彩。甚至或者可以说,在宋人那里,市井文化就是风雅文化的变身。

宋朝经济,以工商流转增值为主要经济运行模式,初步迈向了现代经济门槛。又因为总掌控区域大幅度缩小,外部军事压力过大,财政供给压力倍增,不得不开拓在传统农业经济之外的财政来源,竟有意外收获,也就是发现了一条新经济之路:由工商业繁荣,进而推动生产力提高。手工业和商业贸易,对比前朝,都有了大幅度进步。作为衡量经济发展的一个重要指标,宋常年铜钱铸造数量,比唐代鼎盛高峰期还多出数倍,更不用提出现"交子"这样具有现代化性质的纯信用货币了。当然,受限于诸多因素,并未能或者说完全没可能实现从传统经济向现代经济的惊险一跃。

宋朝政治,在传统时代政治大势中堪称特例。皇帝与士大夫共治天下,不因政治斗争因素随意诛杀大臣,都是宋朝独有特殊之处,因而建立了一种相对开明的政治局面。虽然我们完全了解,宋代政治也有诸多问题,党同伐异,文字狱,争执与整肃似乎也都没少过，但是在整体上观察帝制时代政治进程，完全可以确认，宋朝相对偏于宽松。从整个王朝政治史上观察，两宋还都可以说是独特的存在。而科举取士，更是奠定了读书人在政治上的进取之心，社会流动开了一个虽不宽松但也绵绵不绝的上下交通渠道。有志者，可以通过考试进入统治阶层，自认对天下有责任，亦有担当，"先天下之忧而忧，后天下之乐而乐"。

无论从哪个角度看，宋朝都是奠定中华文化最终形成的重要一环，无宋则不足以言中华文化。不过，普通读者对宋朝的印象，在经历了长期看低之后，则有近180度大转弯。最近数年，欣赏宋朝、研读宋朝、描绘宋朝生活成为影视、阅读、游戏等各类市场的新宠。各类时新或传统媒体，时不时地就弄出个宋代专题，制作了各种各样的音频课、视频课，坊间也在学术著作大批出版的同时，出现了无数种关于宋朝的通俗著述。在关于宋朝叙述大繁荣之时，在这无数种关于宋代的讲述中，为什么我们还要再增加新一种呢？这大概就是因为，宋之魅力势不可当。虽然名家大作珠玉在前，但我们还是想试图提供更多维度给读者进行参考和对比。

如何提供更多维度？孟浩然诗句"人事有代谢，往来成古今"最能代表我们的心情和缘起之思。就是想通过人和事两方面，与读者诸君讨论宋朝独特之处。宋之风雅、政事、富庶，都体现在人和事之中了。没有那些特立独行之人，风雅不可见；没

## 总　序　宋朝往事，如在眼前

有那些风雅之士行动，政事不可知；没有那些百姓努力创造，富庶无可求。想要全方位观察宋、了解宋，欣赏大宋之美，就请和我们一起来回首"宋朝往事"。

面对浩瀚宇宙，面对苍茫大地，面对漫漫人生，我们内心常常涌起一种深远庄严之感，不由得想去探究和思考。这就是人之所以为人的根本，只有人类才渴盼了解自身，试图了解自己的过往。而有着世界上最长久、最多历史记载的中华民族，算得上是最愿意了解自身历史的族群之一。与历史人物、事件建立起属于我们自身的沟通管路，唯一渠道和办法，就是读史。读其书，想其人，念古人或雄壮或卑微的一生，感慨万千，油然而生一种复杂情绪弥漫胸间。这大概也是想了解历史、阅读历史的普通读者之常有心境。不过世易时移，学有专攻，不可能让有阅读愿望的各行各业读者，都能重新从工具书层面开始入手研读，所以回首"宋朝往事"，十人十事，纵横交织，就是我们所提供的优质的精神快餐。

宋代人物纷繁，我们选择了赵匡胤、赵普、寇准、范仲淹、包拯、狄青、沈括、岳飞、陆游、文天祥十位代表性人物。相信以读者诸君的敏锐度，已经明了我们的选择用意。赵匡胤，开国之君，没有他的布局和冒险一搏，不会有大宋的建立；没有他所奠定的基础，宋朝也许就是那个"第六代"了。赵普是宋朝开国元勋，也是宋初文臣之中较为有名的那一个。他一生三次入朝为相，影响很大。世人知道他，多以那句"半部《论语》治天下"的典故。他长于吏道，善于出谋划策，"智深如谷"，开国大政，多依赖于赵普策划。寇准，评书演义中的最佳人物，一句"寇老西儿"牵动了多少我辈凡夫俗子之心！可以说，他就是那个有棱角有缺点的最佳演员。范仲淹，相信没有人不知道其千古名句"先天下之忧而忧，后天下之乐而乐"。几乎每个当代中国人都会反复学习那千古名篇，没有他，宋朝就缺失了一点什么。包拯，明清以后，已经成为中国古代清官杰出代表，是为政清廉、公正执法、断案如神的象征，民间呼为"包青天"。以他为主角衍生出的历史演义、戏剧、小说、影视剧为数众多而历代相传。戏说虽然于史无征，却激起我们窥探历史上包拯究竟是何种模样的极大兴趣。狄青，从一名基层农家子弟应征入伍，出身低微，一无权二无势，通过自己精湛的武功、高妙的指挥能力和优良的人品，以及在国家危难之际奋不顾身的突出表现，成长为接近权力巅峰的枢密使，是底层小人物逆袭的典型，后代小说家甚至以他为主角写成了诸多小说演义作品。传说狄青是武曲星下凡，与文曲星下凡的"包青天"一起享誉天下。沈括，我们了解大书《梦溪笔谈》，更了解他记述下来的活字印刷术。他是那个时代文人的典范，虽然后人未必赞同他为官为人之道，但是都欣赏他作为文人士大夫而能关注普通人技术进步的开放心态。岳飞，更是无数传奇小说中的最优榜样。千百年来，不知道影响了多少英雄豪杰！陆游是伟大的诗人和伟大的爱国者，大多中国学生都学习和背诵过他那首千古名诗《示儿》。一辈子渴望北伐中原，收复失地，但是时代没有给他机会。从宋金和战历史大背景观察，我们才能发现一个真实的陆游。文天祥，更是我们常常耳闻的伟大人物，为了匡扶南宋这座将倾大厦，妻离子散，家破人亡，但依然志向不改、视死如归。伟大的人格力量，在中华历史上铸就了一块无与伦比的正气丰碑，内化为中华优秀传统文化不可分割的一部分。纵观文天祥一生，无负于"人生自古谁无死，留取丹心照汗青"的铮铮誓言。

因人而成事，宋代历史上，几乎每天都有大事发生。这些大事如何走向，以后见之明来看，在历史上就更有关键节点作用了。我们同样选择了十件大事作为代表，算是尝一脔而知一鼎之味。东封西祀、女主临朝、宋夏之战、熙丰新政、更化与绍述、靖康之难、三朝内禅、开禧北伐、襄阳保卫战、崖山暮光是我们选定的若干"大事"。读者诸君当然更明了这十件事在宋代历史上的关键性作用。宋真宗不甘平淡，又缺雄才大略，导演了一场天书降临的闹剧，东封西祀，营造太平盛世，将宋朝引到了一条歧路上，带坏了政治风气，无谓消耗财富积累，导致社会出现重大方向调整。宋真宗的章献明肃刘皇后，最著名的传说就是"狸猫换太子"，而这只是个谎言。事实上，刘皇后作为宋代第一位垂帘听政的太后，她身上的故事远比"狸猫换太子"更加精彩。自宋建国起,宋朝与党项李氏一直保持着友好关系,西部边界也一直处于相对稳定的局面,直到李继迁公开与宋朝决裂。党项李氏逐渐壮大,并建立西夏,发展到足以抗衡辽、宋,三足鼎立,宋朝西部边患不断,几无宁日,漫长曲折的战争故事也陆续上演。宋神宗继位之后,梦想成为一个大有为的君主,强烈想要改变现状。与王安石一遇即合,君臣相得,开启了一条"改革之路"。不过这改革既艰难又复杂,在宋人眼里更如乱来。千载之下,评说仍未有完结之期。宋哲宗继位之后,新法逐渐由改善民生、行政、财政、兵政等大目标,转而成为清除异己与聚敛钱财的工具,丧失了正当性,而这一切还在继承神宗之志旗帜下进行。借着更化到绍述之名,大宋这一艘漏水的航船驶入了更加风雨飘摇的末路。靖康之难,更是一段伤心之史。在繁华富足当中突然崩溃,亦是千年少见之事。再建南宋,久居钱江之畔,临安临安,已再无临意。不过相对长期稳定的政治局面之下,皇位继承这个中国传统政治大难题,在南宋前半期又成为难上加难的超级难题。南宋前四帝,总共见过了四次内禅(高宗为皇子时,见徽钦之禅)。王朝体系下,就没有真正的家事与国事的分别,这一家事国事大难题,搅得政局翻覆,影响极大。再到开禧北伐,只好说它是虚假反攻。韩侂胄大冒险,最终把屠刀留给了自己。而由此导致的政局动荡,让后人感觉平添了几分萧瑟。更不幸的是,蒙古崛起,应对失当,为最终的没落埋下了种子。宋

## 总　序　宋朝往事，如在眼前

元之间，襄樊大战则是南宋灭亡的关键。让我们一同进入宋末历史世界，看看舞台上主角人物如何抉择，观其言，察其行。在13世纪末欧亚大舞台上，从全球视角看看襄樊之战前因、后果、始末、影响与结局。襄樊大战失败之后，元军继续南下，宋人多路义军闻风而动，试图收复故土，好不热闹。但元军一路直下，鏖战50年，四川最终陷落。宋廷退守崖山，张世杰摆一字长蛇阵，决战一日，十万军民漂尸海上，南宋彻底灭亡。大宋忠臣遗民，以生命为国尽忠，为国招魂。只留待我们后人唏嘘南宋往事，或叹或悲或感慨。以此十事，可见宋朝历史脉络的大关节之处。

以上十人十事，共同构成了"宋朝往事"。知人论世，读人读事，把"人"和"事"立体组合起来，这是我们设想的一种新尝试。希望读者诸君与我们携手，一起走进宋朝，欣赏大宋往事，感慨世事变迁，回到大宋场景中，感受历史长河的孤独前行，回味大宋的波澜壮阔。

本人供职于坐落千年古都的河南大学，日常所居之处，每日教学相长之所，就在开封东北角，宋代遗存的"铁塔"之下。这个位置，大概也是王诜"西园"附近。无论"雅集"是不是真的存在，作为宋文化的象征，早已经名垂千古。在西园与宝绘堂旁，走在千年铁塔之下，不由得会生发出思宋之情，悬想宋人生活之景之情，与二三同志研读宋史，更体悟得"雅集"之趣。也是在这个宋文明萌生的一处所在，在辽宁人民出版社蔡伟先生的

009

凛然正气盈天地：文天祥

盛情邀请下，本人虽不敏，但勇于任事，担下了组织撰写"宋朝往事"工作，幸不辱使命，丛书出版后得到了广大读者好评，故有精装版重印之举。希望我们12人通力合作，能以"轻学术"方式，既保有学术上的严谨厚重，又去掉严格脚注带来的束缚与阅读限制，带给大家一点不一样的阅读体会。感谢陈俊达（吉林大学）、黄敏捷（广州南方学院）、蒋金玲（吉林大学）、刘广丰（湖北大学）、刘云军（河北大学）、刘芝庆（湖北经济学院）、仝相卿（浙江大学城市学院）、王淳航（凤凰出版社）、王浩禹（云南师范大学）、张吉寅（山西大学）、赵龙（上海师范大学）等一众优秀青年学者（以上按姓名拼音排序）接受我的邀请并鼎力支持，一起完成了这项大工程。

我们也知道，坊间已经有很多种宋史普及读物，我们新增这一丛小草，希望它也有长久的生命力。我们贡献全力，虽然通俗，但不媚俗，文字尽量有趣，但是绝不流于戏说，希望能为您的读书生活增添一点真正的趣味。当然，高人雅士，亦望教导指出书中不当之处。您开卷展读之时，希望我们12人没有辜负您，也没有浪费您宝贵的时间，更愿读者诸君与我们一起走进宋朝，知宋，谈宋，理解宋。

耿元骊

2024年3月25日于开封开宝寺塔旁博雅楼

# 目 录

总　序　宋朝往事，如在眼前　　001

引　子　　001

第一章　悲痛的状元　　014
　　一、启蒙　　015
　　二、慕贤　　021
　　三、夺魁　　029
　　四、丁忧　　041

第二章　坎坷的仕途　　046
　　一、上书　　047
　　二、浮沉　　057
　　三、忤奸　　071
　　四、罢官　　079

| 第三章　殊死的较量 | 091 |
| --- | --- |
| 一、联蒙 | 092 |
| 二、入洛 | 110 |
| 三、来犯 | 120 |
| 四、失守 | 133 |

| 第四章　忠义的臣子 | 145 |
| --- | --- |
| 一、再仕 | 146 |
| 二、勤王 | 153 |
| 三、溃败 | 169 |
| 四、入卫 | 178 |

| 第五章　硬气的使者 | 191 |
| --- | --- |
| 一、国难 | 192 |
| 二、出使 | 205 |
| 三、脱困 | 216 |
| 四、南归 | 227 |

# 目 录

## 第六章　顽强的抗争　　　　　　　　　　245
　　一、开府　　　　　　　　　　　　　246
　　二、苦撑　　　　　　　　　　　　　253
　　三、转机　　　　　　　　　　　　　261
　　四、折戟　　　　　　　　　　　　　273

## 第七章　不屈的囚徒　　　　　　　　　　286
　　一、亡国　　　　　　　　　　　　　286
　　二、北行　　　　　　　　　　　　　300
　　三、拒降　　　　　　　　　　　　　310
　　四、取义　　　　　　　　　　　　　319

## 尾　声　凛然正气盈天地　　　　　　　　336

## 后　记　　　　　　　　　　　　　　　　340

# 引　子

元世祖至元十九年十二月初九日（1283年1月9日），47岁的文天祥终于结束了他四年的囚徒生活，即将走向生命的终点。

元大都（今北京），柴市。

负责维护刑场秩序的元兵神色紧张，如临大敌。百姓争相前来，神色悲戚。

凛冽的寒风中，文天祥站在行刑台上，围观的人此时越聚越多，他十分平静地问旁边的狱卒："哪边是南？"

狱卒指了指南方，文天祥整理衣冠朝南下跪，拜了几拜，然后起身说："我的事做完了。"监斩官问："丞相还有什么话要说？回奏尚可免死。"文天祥摇了摇头，从容赴死。

几天后，他的妻子欧阳氏来收尸体，看到他的面目还像活着时候一样，平静、清雅。欧阳氏在他的衣带中发现了一篇赞文："孔曰成仁，孟曰取义，惟其义尽，所以仁至。读圣贤书，所学何事，而今而后，庶几无愧。"

作为一个传统意义上的道德完人，文天祥对南宋的忠诚保持到了他生命的最后一刻。他在《指南录》里的一首诗中写道："臣心一片磁针石，不指南方不肯休。"是的，无论经历怎样的磨难，承受怎样的痛苦，受到怎样的不公待遇，他的忠诚都从未动摇。孔子教导的杀身成仁，孟子崇尚的舍生取义，文天祥刻于心、践于行，尽到了一名人臣所有的责任和义务，他把"仁"字推至极致，也把"义"字践行到了极点。读了那么多年的圣贤书，所学的不就是成仁取义的事吗？一死报大宋，他心中再无任何牵挂！

一天前，面对元世祖忽必烈的最后劝降，文天祥依旧凛然拒绝，只求一死，忽必烈不再坚持，同意了文天祥的请求。

四年前，文天祥在广东的五坡岭不幸被元兵所俘，他不甘受辱，故吞下龙脑（冰片）以求自杀殉国，但未能如愿。随后，元军的统帅张弘范让他写劝降信，他却将不久前的诗作《过零丁洋》交给对方，"人生自古谁无死，留取丹心照汗青"，文天祥誓死不降的决心日月可鉴。张弘范将他带到崖山观战，他亲眼看到南宋朝廷最后的悲歌，宋朝十几万军民或战死或蹈海殉国，他的

# 引 子

心在滴血却无能为力。在被押往元朝大都的路上，经过老家江西时，文天祥一心求死，连续绝食八天，但偏偏求生不能、求死不得。他长途跋涉来到大都，旋即面对的却是源源不断的劝降，宋朝的叛臣、投降的皇帝，甚至他至亲的女儿都在劝他放弃，他不为所动。元朝官吏摧残他的精神，折磨他的肉体，他都咬紧牙关，毫不屈服。在一个幽暗狭小肮脏的囚室里，整整三年，他却安之若素，写下了千古名篇《正气歌》。

八年前，面对蒙元的强大攻势，南宋朝廷诏令天下兵马勤王，时任赣州（今江西赣州）知州的他捧着诏书痛哭流涕，为了尽到臣子的职责，他散尽家财、招募义兵，明知以其招募的乌合之众无法对抗精锐的虎狼之师，但他依旧凭借一腔热血勇往直前。后来南宋朝廷投降，他作为使者出使元营，因为与元军统帅伯颜针锋相对，被伯颜一怒之下扣押，在前往大都的路上，他和侍客杜浒等12人终于得以在镇江逃脱，历尽惊险赶往扬州，却被轻信谣言的扬州守将李庭芝误认为是来劝降的说客，差点儿就丢了性命。随后，他们一行人经历千难万险到达福州追随端宗赵昰。可是福州这个小朝廷也是风雨飘摇，掌权的几个大臣又互相倾轧，根本容不下文天祥。不久，他被排挤出去，到江西起兵抗元，但他依旧没有怨言，屡败屡战，百折不回，多次经历九死一生的险境。其间，他的母亲和儿子病故，妻子和女儿被元军俘房，身边志同道合者一天比一天少。他本为一介书生，却义无反顾扛着抗元的千钧大旗，何等豪迈，何等悲壮。

二十七年前，刚刚20岁的他意气风发、才华横溢，在殿试中凭借一篇"法天不息"的万字策论高中状元。然而，他的仕途还没展开就因父亲文仪病故而搁浅，在家守孝三年。起复后，他正式进入官场，此后十几年，在宦海里几经沉浮，但无论是在朝廷任职还是下派地方，他都谨守着自己的品格和操守，主政一方时勤政爱民、敦睦教化，担任司法官员时明察秋毫、铁面无私。面对误国权臣丁大全、贾似道和宦官董宋臣等人，他敢于直言、一心为国，虽然数次被罢官，但依旧不改本色。

那么，这个让他鞠躬尽瘁死而后已的南宋朝廷又是怎样的境况呢？

靖康二年（1127），由女真人完颜阿骨打建立的金国挥军南下，攻陷了北宋的首都开封，掳走宋徽宗、宋钦宗及几乎所有的皇室成员，史称"靖康之变"，北宋灭亡。赵氏王子中唯一的幸存者是徽宗的第九个儿子康王赵构，这位赵构之所以如此幸运，不是因为他杀出重围或逃出重围，而是之前他曾被哥哥钦宗派出到金营议和，结果走到磁州（今河北邯郸磁县）时被名将宗泽挽留。这一留不但使赵构阴差阳错地躲过了一场灭顶之灾，还因祸得福地成了大宋皇室唯一的继承人。这年五月，赵构在南京应天

引　子

府（今河南商丘）即位，建立南宋。

即位之初，面对步步紧逼的金军和国内复杂动乱的形势，赵构提拔和任命了岳飞、韩世忠、吴玠、刘光世等一批能力出众的主战派将领。但他只把军事部署作为维护自己地位稳定和同金国议和的筹码，所以，他对主和派的黄潜善、汪伯彦、秦桧等人也予以重用，竭力压制岳飞、韩世忠等主战派。

南宋绍兴十一年（1141）四月，为了确保"大宋的军队必须姓赵"，赵构解除岳飞、韩世忠等大将的兵权。在赵构看来，新生的南宋政权既然无力与金人作战，唯一的可行之策便是弭兵息民、签订和议了。在扫清金宋和谈的所有障碍后，十一月，南宋与金签订了"绍兴和议"，宋向金称臣纳贡，宋金以淮水中流为界。也就是说，南宋的疆土退至淮河之南地区。十二月二十九日，一生以"尽忠报国"为己任的岳飞被"赐死"于大理寺狱中。赵构与秦桧君臣同心，秦桧深得赵构信赖，高宗朝历时36年，所任宰相15位，其中秦桧任相近19年，且自绍兴八年（1138）再相之后，直至绍兴二十五年（1155）病逝，独相17年之久。秦桧死后，赵构仍重用主和的万俟卨、汤思退等人主政，严格遵守对金国和议条款，除每年纳贡银25万两、绢25万匹外，每逢年节或金国的皇帝过生日，赵构也要送去厚礼，"以巨万计"。总之一句话，只要你不打过来，什么都好商量。当然，这纸协议也至少换取了南宋20年的安生。

南宋从赵构登基到宋末帝赵昺跳海而亡，一共享国152年，传七世九帝。冥冥之中，南宋诸帝几乎都有绝嗣的威胁，这似乎也预示着南宋朝的日子一直过得步履维艰。建炎三年（1129），宋高宗赵构唯一的皇子夭折。1132年，赵构接受臣下的建议，从赵匡胤七世孙中选了六岁的赵伯琮养在宫中，以备后嗣之缺。在满心的不甘与漫长的等待之后，绍兴三十二年（1162）五月，赵构才正式下诏立赵伯琮（此时叫赵玮）为皇太子，改名眘。六月，赵构禅位，赵眘即位，是为孝宗，赵构自己当起了太上皇。宋孝宗有三子，都是成穆皇后郭氏所生，因长子赵愭早逝，孝宗就在次子、三子中二选一，乾道七年（1171）册立三子赵惇为太子。淳熙七年（1180），次子赵恺去世，年仅35岁，皇冠没有悬念地落到了赵惇的头上，是为光宗。光宗唯有赵扩一个儿子，史书说他"不慧"，说白了可能有智力障碍，孝宗就曾经反对赵惇立赵扩为储，但光宗后来精神病的症状越发严重，绍熙五年（1194），忍无可忍的臣子们逼着他退了休，可此时能拥立的新君也就非赵扩莫属了，是为宋宁宗。宋宁宗有九个儿子，却全部夭折，不得已只能从宗室中选择赵竑为养子，但嘉定十七年（1224）宁宗驾崩后，权相史弥远发动政变，废黜赵竑，另立旁支宗室赵昀为帝，是为宋理宗。宋理宗又没有儿子，他把唯一的

# 引 子

亲弟赵与芮的唯一的儿子赵禥收为养子,理宗虽然很清楚赵禥根本不堪大任,却依然"肥水不流外人田",将其立为太子。景定五年(1264),理宗驾崩后,赵禥即位,是为宋度宗。宋度宗孱弱无能、荒淫昏庸,倒是留下了三个小儿子,但最终沦为南宋覆亡的末三帝,即宋恭帝赵㬎、宋端宗赵昰、宋末帝赵昺。

再说回孝宗赵昚。刚即位的赵昚雄心勃勃,一心想要重整河山、收复中原。在即位后的第二个月,他就重用了坚定的主战派张浚,并积极为岳飞平反冤狱,还给以前因为主战而被贬谪和罢免的大臣恢复名誉,对仍健在的就重新起用,整军经武,积极备战。隆兴元年(1163)四月,赵昚向张浚和诸将下达了北伐的诏令,虽然开局很顺利,但在金军优势兵力的反攻下,加之军中主将不和、军心涣散,战事也只能以惨败告终。没办法,打不过就继续谈和吧,隆兴二年(1164)岁末,宋金达成第二次和议,史称"隆兴和议"。这次和议宋朝取得的最大胜利是宋金之间由"君臣之国"变为了"叔侄之国",38岁的宋孝宗称41岁的金世宗为叔,尽管金朝的地位仍然高于宋,宋仍然有点委屈,但没办法,谁让咱实力不行呢?想当年,石敬瑭还管小他10岁的辽太宗耶律德光叫爸呢。有"小尧舜"之称的金世宗也是个有远见卓识的君主,他虽然在名分上让了步,但在土地谈判上坚决不让,迫使宋朝同意归还数年前夺得的金朝四州。而且,在宋金外交礼仪中，宋朝皇帝仍然必须亲自起立接受金朝的国书，这本身就反映了二者的不平等，宋孝宗也曾经同金人进行了长期的、不屈不挠的抗争，最后仍以宋朝妥协告终。但隆兴和议使宋金又重新回到和平相处的正常轨道上来，宋金两国维持了40多年的和平。长久的和平给南宋带来了发展的黄金时期，这段时间经济发展，社会富庶，百姓安居乐业，呈现出中兴的景象。

赵昚在当了27年皇帝后，于淳熙十六年（1189），他仿照宋高宗禅位之举，也将皇位"禅让"给了儿子赵惇，是为宋光宗。赵惇的身体不太好，还有一个特别泼辣的媳妇李皇后，李氏利用赵惇不能处理朝政的机会把控大权，滥封亲族，把朝堂弄得乌烟瘴气。在这夫妻两人的不懈折腾下，南宋这座大厦终于开始倾斜。

在李后的挑唆下，光宗与父亲赵昚的关系严重对立，绍熙五年（1194），赵昚病重之时，光宗拒绝探病，赵昚病逝，他又拒绝为其主持丧礼。皇帝如此"不孝"，朝野哗然，群臣再也无法容忍这个疯子皇帝，最终赵汝愚、韩侂胄等人在赵昚皇后吴氏的支持下，拥立赵惇第三子赵扩登基，赵惇禅位，继赵构、赵昚之后也当上了太上皇。

韩侂胄是北宋名相韩琦的曾孙，又是赵昚皇后吴氏的外甥，在成功排挤掉赵汝愚后，韩侂胄开始独揽大权，在这位"权相"

# 引 子

的孜孜努力下，南宋的倾覆之势愈加不可收拾。

众所周知，"权相政治"是南宋政治生活中最具特色的存在。南宋权相辈出，权力稳固、执政时间较长的有秦桧、韩侂胄、史弥远、贾似道四位，即南宋所谓"四大权相"，分别在南宋初期、中期、晚期执政。四人擅权时间长达72年，占了南宋152年历史的一半，元人修《宋史》时，除史弥远外，其他三位都被列入"奸臣传"。南宋权相政治的形成与当时的国家形势密切相关，出于应付宋金、宋蒙对峙形势的需要，为方便宰相及时处理瞬息万变的军务，军权、财权乃至人事权得以不断向宰相集中，进而形成了真正意义上的"一人之下、万人之上"的宰相干政的局面。而一旦用人不善，皇帝又无力控御，就容易造成威权震主的权相政治。

韩侂胄和秦桧虽然都被元朝史臣斥为"奸臣"，但与秦桧不同的是，韩侂胄除了专权，他还是一个主战派。宋宁宗赵扩的皇位是韩侂胄帮忙争取来的，所以投桃报李，赵扩放心地将权力交给了韩侂胄。韩侂胄掌权后，之前被排斥的主战官员又被起用，甚至连辛弃疾这样的忠贞之士都来附和，更让韩侂胄意气风发。有人趁机劝韩侂胄"立盖世功"以稳固权位，韩侂胄经过冥思苦想，豁然开朗：只有北伐金朝收复失地才是盖世之功啊！于是，韩侂胄奏请宋宁宗，积极准备北伐。

此时，金朝的皇帝是金章宗，这是金朝最强盛的时期，南宋显然不具备与金抗衡的实力。可南宋朝廷大部分人沉浸在报仇雪恨的渴望与似乎唾手可得的胜利中，虽然也有几位清醒者提出反对意见，但都被当作"灭自己志气、长他人威风"的反对言论加以压制。

南宋先是在宋金边境不断制造摩擦，以试探金朝的态度。金朝的克制助长了南宋的狂热。开禧二年（1206）五月，宋宁宗下诏北伐金朝，韩侂胄北伐正式拉开帷幕，史称"开禧北伐"。开战初期，宋军收复了一些地方，如东路军统帅郭倪攻取了泗州。但金军很快征调军马进行反击，马上扭转劣势。十月，金朝20万大军全面反攻，宋军一战即溃，甚至不战而溃。

没办法，南宋只得又继续拿出对金朝的杀手锏——求和，但这回金朝是真的生气了，后果很严重，除了割地赔款这些常规要求之外，还坚持要惩办挑起战争的元凶韩侂胄。韩侂胄怒了，谈判中断。金人再次摆出大举南攻的架势，宋人大惧，韩侂胄只得同意遣使赴金求和。又因金人必须要得到韩侂胄的人头，谈判再次陷入胶着。韩侂胄平时太霸道，人缘差，又指称朱熹的理学为伪学，疯狂打击理学人士，惹得群情激奋，所以此时南宋朝廷的大部分人都认为，如果韩侂胄的脑袋真能停止战火，献出去倒是个好主意。但韩侂胄岂能同意，他一心准备重新对金用兵，这可

# 引　子

惹急了那些一心求和的人，开禧三年（1207）十一月，主和派的礼部侍郎史弥远联合赵扩的皇后杨氏，暗杀了韩侂胄，并把他的人头作为与金朝议和的礼物。金朝此时也正受着刚刚崛起的蒙古的威胁，也乐得和南宋赶紧停止战争，在反复交涉后，嘉定元年（1208）九月，宋金第三次和议终于签订，史称"嘉定和议"。根据和议，宋金由隆兴和议的"叔侄之国"改为"伯侄之国"，宋宁宗称与自己同岁的金章宗为伯父。

紧接着，南宋进入了史弥远专权的时期。虽然史弥远与韩侂胄的主张不同，但他们都在做着同一件事，那就是继续将南宋这座大厦往倒了推。

史弥远，南宋第三大权相，出自赫赫有名的南宋四明（今浙江宁波）史氏家族——南宋唯一一个"一门三相"家族。史氏家族崛起于宋室南渡之后，史家子弟不仅凭借科举入仕，更凭借科举维持其家族地位的长盛不衰，故臻至"一门三宰相，四世两封王，五尚书，七十二进士"之盛况，甚至人称"满朝文武，半出史家"，其煊赫可见一斑。史家拥有大批文臣武将，但最著名的莫过于史浩、史弥远、史嵩之祖孙三相。史浩，绍兴十五年（1145）进士，绍兴二十九年（1159），史浩在朝见高宗的一次"轮对"奏事中，受到高宗的赏识，成为当时还是皇子的孝宗的老师，对孝宗顺利即位有辅翼之功。

史弥远乃史浩之子，淳熙十四年（1187）进士，与其父亲史浩褒贬不一且以褒为主的历史评价不一样，人们对史弥远则多给予恶评。他把持南宋政权达26年之久，一手遮天。他专门找些谄媚卑鄙之人作为心腹，其中七个骨干被时人称为"四木三凶"。在他的带领下，南宋朝廷变得贪污腐化，风气败坏，乌烟瘴气。对金国，他采取完全屈服妥协的政策，对老百姓则是敲骨吸髓。他大量印造纸币新会子，并规定纸币不可以兑换金、银、铜钱，而只以新钱兑换旧钱，旧钱还要折价一半，导致整个社会通货膨胀，物价飞涨，民不聊生。

史弥远这么瞎折腾，难道皇帝不管吗？

皇帝还真就不管。开禧北伐失败后，宋宁宗赵扩开始大规模清洗韩侂胄的党羽，但凡和北伐沾上边的都要受到处罚，就连陆游这样一心为国的人也因为这件事被撤去了职名，可见赵扩被气成了什么样，而促成和议的史弥远自然顺风顺水。赵扩还有一件闹心事，那就是他先后有过9个儿子，却无一例外地夭折了，他最后只得选了一位叫赵竑的宗室子弟作为皇子。这位赵竑却恨透了史弥远，直接对身边的人说，只要他当了皇帝，第一个就收拾史弥远。史弥远当然不会束手待毙，他从民间找了一个叫赵与莒的宗室子弟推荐给赵扩，作为赵竑的替补，赵扩同意了。等到几年后赵扩病死的时候，史弥远又说服了杨皇后，将赵与莒推上皇位，改名赵昀，是为宋理宗。赵昀由一个普通的小孩儿一下子成为皇帝，自然对史弥远感恩戴德，虽然他对史弥远的做法并不赞同，但此时的史弥远实力雄厚，他只得将政务完全交给史弥远处理，自己则不闻不问，或是研究理学，或是纵情声色。在这种情况下，史弥远又折腾了9年才病死，此后赵昀才开始亲政。刚开始他也想有一番作为，罢黜史党、澄清吏治、整顿财政，但后期南宋的政治局面又重新回到了起点。

与此同时，来自草原的蒙古已经基本完成了对金朝的战争，面对纸醉金迷、偏安一隅的南宋，蒙古铁骑已经磨亮了马刀，等待发起全面的冲锋。

而南宋朝廷在史弥远倒台后，即将登场的是一位比他还要"登峰造极"的误国宰相贾似道，南宋这座大厦距离轰然倒塌的时间越来越近了。

面对强大的外敌和烂到根子里的朝廷，一身正气、刚直不阿的文天祥又会做些什么呢？

# 第一章

# 悲痛的状元

　　文天祥作为南宋末年的道德楷模和抗蒙英雄，光辉形象彪炳史册，他的诗句"人生自古谁无死，留取丹心照汗青"几乎家喻户晓，他的爱国情操和忠贞气节更是长久以来被人们敬仰和赞颂。但大家或许不知道，文天祥还特别会考试。在父亲文仪的言传身教和教书先生的悉心指导下，文天祥小小年纪就卓尔不群，在宝祐四年（1256）的科举考试中，文天祥一举夺魁成为状元，可还没来得及品尝成功的喜悦，他就深陷在丧父之痛里无法自拔。

第一章 悲痛的状元

## 一、启蒙

宋理宗端平三年（1236）五月初二日，文天祥出生在江南西路吉州庐陵县（今江西吉安青原区富田镇）。吉州扼湖南、江西两地咽喉通道，素有"江西望郡"之称。古城庐陵更是历史悠久，苏东坡曾作诗云："巍巍城郭阔，庐陵半苏州。"可见这里的繁华。庐陵还是著名的"文章节义之乡"，地方官学、书院和乡村私塾林立，科举极为兴盛，读书求学、崇尚忠孝节义蔚然成风，文天祥就出生和成长在这样的环境里。

据清人编纂的《文氏通谱》和《富田文氏族谱》记载，文天祥祖籍四川成都，是汉景帝时蜀郡太守文翁的后代。到五代十国时期，文家的文时在后唐庄宗李存勖的麾下任帐前指挥使、轻车都尉，奉命攻打洪州（今江西南昌）后就留在那里娶妻生子，把家安在了江西。等到后唐灭亡，石敬瑭建立后晋时，文时不愿意效忠后晋，就干脆辞官隐居，过起了隐士的生活。

此后，文时的儿子文光大、孙子文彦纯先后在宋太祖、宋太宗时期出仕为官。宋太宗淳化三年（992），文彦纯赴桂阳（今广东连州）为官，途经吉州庐陵县时，文彦纯的长子文卿见这里山水秀丽、人杰地灵，就下决心以后一定要居住于此。后来文卿果然考中进士，并如愿以偿成为吉州知州，任期结束后便退休留在了这里，文家从此在吉州定居下来，并成为当地的名门望族。

文卿去世后，一直到文天祥之前，文家再没有人为官，但凭借祖先留下的产业，还是当地的一个小康之家。文家始终坚持诗书传家，文卿的孙子文炳然饱读诗书，并在当地开馆授徒，后来官至丞相的同乡周必大也与他交往甚密。

文天祥的父亲文仪是文炳然的五世孙。文仪生于宋宁宗嘉定八年（1215），字士表，号革斋，又号竹居。他聪敏好学，嗜书如命，家中藏书堆积如山，一旦遇到好书，即使没钱也要当掉衣服换钱买书，只要书卷到手，就立刻废寝忘食地研读，不读完绝不休息。文仪的学习热情非常让人敬佩，他经常点起一盏青灯通宵达旦地读书，别人觉得苦，可他却甘之如饴。多年如一日的刻苦学习，使文仪成为一个学识渊博的人，他不仅精通经史，还广涉天文、地理、医药、占卜等，按理说以这样的才气学问，通过考科举当个官肯定不难，但文仪却是一个寄情于山水、不趋名利的谦谦君子。

文仪也是一个宽厚善良有大爱的人。对年老多病的祖父祖母，他尽心竭力、事无巨细地服侍，使他们能够幸福地安度晚年。文仪的叔叔文时用没有儿子，文仪被过继为子，对于过继父母，文仪是嘘寒问暖、关怀备至。对于亲戚宗族，文仪也是倾情相待。亲族中有人去世，遗下年幼的孩子，文仪就帮助其管理家

## 第一章 悲痛的状元

事,像对待亲生孩子一样培养孩子长大成人。有人无房可住,文仪就让他住在自家的房子里。有人死后没钱办丧事,文仪就为他准备棺木,还把自己的衣服捐献出去收殓尸体。对于乡亲邻里,文仪也是大度讲义气,不管是亲疏贫富,他都一视同仁、热情接待,一听说谁家有困难总是慷慨解囊。其实文仪的家境并不富裕,他把一些田地租给别人耕种,有的佃户赖着不缴租,文仪也不和他们计较。有人从文仪那里拿钱做生意,赔了本文仪也不计较,反而帮助他渡过难关。到了有科举考试的年份,文仪还经常资助乡里的贫困考生。而一旦周围有人作恶,文仪便对其明之以法、晓之以理,直到对方认识到自己的错误为止。

所以,文仪被人们誉为"有德君子"。他还特别喜爱竹子的坚韧、有节,特意在竹林边盖了一座书房,起名"竹居"。

文仪的夫人叫曾德慈,年龄比文仪略大,他们结婚后非常恩爱,夫妻之间举案齐眉、相敬如宾,一共生了文天祥、文璧、文霆孙、文璋四个儿子和文懿孙、文淑孙、文顺孙三个女儿。

文天祥最初的名字叫文云孙,字天祥,又字履善。之所以取这个名字,据说是在文天祥出生时,他的爷爷文时用刚好做了一个五色祥云环绕在自家房子周围的梦。于是文时用老先生认为,他的这个孙子是乘着云朵来到文家的,故为其取名"云孙"。

文天祥的启蒙老师就是他的父亲文仪。文天祥5岁的时候,文仪就开始教他读书识字，几年后，他的两个弟弟也逐渐加入，一起跟着父亲学习。这期间，文仪还聘请过几位品学兼优的先生当家庭老师，这些先生的学识虽然拓展了孩子们的知识和视野，但由于文仪仗义疏财，家里开销太大，曾德慈甚至变卖了自己的首饰当学费，故"请家教"终究不是长久之计。文仪孩子们的启蒙、教育主要还是文仪亲自上阵，在他的"竹居"中完成的。

文仪对自己子女的教育非常严格。他白天授课，晚上督促子女们背书，岁岁年年，无论严寒酷暑，从不懈怠。如果谁没学好，文仪就会一改平时的温润之风，板起脸来严厉批评，孩子们也能心悦诚服地接受。所以，"竹居"里，伴随着琅琅读书声的往往是相互砥砺前行的欢声笑语。正是在父亲的悉心教导和严格督促下，文天祥和弟弟们学成了一身本领。

文仪不但治学严谨，还是一个反对读死书的人。他认为读书除了要消化理解书中的内容外，还要从书中读出新意，只有灵活变通的学习，才能推陈出新，有所提高。为此，文仪在自己腰间佩戴的玉佩上刻了一个"革"字，人们也因此称他为"革斋先生"。文仪的这种治学和育人理念，对文天祥影响极深，他在写给好友叶大明的诗中说："袖中莫出将相图，尽洗旧学读吾书。"可见文天祥也认为读书不是为了追逐功名，而是为了实现自己的理想。后来，文天祥那篇被点中状元、一举夺魁的文章的主题思想"法天地之不息",就是从这个"革"字延伸演化而来的。

父母是孩子最好的老师,文仪对文天祥的影响不只在学习方面,更在他平时的为人处世和身体力行上。文仪把一些人生哲理潜移默化地寓于教育中。就像下象棋,一开始,文天祥根本不是父亲的对手,久而久之,他的棋艺竟然超过了父亲。文天祥一生都很喜欢下棋,他写过的棋谱还流传了下来。入仕后,文天祥经历了很多危险和挑战,他总是想到象棋之中,不到最后一着,绝不轻言放弃。

文仪给孩子们讲授北宋人钱公辅写的《义田记》,告诉孩子们:春秋时,齐国的晏婴虽然位高权重,却坐着瘦马拉的旧车,国君实在看不下去了,就给他送去健马和新车,但晏婴坚决不要,还用自己省下来的钱接济穷人。而对比晏婴,范仲淹的做法就更胜一筹了,回归故里后,他购买土地设置"义田",用"义田"的收入使全族的穷人有饭吃、有衣穿,即使范仲淹不在了,"义田"也能延续继承下去。文仪还借此告诫子女:这个世界上有些人生活富裕,甚至纸醉金迷,却不愿意救济别人,连同族的人也不让进家门,任其拿着壶瓢讨饭,甚至饿死沟中也不管,这些人是罪人啊,你们一定要学习晏婴、范仲淹。

有一次,文仪买了很多木材,准备修一座房子。可正要动工时,家乡突发瘟疫,死了不少人,很多人家由于家境贫寒无钱安葬，只能用席子裹了草草入土。文仪看到后十分不忍，他说："我可以没有新房子住，但不能眼睁睁地看着别人没有办法入殓啊！"于是他请来木匠，用这些木料打成棺材，无偿送给穷人家办丧事。他还拿出自家粮食救济穷人，存粮不够就自己花钱去买，帮助他们渡过难关。

还有一次，文天祥的妹妹文懿孙嘲笑村子里的一位侏儒，文仪知道后狠狠批评了她，告诫她以后不可以以貌取人。

再来说说文天祥的母亲。史料中关于曾德慈的记载很少，在文天祥的记述中，他的母亲从小就教导他要忠君报国，他一生也不敢违背母亲的期望。文璧说他母亲品格纯真善良，侍奉公婆恪尽孝道，相夫教子非常勤俭，但她对自己的要求非常严格，尤其在吃穿用方面。总之，他们的母亲曾氏是一位传统社会优秀的贤妻良母。

文天祥就是在这样的环境中出生和成长的，他回忆起少年时学习的时光曾说："我们兄弟几个在父亲的严格要求下，从早到晚都不敢懈怠，或者大声朗读，或者正襟危坐听父亲讲授，或者思考讨论人情世道，这真是一生中最快乐的读书时光啊！"

所以，各位还在为教育孩子发愁的爸爸妈妈，要想把子女培养得更优秀，请先从自己做起吧，以圣贤为榜样，做一个优秀的人。而你们的这些优秀品质，也一定会潜移默化地流淌在子女的血脉中，滋养他们的性情，最终结出理想的果实。

## 二、慕贤

文天祥的外祖父叫曾珏，号义阳逸叟，吉州太和县梅溪人（今江西泰和），也是一位饱学之士。文天祥记载，他的外祖父为人处世非常刚正，喜欢当面纠正他人错误，从不背地里怀恨、抱怨他人，颇有君子之风。

文天祥8岁以后，就常随母亲去外祖父家居住，尤其是随着家中人口越来越多，父亲文仪又是一个轻财重义的人，所以文家的经济状况经常捉襟见肘。有一次，文天祥在外祖父家见到一位叫曾凤的先生，他饱读诗书，曾出任衢州府学教授、国子监丞。文仪让文天祥拜曾凤为师，自此文天祥就到梅溪读书了，他直接住在外祖父家，学费和日常开支都由曾珏承担。这段求学经历对文天祥的影响很大，也是在这个时期，文天祥树立了考取科举的理想，没像他爹文仪那样虽然满腹学问却终身不应试。这期间，文天祥经常和同学们到梅溪下泽的曲江亭读书、玩耍，后来这些常来曲江亭的同学大都学有所成、登科及第，也可见曾凤老师的教学水平之高。

在文天祥十七八岁的时候，他和弟弟文璧一起到离家一百多里的侯山书院求学。学习之余，和文璧亲手种植了五棵柏树，种树时他又突发奇想，把其中一棵放倒着栽种，并许下理想：如果将来能实现自己的抱负，尽忠报国，这棵树就一定会成活。当然，关于这棵树是否活了下来已经无从考证，但最终文天祥却实现了自己最初的理想。

那么，文天祥的理想是什么呢？

文天祥说，自己小的时候就爱读"忠臣传"。有一次，文天祥来到吉州的乡校学习，当他看到祠堂中供奉的三位庐陵先贤欧阳修、杨邦乂和胡铨的画像时，马上肃然起敬、热血沸腾，因为对这三位庐陵前辈的事迹文天祥从儿时起就再熟悉不过了。

欧阳修，字永叔，文章名冠天下，"唐宋八大家"之一，"宋六家"之首。欧阳修年少丧父，因为家贫，他的母亲用芦苇秆在沙子上写字教欧阳修识字，并教导他做人的道理，"欧母画荻"的故事被传为千古美谈。欧阳修没有辜负母亲的期望，终成一代大家。史学方面，二十四史中的《新唐书》是他与人合修，《新五代史》是他独立编撰，一个人就占了"二十四史"中的两部。文学方面，仅各种散文就留下来五百多篇，还不算那些脍炙人口的诗词，其中《醉翁亭记》《伶官传序》等文章一直是现在中学生的必背课文。为政上，欧阳修官至参知政事，相当于副宰相，他品德高尚、为人刚正，更是嫉恶如仇，去世后谥号"文忠"。

杨邦乂，字晞稷，宋高宗建炎三年（1129）十月，金朝再次

## 第一章　悲痛的状元

大举入侵，建康城（今江苏南京）岌岌可危。宋军主帅杜充等人向金军统帅完颜宗弼投降，只有杨邦乂铁骨铮铮、奋勇抗敌，但终因寡不敌众，被金兵俘虏。这位完颜宗弼就是大名鼎鼎的、岳飞的老对手金兀术，"兀术"是他的女真名。面对金人的劝降，杨邦乂严词拒绝，他咬破手指，在衣服上写下"宁作赵氏鬼，不为他邦臣"的誓言。金人许诺让他官复原职，杨邦乂听后用头猛撞堂柱，血流满面，骂走使者。完颜宗弼觉得杨邦乂是个人才，最后一次亲自劝降，可杨邦乂打老远见到完颜宗弼时，就立刻破口大骂，恼羞成怒的金兀术将其剖腹取心。杨邦乂殉国后谥号"忠襄"。

胡铨，字邦衡，宋高宗绍兴八年（1138），胡铨上疏朝廷，请斩主和的秦桧、王伦、孙近三人，并说，如果把他们三个人的人头挂在街上示众，那三军将士一定会勇气百倍。这篇文章写得慷慨激昂，震动一时，被天下人广泛传抄。宋高宗赵构和秦桧怕激起民变，赶紧将胡铨贬官并赶出朝廷，直到宋孝宗即位后，胡铨才重新被起用。胡铨去世后谥号"忠简"。

这三位同乡先贤都是一身正气、铮铮铁骨的忠义之士，都无愧于谥号中的那个"忠"字。文天祥凝望着他们的画像，脑海中充满了他们的故事，更加坚定了以他们为榜样的理想和决心，他说："死后如果不能位列于他们这些忠臣中间，就枉为大丈夫了。"

宋理宗宝祐元年（1253），18岁的文天祥第一次参加庐陵县组织的县学考试，以一篇《中道狂狷，乡原如何》的文章一举夺得第一名，同时考上的还有他的弟弟文璧。很可惜，这篇文章的内容没有保存下来，但看标题就能清楚地知道，文天祥一定写了很多忧国忧民的见解，这个18岁的青年向朝廷阐述了自己的理想。

这里插叙一下，宋人讲究气节、崇尚忠义，并成为普遍的社会风气，而这种风气的形成与理学的产生和传播有着莫大的关系。

从唐朝末年、五代之乱以来，天下大乱，朝代频繁更迭，人们为了生存和权力更是无所不用其极，导致了思想上道德崩毁、廉耻丧失；赵匡胤建立北宋以后，社会秩序重新回到正轨，尤其是文人的地位得到空前提高，这使得宋代的文人们决心从学问修养上来重建社会的思想道德秩序，理学便应运而生。

理学，又称道学或义理之学，是宋元明时期儒家思想学说的通称。理学主要分两大流派：一派是以程颢、程颐、朱熹为代表的程朱理学，强调"理"高于一切；一派是以陆九渊及明代的陈献章、湛若水、王阳明为代表的心学，强调心是宇宙万物的主宰。理学的内容，可以写成厚厚的几本书，这里，我们只选取对文天祥影响较深的内容说一说。

## 第一章 悲痛的状元

我们先来介绍一下朱熹,这位南宋理学的集大成者。他是南宋以来影响中国学术史最大的一位学者,他总结了以往的思想,建立了庞大的理学体系。朱熹生活在宋高宗、孝宗、宁宗时代,生前名动朝野,去世后,其思想更是被广泛传播,被尊奉为官学,所著的《四书集注章句》(四书包括《论语》《孟子》《中庸》《大学》)被元明清三朝定为国家考试标准内容。他的功绩为后世所称道,他本身则与孔子并提,被称为"朱子",是唯一非孔子亲传弟子而享祀孔庙,位列大成殿十二哲者中的思想家。

在朱熹看来,"理"是天地万物产生的根源,即使天地万物毁灭了,"理"依然会存在,"天理"是永恒的。而与"理"相对的是"欲",即"人欲",也就是人的欲望。他认为:天理存则人欲亡,人欲胜则天理灭。举个例子来说吧,文天祥写下的"孔曰成仁,孟曰取义,惟其义尽,所以仁至",其中的"仁"和"义"就是"理"的表现形式,而求生则是每个人最基本的欲望,在"天理"和"人欲"面前,文天祥毫不犹豫地选择了前者,也就是说他的"理"战胜了他的"欲",他做到了朱熹提出的"存天理、灭人欲",这也是他读了一生圣贤书所学到的。

朱熹还认为,伦理纲常是"理"的主要表现形式,"其张之为三纲,其纪之为五常,盖皆此理之流行"。三纲五常大家都耳熟能详,三纲指的是君为臣纲、父为子纲、夫为妻纲,五常指的是仁、义、礼、智、信。朱熹将三纲五常作为"天理",目的是维护传统社会人与人之间的道德规范。文化遗产大多具有双重性,三纲五常的思想也不例外,在维护封建统治、禁锢人们思想的同时,这些伦常也注重气节,注重品德,讲究忠义,讲究"君忧臣辱、君辱臣死"。在这种环境的熏陶下,宋朝的忠臣志士与义夫节妇史不绝书。

宋理宗宝祐三年(1255),在以优异成绩考取了秀才之后,19岁的文天祥带着弟弟文璧来到位于吉州赣江白鹭洲头的白鹭洲书院求学,为参加下一级考试做准备。

古代的书院教育在中国的学校发展史上占有重要地位。书院最早出现在唐代,兴盛于宋代,以研习儒家经典为主。最初的书院大多由私人创办,由富商、学者等自行筹款,在山林僻静之处修建学舍,有的书院还设置学田收租,以充经费。后来还出现了"民办公助"或直接由政府出钱建造的书院。宋代的书院教育以江西最为发达,其中朱熹亲自主持的庐山白鹿洞书院被称为"天下书院之首"。

文天祥就学的吉州白鹭洲书院由原吉州知州江万里创办,宋理宗嘉熙四年(1240),江万里出知吉州,见白鹭洲环境幽雅、白鹭成群,于次年在这里建成书院,因一时找不到合适的人担任山长,江万里便亲自为学生授课。后来,白鹭洲书院与庐山的白鹿洞书院、铅山的鹅湖书院、南昌的豫章书院齐名，合称为江西古代四大书院。历经了近800年的风雨，白鹭洲书院的原址至今仍存，位于现在的江西省吉安市白鹭洲中学校内。

江万里从小就跟着父亲江烨学习程朱理学，后来又成为朱熹门人林夔孙的弟子，所以，他创办的白鹭洲书院自然也成了传播理学思想的阵地。

文天祥进入书院读书时，江万里已经不在吉安为官，此时的山长是江万里的挚友欧阳守道。这位欧阳守道先生与文天祥一样也是庐陵县人，是一位了不起的人物。他父亲早逝，侍母至孝，年轻时出去做家庭教师，如果主人家提供的饭菜中有肉，欧阳守道都会悄悄把肉留起来，带回家给母亲吃，以至于他数年间没有吃过肉。

江万里听说欧阳守道的学识和贤名后，邀请他来白鹭洲书院任教，在"面试"时，江万里问欧阳守道是不是欧阳修的后人，欧阳守道毫不犹豫地回答没有关系，只是同姓罢了，这更让江万里肃然起敬。要知道，当时很多人都想蹭一下名人的热点。如宋徽宗时期的大奸臣梁师成自称是苏轼的儿子，就连身为太监的童贯童公公都要自称是北宋名相韩琦的遗腹子。所以，这让江万里看到了欧阳守道是一位有自尊、有学问、有傲骨的人，也是一位值得尊重的人，后来在他离开吉州时，便放心地将书院交给了欧阳守道。

文天祥在白鹭洲书院学习的时间虽然不到一年，但却与欧阳守道结下了深厚的师生情谊。可以想象，当怀揣着经世报国、成为贤者理想的文天祥遇到品德高尚、学识渊博的欧阳守道时，会是一种怎样的志同道合与共情共鸣。后来文天祥回忆，欧阳守道与同学们交流，有时因为观点不一而心中不快，甚至闷闷不乐，但对文天祥却特别喜欢。虽然文天祥有时也会与他争论，甚至顶撞几句，但欧阳守道总是毫不介意，哈哈大笑。文天祥为官后，宋理宗曾赏赐给他一个金碗。有一次，欧阳守道手头紧，便借了金碗去当铺抵押借钱，一段时间后，欧阳守道赎回了金碗并归还文天祥，这让文天祥深深愧疚：怎么能让老师花钱去赎呢？我应该自己赎回来啊！这事也说明师生二人已情同家人。

在欧阳守道的悉心教导下，文天祥的学问得到极大提高，欧阳守道不仅为文天祥传道授业解惑，更教授他理学的思想，使他在学识、眼界和胸襟上都上升到一个新的境界。文天祥后来自称"青原白鹭书生"，说明了这段学习经历在他心中的地位。

与当时千千万万的读书人一样，文天祥走的也是学习、科举的道路，面对马上到来的大考之年，他准备好了吗？

## 三、夺魁

在进入正题之前,我们先来说说文天祥即将参加的科举考试。

科举制是中国帝制时代最重要的一种官员选拔制度,有很多学者给它下过定义,比较简洁的是:科举制是朝廷开设科目,士人可以自由报考,主要以考试成绩决定取舍的官员选拔制度。学界一般认为,科举制创始于隋炀帝大业元年(605),确立于唐,完备于宋,鼎盛于明,随后走向衰落,至清光绪三十一年(1905)被废除,在中国历史上整整存在了1300年之久。作为一种选官制度,科举制能延续上千年,在中国历史和世界历史上都是绝无仅有的。

1300年间,科举制度对中国的社会、历史产生了极大的影响,其影响面之广、影响之深,超过任何一项典章制度。它不但决定着应举者个人的前途、命运,以及家族的兴衰,而且还左右着当时的教育,影响着当时的政治、士风和文化,改变着人们的价值观念、婚姻观念,以及社会心态。可以说,科举考试就像一根指挥棒,整个社会都围绕它转动。

关于科举考试的层级,从唐朝到宋初,考试分为解试和省试两级。考试频次,在唐朝是每年举行一次,在宋朝最初是每年举行一次，英宗治平三年（1060）之后，考试每三年举行一次。

解试又称州试，唐宋时期在州府举行，是取得解送中央参加省试资格的考试，在唐朝于每年秋季举行，故又称"秋闱"，录取者被称作"举人"，第一名称"解元"。

省试，是尚书省礼部主持的对解试合格者的覆考，在唐代及宋初是贡举的最高一级考试，一般在解试次年的正月举行，故又称"春闱""礼闱"，录取者被称作"贡士"，第一名称"省元"。

宋太祖开宝六年（973），赵匡胤创立了殿试制度，科举考试从此成为三级考试。殿试由皇帝亲自主持，实际只是对贡生的重新排名，录取者被称为进士，进士分为三甲录取。宋代殿试一甲第一名称为状元，第二、三名称为榜眼，以人之双眼喻为进士榜第二、三名的并列位置。大约到南宋以后，榜眼固定成了进士第二名的专称，而从南宋晚期起，进士第三名则专称为探花。宋元之际的状元、榜眼、探花三种称号在士大夫、民间传播开来，但仍只是一种俗称。到明朝，状元、榜眼、探花正式为朝廷所承认，作为进士一甲三人的官方称号。

自明初开始，则将乡试、会试、殿试三级考试作为定制，清代亦沿袭。乡试即唐宋的解试，会试即唐宋的省试。而在取得参加这三级考试的资格之前，考生们首先要参加童生试。凡准备读书应试的人，无论年龄大小，一律称为童生。童生试一般分为县试、府试、院试，都通过以后，才能成为生员，俗称秀才。但也不是每一名生员都有机会参加乡试，生员在学校期间，除学业考试外，学政还要对其进行岁试及科试，其中科试是取得乡试资格的考试。科试成绩分为六等，只有一、二等和三等前面的人才可以参加乡试，所以说，驰名中国的范进先生能够考到乡试这一层级就已经很不错了。

关于考试的内容。很多人一提到科举考试，马上就会想起四书和八股文，其实这都是后来的事儿。在科举制度走上历史舞台的初期，考试的内容是相当丰富多彩的。隋唐时期有秀才科、进士科、明经科、明书科、明法科、明算科等科目。秀才科考的是文章、诗歌，明字科考书法、文字训诂，明法科考法律，明算科考算学、数学等。

其中最主要的是明经与进士两科。明经科主要考的是儒家经典，考试形式包括帖经和墨义。帖经有点像现代考试的填空题，试题一般是摘录书中的一句并遮去几个字，考生需填充缺去的字词；墨义则是一些关于经文的问答，类似于现代的简答题；进士科主要考策问，内容是对国家当今政治、经济、军事等方面提出问题并作答，类似于今天的论述题。主观题的难度当然要高于客观题，所以有了"三十老明经，五十少进士"的感叹。

直到宋神宗熙宁四年（1071），王安石改革科举制度，罢明经诸科，专以进士一科取士。这引起了科举发展史上的一个重要变化，使科举考试的科目经历了一个由繁到简的发展过程，也更利于实际操作。此后的元明清三朝，考试的内容被固定为朱熹的《四书集注章句》，明代以后连文体也被固定为八股文一种了。

如果问，读书人在中国古代哪个朝代地位最高、活得最有尊严，答案毋庸置疑是宋朝。在宋朝，随着科举制度的发展与完备，一个新兴的士人阶层迅速崛起，并在政治舞台上越发举足轻重，以至于形成了"皇帝与士大夫共治天下"的局面。

在宋代，通过科举当官要比唐代容易。据学者统计，唐代科举录取人数每年约为80人，两宋每年登科人数为360人，为唐的4.5倍。最关键的是，唐代士子科举入仕需要通过礼部、吏部两大关，而宋朝只需过礼部一关。具体来说，唐代士人通过礼部举行的科举考试后，只是取得了做官的资格，还要通过吏部举行的"关试"才能授官。宋初沿袭唐制，科举及第考生要参加吏部的关试，合格才能授官。宋太宗太平兴国二年（977），进士、诸科登第合计500人，均不经过吏部关试而直接授官，从此，士子科举及第便能直接授官成为定制。

文天祥在白鹭洲书院学习期间，正好赶上了乡试之年，他与弟弟文璧一起参加了考试，兄弟两人双双中举，都取得了去京城参加省试的资格。

## 第一章　悲痛的状元

乡试这种级别的考试考中一个已经很不容易了，而文家却一下考上两个，双喜临门，这在当时的庐陵一下子成了爆炸性新闻，前来登门祝贺的乡绅士子络绎不绝，而此时刚刚 20 岁的文天祥更是意气风发。史书记载文天祥是一个标准的美男子，他身材魁伟，相貌堂堂，眉清目秀，皮肤白美如玉，两眼炯炯有神。在一次宴会上，文天祥作了《次鹿鸣宴诗》，表达自己的心情：

礼乐皇皇使者行，光华分似及乡英。
贞元虎榜虽联捷，司隶龙门幸缀名。
二宋高科犹易事，两苏清节乃真荣。
囊书自负应如此，肯逊当年祢正平。

这首《次鹿鸣宴诗》是《文天祥全集》的第一首诗，也是文天祥表明自己决心的第一首诗。在这首诗中，他援引"两宋""两苏"（北宋的宋庠、宋祁兄弟和苏轼、苏辙兄弟）的例子，他们都是同榜高中，尤其是苏氏兄弟为官后还都能保持自己的节操，文天祥以诗明志，表明他们文氏兄弟也要以宋、苏兄弟为榜样，做情操高洁的国家栋梁。

这里提到的宋氏兄弟，哥哥宋庠后来为官做到宰相，他还是中国科举考试史上为数不多的"连中三元"者之一。弟弟宋祁后来与欧阳修合修了《新唐书》，因为写下了"红杏枝头春意闹"的千古名句，被称为"红杏尚书"。至于苏氏兄弟就更是耳熟能详了，加上他们的父亲苏洵，"唐宋八大家"中一下子就占了三个。祢正平就是东汉末年的名士祢衡，他才华出众，性格刚强，虽然历史评价不高，但他藐视权贵、宁鸣而死的故事却被很多人敬仰和称道。文天祥在诗中提到他，表达了自己要做一个清正刚直的士子的志向。

文天祥和文璧双双中举，但他们的父亲文仪此时却是伤心大于喜悦。原来，文仪的三儿子文霆孙就在两位哥哥准备参加乡试的前一个月突然身染重病，16岁的他本来也准备和哥哥一起参加考试，但自知此病回天乏术后，他悲愤地在窗纸上写下"出师未捷身先死，长使英雄泪满襟"的诗句，不久病故。文霆孙的早逝让文仪悲痛欲绝，他整日以泪洗面，身体也跟着垮了下来。

文天祥和文璧准备出发去京城参加省试，但看到父亲的状况，他们决定让父亲也和他们一起出门，一来可以随时照顾父亲，二来也可以在外面散散心，排解心中的抑郁。就这样，这年的年底，三人从庐陵出发前往临安。

在经过玉山县时，他们遇到了一位和尚，和尚指着文天祥对文仪说："您的这个儿子将来一定会成为一位大人物，但对您家来说却并不是什么有福气的事儿。"一般能被史书记载下来的预

## 第一章 悲痛的状元

言都出奇地准，这位和尚说的也不例外，也许是他看到气宇轩昂、一身正气的文天祥一定不会在南宋末年那个兵荒马乱的时代中随波逐流，才做出这样的判断吧。

宋理宗宝祐四年（1256）初，文家三人来到临安。在接下来的省试中，文天祥和文璧一如既往地发挥良好，二月初一日发布成绩，兄弟俩又双双金榜题名，考中贡士。但二人却没有丝毫的喜悦，因为文仪的病情非但没有好转，反而又加重了。

省试通过之后就剩下最后的殿试，时间定在三个月之后的五月初八日。

然而就在临考的前几天，文仪突发高烧，已经到了卧床不起的程度。一边是重病在床的父亲，一边是决定一生命运的全国最高考试，文天祥和文璧也不知如何取舍。如果两人都去考试，万一这期间父亲有个三长两短，兄弟俩这一辈子都会在愧疚中度过，如果不去参加考试，这样的机会一旦错过，对其一生又是多大的顿挫。最后，文仪做出了一个痛苦的决定，由文天祥去参加殿试，文璧留下来照顾自己。

文天祥的这次殿试也是一波三折，因为需要一边复习一边照顾父亲，文天祥的身心都非常疲惫，到了五月初六日竟然又开始腹泻，不能进食。就这样，头昏脑涨还发着低烧的文天祥来到了皇宫前的集合地点。

南宋的殿试一般都选择在集英殿举行。据文天祥自己回忆，从宫门集合地点到集英殿需要穿过一个不太宽敞的便门，由于人多门窄，大家都一窝蜂似的往里挤，文天祥夹在人群当中，当挤过小门后，他才发现自己竟然出了一身透汗，然后头不晕了，烧也退了，既然恢复了状态，那就好好考试吧。

宋理宗出的这道论述题题干很长，全文七八百字，可以分为两个部分。

第一部分是问"道"。这里"道"的意思是我们前面介绍过的"理"，南宋理学盛行并取得了正统地位，宋理宗赵昀曾极力推行理学，他本人也非常信奉理学。他问：历代帝王都是以"道"治国，却为什么差别巨大？上古时天下太平，这是上古的帝王以"道"治国的成效，后来的君王也做到了忧愤勤政，为什么却达不到上古时的效果？是行的"道"不同，还是"道"外有法？朕也是勤勤恳恳地以"道"治国，为什么越是努力，却离"道"越远？为什么汉、唐的君主中施行仁治的不能使国家大治，而却可以通过纲纪制度来维持统治？

第二部分是问"策"。也就是问对现实问题的对策。他说：目前国内天灾频仍，百姓生活困苦，士风浮华不实，财政枯竭，军力薄弱，盗贼猖獗，边防出现危机。这些问题的产生到底是天道失去了作用，还是社会教化没有到位？

## 第一章　悲痛的状元

看完这个问题，文天祥略加思索便运笔如飞。在这篇策论中，文天祥将十余年学习理学的心得和对当今时局的认识充分结合起来，提出了"法天地之不息"的思想。全篇一万余字，一气呵成，如行云流水。

关于问"道"，文天祥回答：

在人类社会和宇宙万物诞生之前，就已经先有"道"了，"道"就像水一样，无处不在，长流不息，推动着事物向前发展，正如《易经》所说，应该向天地学习自强不息。陛下您（指宋理宗）认为自己行道不显，那是因为坚持得不够，只有长期不息地坚持下去，才能取得理想的效果。上古时代，虽然天下太平，但那些贤明的君王依然能兢兢业业、不停不息地行"道"，后来时代发展，风气日开，建立了官职和礼仪、刑罚等制度，君王们日常的政务更多了，所以要想大治，就更要以不息之心努力工作才行。

文天祥还结合程朱理学中"存天理、灭人欲"的观点，认为行不息之道者为天理，不行不息之道者为人欲，"不息则阳明，息则阴浊"。

他还认为，汉文帝、汉武帝、唐太宗并非不懂"道"，当他们推行仁政时，国家就昌盛，当他们被利欲迷惑时，即使拥有纲纪制度也不能成为治世的凭借。文天祥建议宋理宗以汉、唐的历史为鉴，只要坚持不息地行"道"，就一定能取得超过汉、唐的功绩。

关于问"策",文天祥这样回答:

他首先根据儒家传统的"天人感应"观念,指出天灾和民怨都是聚集在一起出现的。如果陛下您(指宋理宗)想要国泰民安,就应该整顿官场,实行与民休息的政策,官员不折腾了,百姓自然也不痛苦,民怨消失了,天灾也就消失了。

接着,他又阐述了现在之所以士风华而不实,是因为满朝都是趋炎附势、蝇营狗苟之徒。如果陛下您(指宋理宗)想要重振士风,就必须把这些人驱逐掉,任用那些德才兼备的官员,这样士风才会焕然一新,那些真正有本事的人才才会最大限度地为朝廷所用。

对于财政和军事问题,文天祥认为不是国家没钱,而是被花在了不该花的地方,盖那些亭台楼宇,买那些华衣贵饰,有什么用呢?如果把这些钱花在军队上,我大宋的军队怎么可能不强大?

接着是最紧要的民变和蒙古入侵问题。他认为国家的民变都是官员的残酷压迫造成的,还举了南宋初年杨幺起义的例子。杨幺本来并不想造反,是被当地的官员逼得实在无路可走才举起义旗的,后来金国建立的伪齐政权派人来联系杨幺,杨幺直接就把伪齐的使者给杀了,向南宋朝廷示好,结果还是因为一条杨幺将要和北齐联合的假情报,南宋朝廷派岳飞等将领把杨幺消灭了。而目前国内也有一些起义的队伍,如果他们和蒙古人联合起来,里应外合,国家就危险了。如果陛下您（指宋理宗）能够改革弊政，勤政爱民，百姓的日子安定了，谁还会起来造反？国内的军队不用去平定内部的叛乱，一起对抗蒙古，那蒙古一定不敢再侵犯大宋。

总之，文天祥希望宋理宗能够依照"天行健"的法则，自强不息，改革创新，去弊兴利，以图振兴。最后，他针对宋理宗在命题时提出的"勿激勿泛"要求，告诉宋理宗，"泛"指的是人云亦云，没有重点，陛下您不喜欢无可非议。但"激"是敢于忠言直谏的表现，历来只有忠臣、诤臣才敢于讲逆耳的忠言，如果陛下您讨厌激愤之言的话，也不用看我的这篇文章了。

这次殿试从清早的寅时（凌晨3点到5点）开始，一直持续到下午的未时（下午1点到3点）结束，经过了近10小时的奋笔疾书，文天祥终于写完了这篇洋洋洒洒万余言的《御试策一道》。检查一遍并简单修改了几个字后，文天祥满意地提交了他的答卷。然后，匆匆赶回住所照顾父亲。

半个月后，五月二十四日，放榜的日子到了。

文天祥挤在考生中间，焦急地等待自己的名字。

他是这群考生中等待时间最短的，因为他的名字是第一个被唱出来的，也就是说，他考中了这一榜的状元！

考中了第一名的文天祥后来才知道，他的卷子是被宋理宗从第七名直接提到第一名的。

这次殿试的主考官叫王应麟，博学多才，为人更是刚直不阿，据说我国第一童蒙读物《三字经》就出自这位先生笔下。

王应麟很欣赏文天祥的策论，并将之排在第七名的位置。按照宋代殿试的规矩，前十名的卷子都要由皇帝亲自审阅后再重新排定名次。

被王应麟排在第一名的考生叫谢枋得，不仅才华横溢，更是嫉恶如仇，他的故事我们在后面还会介绍。谢贡士在他的策论中指名道姓地将当时宋理宗最宠信的宦官董宋臣和权臣丁大全痛骂了一顿，戳到了宋理宗的痛处，理宗认为谢枋得虽有才华但为人有些偏激，便把他降为第二甲的第一名。

而文天祥的策论虽然揭露的问题也非常深刻，但总还在理宗的心理承受范围之内，尤其是文天祥的文章通篇体现了程朱理学的观点，也让宋理宗非常认同。

据《文天祥全集》记载，宋理宗翻阅文天祥的卷子后龙颜大悦，当看到"文天祥"这三个字后更是心花怒放，赞道："此天之祥，乃宋之瑞也！"于是大笔一挥，点了文天祥做状元。文天祥也因此改字为"宋瑞"。

还有排在二甲第二十七名的考生这里也提一下，他的名字叫陆秀夫，他的故事我们在后面也会详细介绍。

文天祥高中状元，这一年他21岁，然而他还没来得及享受夺魁的喜悦，便被天大的悲痛打断了。

他的父亲文仪，终究没能战胜病魔，与世长辞了。

## 四、丁忧

在中国古代，没有任何事比考取状元更光荣的，状元郎由皇帝亲自唱名，并立即赏赐袍、帽、笏板、御酒、宴食等。状元必须在宴会中呈谢恩诗，文天祥作了一首《集英殿赐进士及第恭谢诗》呈给宋理宗：

> 于皇天子自乘龙，三十三年此道中。
> 悠远直参天地化，升平奚羡帝王功。
> 但坚圣志持常久，须使生民见泰通。
> 第一胪传新渥重，报恩惟有厉清忠。

这首诗中，文天祥希望理宗继续坚持已经推行了33年的理学，持续"法天地之不息"，就一定能够实现国泰民安。而他作为新科状元，唯有尽忠报国才能报答皇帝对他的青睐和信任。

宴会结束后，文天祥骑上骏马游街，一路上受到百姓的围观和祝贺，最后来到期集所。

文天祥在期集所只待了一天，第二天他便听说父亲旧病复发的消息，赶紧向朝廷请假，没等朝廷的批复下来，文天祥就赶紧回到临安的临时住处伺候父亲。朝廷给文天祥批了三天假。

文天祥赶回来的时候，看到父亲虽然重病，但气色尚好，大家都说没什么事儿，让他不用过度担心，却不知道这是危重病人临去世前的回光返照而已。果然，文仪到了五月二十八日就不行了，连汤药都喝不进去了。

文天祥陷入深深的愧疚当中，想起父亲这些年对自己的全心培育，想起父亲的为人处世，如果不让父亲随他们舟车劳顿来到京城，是不是结局会不一样呢？

弥留之际，文仪对文天祥和文璧说："我估计是过不了这一关了，你们兄弟要照顾好自己啊！"他又专门对文天祥说："朝廷选你为状元，天下都知道了有你这个人物，我死以后，你一定要尽心报效国家！"

当天夜里，文仪与世长辞，享年42岁。

第二天一早，文天祥将父亲辞世的消息上报朝廷。

在古代中国，人们遭遇父母或祖父母等直系至亲死亡时，需要居家守丧，称为"丁忧"或"丁艰"，并有内、外之分，遇母丧称为"丁内艰"，遇父丧称为"丁外艰"。丁忧是值丧、居丧的意思。而居丧则需要遵守一定的礼仪制度，即"守制"，如不应酬、不婚嫁、不赴宴、不应考，而朝廷官员必须离职归乡。可见丁忧与守制字面意思有区别，但在具体使用时可以互换，既可以说某官丁忧，也可以说某官守制。

丁忧制度源于先秦，创于西汉，终于清朝，几乎贯穿整个中国古代社会而绵延不断。从表面看，丁忧是表示对逝去亲人的感恩、哀悼、追思，所谓"事死如事生，事亡如事存"。从深层次看，丁忧制度则巩固了中国古代"以孝治天下"的社会秩序，强化了忠孝一体和"孝亲忠君"的传统统治模式。各朝一般都规定"丁忧"时间为三年，这里的三年是指跨入第三个年头，通常为27个月，并非足额36个月。但如因军事需要或其他特殊原因，官员守制没有期满，朝廷也可强令其出仕，这叫作"夺情"，亦称"起复"，但在入署办公时他应该穿素服，而且不能参加朝会、祭祀等礼仪。

朝廷告诉文天祥，他的功名和官职将全部保留，待丁忧期满回朝廷报到时再兑现。就这样，悲痛不已的文天祥拒绝了所有新科进士的庆祝活动，于六月初一日，和弟弟文璧带着父亲的灵柩回老家安葬。

按照当时的礼制，登科的进士们一定要参加一系列的活动，如去国子监拜谢至圣先师孔子，到礼部贡院参加皇帝所赐的闻喜宴，立碑纪念，等等。其中，闻喜宴于六月二十九日举办，理宗还特地赐给了新科进士们一首诗，诗名是《赐状元文天祥以下》：

> 道久于心化未成，乐闻尔士对延英。
> 诚惟不息斯文著，治岂多端在力行。
> 华国以文由造理，事君务实勿沽名。
> 得贤功用真无敌，能为皇家立太平。

这是当时朝廷给予的莫大的荣耀，可惜文天祥并不在场。

回乡的路上，沿途的官员和士人听说新科状元丧父，纷纷送来祭礼钱物，但文天祥坚持自己的做人原则，对送来的礼金礼物一概谢绝。

七月二十四日，出发50多天的文天祥和文璧兄弟终于回到庐陵老家，与母亲、弟弟妹妹们抱头痛哭。刚得到高中状元消息时扎起的牌楼和高挂的红灯笼，此时已经改为青纱白幔，左右乡邻亲朋好友听说文仪的灵柩回归故土，想起他平日的无私仁爱与乐善好施，都争相过来祭奠，无不失声痛哭。在路上巷口，处处都能见到哭着祭奠文仪先生的人。

在文天祥看来，"父母俱存，兄弟无故"乃是天下至乐！父亲抱恙陪他远行赶考而客死他乡始终是他最深的痛。安葬完父亲后，文天祥撰写了《先君子革斋先生行实》。"行实"又称"行状"，是记述逝者生平事迹的文章。此文抒发了文天祥的悲痛与

# 第一章 悲痛的状元

愧疚,他在文首写道:"是我不肖,拖累父亲久羁旅途不能归家,以致饮膳医药失节,使父亲病情迅速恶化,我实在罪恶滔天!如今天人两隔,就算用一百个我也换不回父亲了,我的心在滴血,要不是父亲生前一直教导我要为国谋大事,我又怎能苟活偷生。"文章中间几段则详细记述了文仪的一生,尤其是他高尚的品德和对子女们的严厉教导,读来不禁让人肃然起敬。文末,文天祥又写道:"父亲逝于离家两千里外的异乡,不能在家寿终正寝,何其悲哉!回想我'出征'时,父亲为我举杯饯行、虔诚祭神,父亲对我的期望何等殷切,如今父亲却在我考中之时永诀了,如高官厚禄不能奉养双亲,那奋斗又有什么意义?我既不能尽力服侍父亲,也不能及早发现父亲患病,仲弟逝去时父亲已万分哀伤,我却仍一心应考,何其不肖哉!我罪大恶极,实不能赦!我眦血被面,肝肠寸断,恨不能追随父亲而去,可父亲的遗言犹在,我又不得不忍痛受命,以免辱没父亲的盛德。"文章情真意切,让人读来泪目。是啊,"子欲养而亲不待",何其痛哉!

到宋末帝祥兴元年(1278),南宋小朝廷为表彰文天祥抗元的功绩,追封文仪为太师、惠国公,这是后话。

在给父亲服丧的三年里,文天祥每天都与书为伍,心情淡然,无心仕途。然而,报效国家的凌云壮志不灭,文天祥就不得不心系临安,对朝廷动态、国家大事密切关注。

# 第二章

# 坎坷的仕途

据学者统计，宋代一共产生了118名文科状元，其中近八成来自低级官员或平民家庭，属于世家权贵子弟的非常少，而这118名文状元中，最终升至高级官员（宰执官、侍从官）的人数多达69人，占文科状元总数近六成。这说明，状元是人中龙凤，无论他们出身如何，他们的仕途都可以用一片光明来形容。进而言之，即使文天祥的父亲、祖父、曾祖、高祖等祖祖辈辈七八代都未做过官，如无意外，文天祥也应该会有一个锦绣前程。然而，状元文天祥在官场上一亮相，就把自己推到了悬崖边缘。

## 一、上书

按照中国古代礼制，服丧虽然要求是"三年"，但实际上，只要满了27个月即可除服，宋代也不例外。

宋理宗开庆元年（1259）正月，已经除服的文天祥带着弟弟文璧从庐陵出发，又回到临安参加三年一次的殿试。文璧三年前已经通过了省试，已被录取为奏名进士，即已经取得了殿试的资格，但由于当时父亲文仪病重，他留下来照顾父亲而没有参加殿试。

到了五月，殿试结束，文璧也终于如愿以偿高中进士，被授予迪功郎、临安府司户参军的官职。

由于此时文天祥丁忧三年已满，朝廷便授予他承事郎、签书宁海军节度判官厅公事的官职，但一定要补了"门谢"之礼后才能去赴任。"门谢"就是上文提到的所有新科进士都要进宫向皇帝谢恩的礼节，"门谢"后才能任命官职，由于文天祥上次没有参加，所以这次必须补上。由于手续复杂，朝廷的批复要等很长时间才能下来，文天祥不放心家里，便先回庐陵家中等候。

这里先简单介绍一下文天祥即将出任的职务。承事郎是正九品，属于散官序列中的一个职务，散官就是只有头衔，享受相应级别待遇，但却没有实际职务的官员。签书宁海军节度判官厅公事并不是将文天祥派到了军队任职,"军"是宋代行政区划中一个比较特殊的存在,唐代的"军"指的是军镇,五代后期开始逐渐转为地方行政单位,有的相当于州,有的相当于县,如《水浒传》中宋江智取"无为军",说的是梁山好汉打下了"无为军"这个地方,而不是消灭了一支番号是无为军的部队。"签书"是做知州知府知军的助理。

其实,早在前一年八月,文天祥就已经除服,当时有人劝他给朝中掌权的丁大全写封信求官,但他却说:"何必这样急着去当官呢?"不久,吉州的知州也想替他向朝廷上书,仍然被文天祥拒绝了。

这是文天祥清高或无意仕途吗?是,也不是。

考科举就是为了奔竞仕途以报效国家,但文天祥的骨子里是有那么一股子清高的,他实在不想与朝廷中的那些奸佞之人为伍,所以才没有急着出仕。

前面介绍过,宋理宗赵昀的皇位是奸相史弥远扶上去的,因此他对史弥远投桃报李、言听计从。后来史弥远死去,宋理宗开始亲政,刚刚手握大权的他立志中兴,采取了罢黜史党、澄清吏治、整顿财政等改革措施,史称"端平更化"。如这期间的用人,大多贤良称职,一时朝堂之上人才济济,政风为之一变。但端平更化更多体现出的是赵昀想要有所作为的一种态度,落实起来就不是那么回事儿了。这些人才"所请之事无一施行",朝令夕改,最终无所建树;整顿财政的各项措施也大多就事论事,治标不治本,因此很快归于失败。

宋理宗虽然罢免了一些史弥远的党羽,但有一个人他依然重用,那就是史弥远的从侄史嵩之。"引子"里介绍过南宋四明史氏家族"一门三相"的史浩与史弥远父子。史嵩之是史浩的从孙、史弥远的从侄,嘉定十三年(1220)进士,是一个才能出众却专横跋扈的人。他认为南宋要想立足东南,就不能不倚仗荆襄为上游屏障,因此他全力经略襄阳,极大提升了襄阳的战略防御能力。后来史嵩之入朝为相,"荐士三十有二人,其后董槐、吴潜皆贤相",但史嵩之权力欲望太强,朝中与他有不同意见的官员都一个个被清除。正当史嵩之如日中天之时,他遇到了一个无法回避的问题:淳祐四年(1244)九月,他爹史弥忠去世了,他必须弃官回家丁忧三年。

为了防止自己不在朝廷期间大权旁落,史嵩之只有一个办法,那就是由皇帝出面进行"夺情"。夺情,意思是为国家夺去了孝亲之情,可以不必弃官去职,而是以素服办公、不参加吉礼即可,也就是说,国家实在离不开你,既然忠孝不能两全,就先尽忠再尽孝吧。中国的传统社会都是以"忠""孝"治国,所以虽然有"夺情"一说,但历代皇帝都极少使用,除非是战乱等特殊时期，而那些被"夺情"的官员虽然继续为国家工作，自己却要受到社会舆论和道德的重重指责，一般不闹腾个天怒人怨决不罢休，历史上赫赫有名的张居正与曾国藩，都因"夺情"而遭遇过猛烈的舆论攻击。

经过周密部署，史嵩之一回家，宋理宗就急急忙忙地下诏"起复"，让史嵩之赶紧回来上班，这一下可捅了马蜂窝，尤其是京城的太学生更是慷慨激昂。朝廷想要把学生的反对压下去，准备开除一些领头儿学生的学籍，结果太学生们闹得更凶了，他们把太学的斋廊都贴上"丞相朝入，诸生夕出；诸生夕出，丞相朝入！"的标语，然后拜孔子像后离开学校。

宋理宗龙颜变色："学校虽是正论，但未免也闹得太过分了。"这时一些大臣也劝宋理宗："既然您也说学校是正论，总得为国家留下些生机吧！"宋理宗无奈，只得让史嵩之老老实实在家守孝。后来丁忧期满，朝廷上下又是一片反对的声音，史嵩之终究没有再回到朝廷，这也说明丁忧对位高权重者仕途的影响实在太大了。史嵩之的隐退，也就意味着曾经如日中天的四明史家开始全面走向衰落。

史嵩之隐退后，宋理宗又任用了丁大全。赵昀这时已经当了30多年的皇帝，当初的那点儿进取之心早就消耗殆尽，每天最大的兴趣就是以声色自娱。

丁大全是镇江（今江苏镇江）人，相貌极其特殊，不过不是英俊帅气，而是一张罕见的蓝脸配上冷冰冰的五官，让人一眼望去，不寒而栗。宋理宗嘉熙二年（1238），丁大全考中进士，被任命为萧山尉，临行前去拜谒主考官史岩之（史嵩之的弟弟）。史岩之见丁大全长得如此"出类拔萃"，觉得他日后必有大用，于是等宾客散去后把丁大全独自留了下来，而且款待甚为周到。

丁大全出身贫贱，练就了一种察言观色、阿谀奉承的本领，通过极力讨好当时宋理宗宠信的宦官卢允升、董宋臣等人，频频升职。这位董宋臣是宋理宗的贴身内侍，非常善于揣摩理宗的心理，讨他欢心。有一次，理宗要去禁苑赏荷花，苦于没有凉亭遮日，董宋臣命人一天之内就修建了一座凉亭，理宗十分高兴。冬天，理宗又去赏梅，董宋臣有了上次的经验，就事先在梅园建造一座亭子，理宗责备他劳民伤财，董宋臣说不过是把荷亭移到这里，理宗非常高兴，大赞他办事得体。宋理宗晚年好女色，三宫六院已满足不了他的私欲，董宋臣就把临安的名妓唐安安召入宫中。起居郎牟子才上书劝诫："此举坏了陛下三十年自修之操！"理宗却遣人命令牟子才替他保密，以免有损他皇帝的伟大形象。就这样，董宋臣在宋理宗的宠信下，恃宠弄权，不可一世，和丁大全沆瀣一气，被人们称为"董阎罗"。

待丁大全当上殿中侍御史，主管纠察百官、肃正纲纪时，丁大全终于能假公济私、铲除异己了。他首先拿右丞相兼枢密使董槐开刀。丁大全曾经想巴结董槐以谋取高位，为董槐拒绝，丁大全自尊心严重受挫，于是日夜谋划报复董槐。董槐也多次提醒理宗，说丁大全乃邪佞之人，不可亲近，但理宗不但不听，反而为丁大全辩护。

现在，扳倒董槐的机会来了。丁大全写了一封奏疏，弹劾董槐功高震主、特权谋私、图谋不轨。奏章呈上去后，没等罢免诏书下达，丁大全就在半夜直接带了一百多兵丁包围了董槐家，以御史台的公文逼迫董槐出宅，恐吓说要把他押送至大理寺审讯，在将董槐胁迫至临安城北门外后，丁大全弃之而去，南宋朝野上下一片哗然。但奇怪的是，丁大全这么目无法纪，理宗不但不责罚，还真的很快下诏罢免了董槐的相位。

丁大全的人品还相当下作。担任淮西知州时，他看到淮西总领郑羽富甲一方，就想结交郑羽赚些好处，但郑羽对丁大全的为人深深不齿，就拒绝了他的要求，恼羞成怒的丁大全找来言官弹劾郑羽，然后郑羽被抄家，丁大全吞没了郑家的财产。还有一次，他请人为儿子求亲，结果一看到"儿媳妇"非常明艳动人，就直接给自己娶过来做妾了，这件丑事也成为天下人的笑柄。

到了宋理宗宝祐四年（1256），也就是文天祥考中状元的这一年，善于钻营的丁大全升任右丞相兼枢密使。太学生陈宗、刘

## 第二章 坎坷的仕途

黻、黄镛、曾唯、陈宜中、林则祖等六人慷慨上书，要求罢免丁大全，六人最后遭到贬逐。有人在朝门上题写了"阎马丁当，国势将亡"八个字。其中"阎"指的是干权乱政的阎贵妃，"马"指的是投机拍马的大臣马天骥，"丁"指的是丁大全，"当"指的是董宋臣（"珰"是一种戴在妇女耳垂上的饰品，因为汉代的宦官都用"珰"来装饰帽子，后世也就用"珰"来代指宦官，"当"和"珰"同音，这里就用"当"来代指董宋臣）。这几个人当国，国家想不亡都难，况且外面还有推着南宋走向灭亡之路的蒙古。

宋理宗宝祐六年（1258），当时的蒙古大汗是成吉思汗的孙子蒙哥，他亲率四万大军攻打四川，又命弟弟忽必烈攻打鄂州（今湖北武昌），命兀良合台从云南进兵北上，与忽必烈会师。

到了第二年，蒙哥的大军在钓鱼城遇到了南宋守将王坚的拼死抵抗，战事一时没有进展。但忽必烈的大军则势如破竹，在黄陂一举突破长江防线，进攻鄂州及周围城市，兀良合台的儿子兀良哈·阿术也从云南打到了湖南。

军情十万火急，但却硬是被丁大全压了下来，宋理宗根本就不知道出了这么大的事儿。时任醴泉观使兼侍读的吴潜实在忍无可忍，向理宗报告了实情。同时，宋理宗宠妃贾氏的弟弟贾似道为了搞垮丁大全，也将军情报告给了理宗。

这次丁大全玩火玩儿大了，宋理宗可以不管他贪钱，不管他借自己之手铲除异己，但却不能不管自己的江山。他连忙下了"罪己诏"安定民心，接着罢免了丁大全的相位，任命吴潜为左丞相主管朝政，任命贾似道为右丞相率军驰援鄂州。

而丁大全在满朝大臣的弹劾下，被宋理宗一贬再贬，最后被发配到海岛。船过滕州（今属广西）时，丁大全被押解官挤入水中淹死。

宋理宗开庆元年（1259）七月十一日，同意文天祥"门谢"的批复终于批了下来，九月，文天祥再次出发前往临安。

这期间，面对蒙古人的铁蹄，南宋军队节节败退，但文天祥却毫不惧怕，在经过湖北黄冈时，他想起了吴潜。二人相识多年，文天祥对这位敢言直谏、忧国忧民的长辈非常敬佩，文仪去世时，江万里写的那篇《革斋先生墓铭》就是由吴潜盖的篆印，可见二人关系之深。为此，文天祥写下了《题黄冈寺次吴履斋韵》：

长江几千里，万折必归东。

南浦惊新雁，庐山隔晚风。

人行荒树外，秋在断芜中。

何日洗兵马，车书四海同。

文天祥在诗中表达了他坚信南宋一定会打败蒙古,北定中原,取得最后胜利的信心。

十月,文天祥来到临安,这时丁大全已经被贬,吴潜重回相位,这让文天祥兴奋不已。他补行了门谢礼,向皇帝上了《门谢表》,表达了自己读书做官并不是为了谋求升官发财,而是为了为国尽忠的想法。

下一步就是等待朝廷的正式任命了。可这个时候,蒙古步步紧逼,朝廷中人心惶惶,丁大全虽然走了,可董宋臣还在。按说董公公作为一名伺候皇帝饮食起居的宫内勤务人员,国家大事根本轮不到他来操心,可他本着为宋理宗个人安全考虑而不为国家安全考虑的"忠心",建议宋理宗直接把首都从临安迁到四明(今浙江宁波)。因为四明靠海,一旦蒙古人打过来了可以直接乘船出海逃走。

董宋臣的提议一出,立即遭到了很多士人的坚决反对,但这事儿的最终决定权在宋理宗手里,他没表态,这事儿也就拖了下来。

文天祥心急如焚,他清楚地知道,一旦迁都,就表明朝廷已经放弃抵抗准备逃跑了,到那时正在前方抵抗的将士必定会军心瓦解,而迁都引发的混乱也会令四方盗贼蜂起,遭殃的还是百姓。

强烈的责任感和使命感使文天祥再也坐不住了,虽然他的正式任命还没有下来，但凭借他状元的身份也有上书皇帝的资格，于是他写了踏入仕途后的第一篇奏章——《己未上皇帝书》。他决定不顾个人的仕途，甚至是被杀头的风险，也要为了天下冒死一谏！

在这篇奏章中，文天祥首先批评了宋理宗宠信奸佞小人，国家到了今天这步田地，病根就是奸人误国，正直能言的人遭到排挤，致使您的言路被阻断，现在您的身边就有这样的一个人，如果不是他贪赃枉法，丁大全这样的人不可能会身居高位。他还告诉宋理宗千万不能迁都，您是中国的皇帝，就有义务守卫中国，您是天下百姓的父母，就应该保护百姓。您绝不是一个昏君，只是被小人蒙蔽了，我建议斩杀这些小人，以安民心。

写到这里，文天祥觉得这么泛泛地说实在不过瘾，直接点名，要求宋理宗斩了董宋臣，明正典刑，然后传首三军，一定会天下震动，人心喜悦，将士奋进，共同把蒙古的铁骑打败。

他还提出了当前亟须解决的四件大事儿：一是"简立法以立事"，就是提高行政效率，摒弃繁文缛节。二是"仿方镇以建守"，因为宋朝建立之初，为防止地方的节度使擅权，赵匡胤将地方的兵权和财权基本都收归了朝廷，现在蒙古人打进来了，朝廷应该给地方政策和财力支持，鼓励地方抗蒙。三是"就团结以抽兵"，如果还按照朝廷现有的模式招兵，大家来自全国各地，彼此不熟悉，来到驻地也没有什么归属感，如果只在方镇内自己招兵，按二十户取一人的比例，每个州府至少都可以招到二三万新兵，这些士兵守卫的是自己的家乡，打起仗来自然出生入死。四是"破资格以用人"，不拘一格用人才，只要有一技之长，都可以来为国效力，在战争中根据功劳提升待遇。

这又是一篇近万字的激扬长文，指名道姓，杀气腾腾，每一句话、每一个字都体现了他的拳拳爱国之心。文天祥豁出去了，他已经做了最坏的打算，不成功，便成仁！

## 二、浮沉

奏章递上去之后，文天祥焦急地等待着宋理宗的最后裁决。

写了这么措辞激烈的奏书，最后的结果无非是两种。要么弹劾成功，宋理宗就算不杀董宋臣也会让他滚蛋，自己的意愿达到。要么弹劾失败，自己得罪了宋理宗最宠信的宦官，下一步被排挤出朝廷都是轻的。

可最后等来的却是第三种结果，这封上书如石沉大海，没有了下文，宋理宗既没有同意迁都，也没有同意文天祥的建议剁了董公公，就当没有发生过这件事。

其实，就算没有热血青年文天祥的上书，宋理宗也不会迁都。一是鄂州并没有被蒙古人攻破；二是宋理宗的皇后谢道清坚决反对迁都，并多次向理宗陈说利害；三是宋理宗自己也不想迁都。

在当时的朝廷中不只董宋臣一个人建议迁都，而是很多人都建议迁都，其中还包括丞相吴潜。在宋理宗征求吴潜的意见时，出于为宋理宗的安全考虑，吴潜建议迁都。理宗又问："我走了你怎么办？"吴潜悲壮地回答："我要留下来与临安城共存亡！"谁知理宗不仅没感动，反而流着眼泪责问吴潜："你留下来是想做张邦昌吗？"吴潜瞬间被问得浑身冷汗。

这位张邦昌是何许人也？原来在靖康二年（1127）靖康之难发生时，为控制新占领的中原之地，金人决定立一个汉人傀儡政权代理其政，并最终选择了时任太宰兼门下侍郎的张邦昌。进士出身的张邦昌虽然胆小软弱，也曾经力主与金人议和，但在大是大非上还是非常清醒的，他绝不敢贸然行此大逆不道之事，所以坚决拒绝，甚至要引刀自裁。然而金人以屠城为威胁，百官父老也哭着求他，请他听从金人命令以使东京百姓免遭涂炭。在金人的一再催促下，在百官庶民的一再敦请下，张邦昌战战兢兢、哭哭啼啼地坐上了皇位，建立"伪楚"政权。一个月后，金朝撤兵，张邦昌立刻将政权献给康王赵构，归还大宋的国玺，史称张邦昌向赵构请罪，"邦昌恸哭，叩首请死"。当皇帝的这一个多月，张邦昌从未忘了自己的大宋臣子身份，他从来不御正殿，不受常朝，不出呼，见群臣不称"朕"，而是称"予"，别人叫他陛下,立马会被他斥责。事儿做到这份儿上了,但最后他还是以僭逆罪被贬至潭州(今湖南长沙),不久即被赐死。

宋理宗之所以把吴潜与张邦昌相提并论,摆明了他对吴潜的不信任和不满。其实,早在这之前,宋理宗就对吴潜积怨已久。

由于宋理宗没有儿子,他便一心想立自己亲弟弟赵与芮唯一的儿子赵禥为帝。但这位赵禥先生的智商却明显低于正常人,这也怪不得他,赵禥的母亲是赵与芮府中的一名小妾,因出身微贱,总是被人欺负,赵与芮的正房夫人发现她怀孕后立刻逼她喝打胎药,也不知是孩子的生存意志太顽强还是打胎药出了问题,反正孩子是没打下来。小孩儿命虽然保住了,无奈却已药物中毒,所以赵禥小朋友天生体弱,手足发软,很晚才学会走路,7岁才会说话,智力更是低于正常水平。虽然他爹赵与芮和他大伯宋理宗赵昀的妻妾都不少,可兄弟俩就这么一个宝贝儿子,自然全力培养。理宗为他配备了超强的教师团队,后来文天祥也成为了这支团队中的一员。理宗几乎每天都要对他的学习情况进行检查,答对了,赐座赐茶,答错了,则亲自为他反复讲解分析,有时口干舌燥讲半天赵禥仍然一脸茫然,理宗跳楼的心都有了。

秉持"肥水不流外人田"的原则,即使这么一根弱苗,理宗也得精心呵护、培养,谁让他是独苗苗呢?可吴潜显然不像理宗这么狭隘,在一心只为国家考虑的吴潜看来,一国之君,德才兼备者为之，赵禥显然不能胜任。所以，在理宗欲立赵禥为太子时，吴潜向理宗上了个密奏："臣无弥远之才，忠王无陛下之福！"这句话太要命了，这是因为宋理宗赵昀是被史弥远使出一连串的阴谋诡计，从一个民间的宗室孩子扶到皇位上的，所以他一直竭力回避他的出身背景，吴潜这么说，等于当面揭了理宗的伤疤。不仅如此，吴潜还明确反对由赵禥继立国君，这就是明晃晃地与理宗叫板了，理宗岂能容他？吴潜的相位岌岌可危。上书后的文天祥找到吴潜，希望得到他的支持，但此时的吴潜除了苦笑也实在爱莫能助。

至于董宋臣，那更是宋理宗离不开的"贴心人"，如果因为一封上书就被剁了的话，董公公这些年早就成饺子馅儿了。董宋臣恨上了文天祥，准备好好收拾一下这个不懂事儿的毛头小子，但因为文天祥状元的特殊身份，他没有立即动手，他在等待最合适的机会。

上书递上去了，皇帝没有动静，丞相也说爱莫能助，甚至连和自己结仇的董宋臣都没有打击报复自己，这让文天祥极度失望。皇帝昏庸，奸佞在朝，于是，文天祥一气之下，还没等朝廷正式的任命下来，就直接辞官回家了，这是他第一次辞官。

这年的闰十一月，文天祥回到了庐陵老家。他刚回到家就听说了右丞相贾似道取得"鄂州大捷"的消息，蒙古退兵了，这让

## 第二章 坎坷的仕途

文天祥兴奋了好一阵子。

贾似道，字师宪，浙江台州人，淮东制置使贾涉的儿子。贾涉，幼年好读古书，慷慨有大志。制置使是一种军事统帅官，管理几个路（府、州等）的军队，如官秩高、所领的地方重要，又称制置大使，在统军诸使中，制置使地位次于宣抚使、招讨使，高于安抚使、招抚使、镇抚使等。贾涉是南宋后期比较有作为的一位官员，文武双全，在他的经略下，金军六七年间不敢窥探淮东，山东十余州相继降宋。据说贾似道的生母胡氏，是贾涉花钱买的小妾。贾似道幼时非常顽劣，整天四处游荡、不学无术，小小年纪不是酗酒赌博就是跑到妓院鬼混打架，完全成了一个不务正业的泼皮破落户。

但是没过多久，市井无赖贾似道先生竟然当官了！这是因为他亲爹贾涉生前是朝廷的高级干部，贾似道虽然是小妾生的，毕竟还是亲生的，就"恩荫"了一个嘉兴司仓的小官，总算有了稳定的收入。

没过几年，贾似道就迎来了他人生的转机。这是因为他的姐姐被宋理宗看中，成了皇帝的宠妃，贾似道也一下子平步青云了。

要说早年的宋理宗赵昀也是活得挺憋屈的，被史弥远和宋宁宗的杨皇后扶上皇位以后，理宗小心翼翼地伺候着这位"母亲"，并请她"垂帘听政"，对史弥远也是投桃报李，言听计从，直到史弥远死了才开始施行自己的想法。理宗十分喜爱贾似道的姐姐，想把她立为皇后，但杨太后却坚持立原右丞相谢深甫的孙女谢道清为皇后，并说："谢女端重有福，宜正中宫。"左右的人也都窃窃私语："不立真皇后还立假（贾）皇后吗？"理宗无奈，只得立谢道清为后。

然而宋理宗根本就没看上他的这位皇后。据《宋史·列传·卷二·后妃下》记载，谢道清容貌普通，天生皮肤黝黑，而且一只眼睛还有白内障，丝毫没有富贵之相。但接下来奇迹发生了：谢道清在进宫的路上，莫名其妙地生了疹子。痊愈后，全身皮肤蜕皮脱落，黝黑的皮肤竟变得莹白如玉，家人又请来"神医"治好了她的白内障，丑小鸭一下子变成了白天鹅。进宫后，更是让理宗龙心大悦，满心欢喜。

关于这段谢道清"蝶变"的记载，笔者认为也和各种官方史书中记载皇帝出生时要么满室香气、要么满屋红光的"异象"一样，都是后人杜撰出来烘托本人与众不同的，不足为信。而且从宋理宗后来的种种表现来看，他们夫妻间的感情真的很一般。倒是贾似道的姐姐贾妃，跟谢道清一同入宫，史书上记载她"有殊色"，独得宋理宗的宠爱，被封为贵妃。但贾贵妃却没有享福的命，早早就过世了，后来理宗又宠爱姿色妖媚的阎贵妃，也就是前面提到"阎马丁当"中的那位阎贵妃。

## 第二章 坎坷的仕途

宋理宗的媳妇虽然不少，却只有贾贵妃给他生了一个女儿，即瑞国公主，后来又被封为周汉国公主。因为只有这么一位掌上明珠，理宗疼爱得不得了，到了谈婚论嫁的年龄，理宗又为女儿的婚事犯了难，虽说"皇帝的女儿不愁嫁"，但就这么一个宝贝疙瘩怎么也得找个最满意的。这时丁大全站了出来，他给理宗出了一个主意，何必非要在官宦世家中挑选呢？这不马上就要殿试了嘛，咱们从里面找一个英俊潇洒、才华横溢的点为状元，再把公主下嫁给他，状元配公主，传为天下美谈。理宗一听也觉得这主意不错，就让丁大全去主持这一年的殿试，亲自给公主物色美男子。我们经常在一些戏曲、影视剧中看到年轻帅气的状元娶了美丽的公主，其实这些都是演义和杜撰。在真实的历史上，落难的不算，几乎所有公主都嫁给了世家或官宦子弟，民间出身能娶到公主的加起来一只手就能数得过来。

接受了光荣而艰巨任务的丁大全抖擞精神，从会试的时候就开始转悠，看见年轻帅气的就紧盯着人家看上看下，把整个考场气氛都弄得十分尴尬。最后，丁大全终于找到一个"才貌双全"的，是来自安徽当涂的考生周震炎。但周帅哥帅则帅矣，就是年龄大了点儿，都30了。古代结婚一般都比较早，这位周帅哥此时不仅已经结婚，孩子估计都得有好几个了。不过这在丁大全看来根本不算个事儿，老婆是可以休的，只要人长得帅就行。于是丁大全在殿试前给周震炎透题，批卷子的时候刻意把他列为第一名，使周震炎成为了开庆元年（1259）己未科的状元，又因为周帅哥的籍贯在太平郡，就把他夸耀为"太平状元"。

如果文天祥知道自己下一届的状元是这么得来的，不知会是什么心情。

万事俱备，就看公主能不能看上周帅哥了。

关于考中状元后的一系列活动，前面已经介绍过，只不过这次周状元在谢恩的时候，理宗后面的帘子里还有一双眼睛在打量着周帅哥。瑞国公主第一眼就没看中周震炎，理由很简单，年纪太大，还不是自己喜欢的类型。没办法，丁大全一个60多岁老头儿的审美标准怎么可能和一个十五六岁小姑娘的标准一致呢。

后来在杨太后的主持下，瑞国公主嫁给了杨太后的侄子杨镇。为了随时可以见到女儿，理宗在皇宫附近给公主另起了一座府第，建筑装修豪华，比皇宫还要气派。想女儿的时候，他就带几个宫人，乘坐布顶小轿，从后门进出皇宫和公主的府第。但瑞国公主和她母亲贾贵妃一样，也没有享福的命，二十几岁就过世了。

最倒霉的还是周帅哥，刚中状元不久就因为丁大全倒台被褫夺了状元头衔，降为最末一名，连气带恨地死于贬官途中。

因为对贾贵妃感情深厚，对贾似道这个小舅子，宋理宗也十分恩宠。贾似道也有恃无恐，天天过着声色犬马、夜夜笙歌的生活。有一天，理宗夜里登高，看到西湖中灯火与平时不同，就对左右说："一定是贾似道在那里。"第二天一问果然如此。理宗派史嵩之的弟弟史岩之去劝告他收敛一些，史岩之却说："贾似道虽然有少年的风流习气，但他的才能可堪大用。"丁大全倒台后，贾似道更是被提拔为右丞相，派他带兵到鄂州（今湖北武昌）解围。

当时，贾似道正以枢密使兼京湖、四川宣抚大使的身份驻在江陵。而蒙古的大汗蒙哥已经在四川合州的钓鱼城离世，关于使蒙哥身死的这段战争我们在下一章中会详细记述，这里只说忽必烈。

其实早在忽必烈还没有到达鄂州之前，他就从抓获的宋朝士兵口中得知了蒙哥死亡的消息。但对于这个消息，忽必烈和手下的将领分析后认为是宋朝散布的谣言，也就没信，继续领兵南下。一个多月后，忽必烈终于收到了蒙哥离世的准确消息，但他权衡利弊之后，还是不想无功而返，决定先打下鄂州再说。

忽必烈在出发前先派了一批使者招降，但这一批使者全都被都统权知州事张胜所杀，快到鄂州的时候他又派去一批，结果这批使者在城门口被箭射中被擒。忽必烈到达鄂州后，一看劝降不管用，就让人在城东北不远处建造了一座五丈高的瞭望楼，随时观察城中的动静。

忽必烈在瞭望楼上发现宋军要过来偷袭，就马上派兵迎击，不仅迅速击退了宋军，还抓了两名俘虏。从这两名宋军口中，忽必烈得知了贾似道正率军从江陵赶来的消息，但由于事情仓促，所以忽必烈带的兵也不是精锐。紧接着，忽必烈命军队搜集当地百姓逃亡后留下来的粮食，为全面攻城做准备。

守城的张胜知道，鄂州的大部分精锐部队都被调到四川支援，此时正是城防最空虚的时候，一旦蒙军摸清了虚实来攻城的话，鄂州根本守不住。于是张胜登上城楼，对着对面的蒙军喊："这座城池已经是你们的了，但值钱的东西都在将台这个地方，你们自己去拿吧！"

蒙古人向来最重承诺，所以蒙军想也没想就信了张胜的话，既然鄂州已经决定投降，那就先去将台抢了粮食和金银钱物回来再接收鄂州城也不迟，于是部队向东进军。张胜抓住这个机会，将城外的民房一把火全烧了，免得被蒙军利用。同时，襄阳的守将高达也趁机率军进入鄂州城，贾似道也带兵来到了汉阳，原本空虚的鄂州城终于渡过了暂时的危机。

忽必烈发现上当后马上回军，并派出使者带着百余名士兵继续到城下劝降，手里有兵的张胜乘机带兵出城攻击蒙军，结果被埋伏的蒙军反包围，张胜战死。蒙军乘势攻击鄂州，被高达带兵打了回去。

随后，宋理宗赶紧下了"罪己诏"，又拿出大量的金银钱帛劳军，还将当时朝廷最能打的吕文德等将领都派到了鄂州，贾似

## 第二章 坎坷的仕途

道也进入了鄂州城。

忽必烈在九月正式得知了蒙哥的死讯，在他的设想下，他应该迅速攻下鄂州，然后再回军，这样能大大增加他被推举为新任大汗的可能性，结果这一仗打到了闰十一月，鄂州仍然是坚城一座。这期间，蒙军对鄂州城发动的猛烈攻击，都被守城的宋军将士击退，蒙军还组织了由勇将张禧、张弘纲父子率领的敢死队发起的冲锋，高达率军力战，打退了蒙军，张禧身负重伤。忽必烈又命大将张柔造鹅车攻城，鹅车是一种专门的攻城车，下半部分叫洞屋，其形状像一间小屋，外面蒙上铁皮，底下有轮子，士兵可以躲在下面挖掘城墙，上半部分是云梯，由于整体造型像一只昂首的白鹅，所以取名"鹅车"。蒙军向鄂州城的东南角发起攻击，宋军的城墙被攻破，宋军刚修补好，又被攻破，高达等将领拼死抵抗，终于将蒙军挡在城墙之外。为防止蒙军再挖城墙，贾似道命宋军沿城墙内壁建起木栅，只用一晚就竖起了环城木栅，形成夹城。忽必烈听说后，感慨地说："我如果也有贾似道这样的人才该多好啊！"

但城里的贾似道日子过得却十分尴尬，高达凭着军功，根本看不起贾似道这个靠裙带关系身居高位的上级，每次看到他来督战，就故意戏弄他说："戴着高帽子的官儿来前线能做什么！"而且每次带兵打仗，都要找贾似道要钱要物，不给的话就派兵在他的门前喧哗吵闹。吕文德每次看到，就派人训斥那些士兵："宣抚使贾大人在此，你们竟敢如此无理！"勇将曹世雄、向士璧也没把贾似道放在眼里，有事也不向他汇报。没办法，大敌当前，还得指望着这些人拼命，贾似道虽然恨得牙根都痒痒，但也拿他们没办法，只能在心里记下这笔账，等打完了仗再算。

到了十一月，宋理宗和左丞相吴潜采纳了监察御史饶应子的建议，命贾似道突围到黄州（今湖北黄冈）驻防，在那里指挥战斗。然而从鄂州突围到黄州，是一条十分危险的道路。吕文德遣部将孙虎臣领精兵700人护送，没想到途中竟然遇到了蒙古兵，贾似道也被吓得够呛，以为自己这回肯定完了。结果却是虚惊一场，这支部队原来是押送蒙军抢夺的金帛子女的老弱残兵，由不久前投降的储再兴带领。孙虎臣率军一阵猛打这支残军，储再兴被其生擒，贾似道终于顺利进入黄州，但他也恨死了吴潜，认为这是吴潜在借刀杀人。

面对宋军顽强的抵抗和源源不断的援军，蒙军的处境则日益艰难，粮草缺乏，疫病流行，部队非战斗减员严重。宋军也是一样，经过几个月来的恶战，部队损失13000多人，两边都打不下去了。这时，贾似道派了使者到忽必烈营中谈判，看看能不能花点儿钱，让忽必烈退兵。但此时的忽必烈还是一心想拿下鄂州再说，拒绝了贾似道递来的橄榄枝，第一次谈判失败。

## 第二章 坎坷的仕途

战争继续进入拉锯状态，蒙军攻不下鄂州，宋军也打退不了蒙军。

这时，忽必烈的妻子察必寄来书信，告诉忽必烈，他的弟弟阿里不哥正在代行皇帝之事。原来，自蒙哥死后，蒙古的汗位一直空虚。蒙哥的几个儿子刚刚成年，不具备争夺汗位的实力。忽必烈的弟弟旭烈兀正匆匆忙忙地从西亚赶回蒙古，劝忽必烈赶紧回来把汗位争夺到手才是根本。忽必烈的主要谋臣郝经也认为，灭宋不是一朝一夕就能实现的，也劝忽必烈先回师夺取汗位。

宋军这边，贾似道再次派出了使者，私下许诺大宋每年给蒙古一些"岁币"，这次忽必烈答应了。

接着，忽必烈只留下少量部队接应从湖南赶过来的兀良合台军，自己带着主力回师了。留守部队在江面架起浮桥，等兀良合台的部队过江后，他们也从浮桥过江。这时贾似道听了将领刘整的建议，派水军攻击浮桥，擒杀殿后的蒙军170人，然后正式向宋理宗报功："诸路大捷，蒙军已经被我打退了！"

宋理宗激动得无以言表，认为贾似道对大宋有再造之功，加封贾似道为少傅、卫国公，并命百官在临安郊外恭迎这位凯旋的"英雄"。应该说，贾似道的人品虽然不咋地，但这一战他靠前指挥，表现还是可圈可点的。

打完仗以后，贾似道睚眦必报的老毛病就又来了，开始秋后算账。怀疑"谋害"自己的左丞相吴潜被贬官，守鄂州城功劳最大的高达由于老是和自己过不去，被排在了第二位，和自己一条心的吕文德排第一位。勇将曹世雄、向士璧都被调离了一线"追责"，不久先后离世。连守卫钓鱼城的王坚也被排挤，最后郁郁而终。

"鄂州大捷"后，朝廷的外患解除，一切又重新走回原来的轨道，文天祥也收到了朝廷让他回去做官的命令。面对朝廷的征召，文天祥说自己没有晏殊的学问、杨亿的文采、范仲淹的名声，恐怕辜负朝廷的期望，拒绝出山。

第一次朝廷任命他为签书镇南军（今江西南昌）节度判官厅公事，被他拒绝了，回复朝廷说自己希望做"伺禄官"，朝廷同意了。伺禄官是宋代的特有官职，以主管某座道观为名，给予官员俸禄，主要工作是祭祀，说白了就是一个只拿工资还不用干活儿的闲职，是朝廷礼遇老臣、外戚、官场失意官员的一种特殊待遇。

朝廷任命文天祥主管建昌军（今江西南城）的仙都观，这让文天祥清闲自在了一阵子。之后朝廷又按照程序任命他为秘书省正字，文天祥又拒绝了一次后终于答应出任。

朝廷之所以总是想着文天祥，是因为他是宋理宗钦点的状元，身份特殊，这么年纪轻轻的就去养老，实在说不过去。同时，贾似道也看中了文天祥，想让他为自己所用，就这样，带着满腔爱国期许的文天祥终于出山了。

## 三、忤奸

秘书省正字的工作是负责校勘典籍文字的错误，每天和书本打交道，十分枯燥乏味，但刚刚回到临安的文天祥却以高昂的工作热情将这份工作干得有声有色。不久，他又兼任了景献府教授，负责教赵禥读书，虽然这位太子领悟能力较慢，但文天祥依然倾囊相授。宋理宗每天检查太子的学习效果，也对文天祥讲的内容非常欣赏，还专门赏赐了一只金碗给他。

随后，文天祥又担任了著作佐郎，负责编修国史和修订历法。不久又任刑部郎官，每天和底层的官吏打交道，为了不出冤假错案，他每天刻苦自学法律知识，并很快通过自己的努力树立了威信。

宋理宗景定二年（1262），又到了大考之年，朝廷任命文天祥担任殿试的复校考官，并晋升为校书郎。文天祥认真查阅每一份卷子，他发现有一张试卷的立论新颖、见解高深，就找来其他考官一起阅读这份试卷，大家也都认为这名考生是个难得的人才。但是，文章中却有一个字触犯了皇帝的名讳，按要求，出现这样的错误不但不能被录取，还要被定罪，但文天祥本着为国家选拔人才的责任，还是冒着风险将这份试卷提交了上去，宋理宗最终录取了这名考生。等拆掉试卷被封的卷头，文天祥发现这名考生竟然是他少年时的老师王国望，王国望后来做到从政郎、袁州军事推官等职位。老师教授学生，学生又录取了自己的老师，一时被传为佳话。

到了五月，上次殿试考中进士的文璧也初任三年期满，因为工作出色被派到了瑞州新昌县（今江西宜丰）任知县。弟弟离开临安前，文天祥勉励他一定要做一个正直为民的好官。

也是这个时候，与他一直关系密切的贤相吴潜永远离开了文天祥。吴潜早在两年前就因为贾似道的谗言被贬循州（今广东龙川西南），虽然心中苦闷，但他用实际行动证明了"是金子在哪里都能发光"，来到循州后，吴潜没有自甘堕落，而是在循州发展经济，治理水患，惩治贪官，深得循州百姓爱戴。贾似道担心吴潜东山再起，就派遣心腹刘宗申为循州知州，没多久吴潜就离奇死亡。《宋史》记载，吴潜对自己的死早有预知，对人说："吾将逝也，夜必雷风大作。"果然，吴潜去世的那天夜晚电闪雷鸣，风雨交加。吴潜在写好遗表和最后的诗颂后，端坐而逝。循州百姓闻此噩耗，无不失声痛哭。直到13年后贾似道倒台，吴潜才被平反，追赠原职。

吴潜的死对文天祥打击很大，吴潜作为"状元宰相"，其为人和作风一直是文天祥的榜样。文天祥最敬重的丞相吴潜离开了，而他最讨厌的宦官董宋臣则回来了。

## 第二章 坎坷的仕途

贾似道当权后，本来就在宋理宗身边炙手可热的董公公自然成了贾丞相的绊脚石，两个人的矛盾越来越深，于是贾似道先下手为强，指使言官弹劾董宋臣，终于将董公公踢出了朝廷。

董宋臣的离开让文天祥着实兴奋了一阵子，他也因此回到临安。但二年以后的局面又变了，在文天祥任著作佐郎兼景献府教授时，宋理宗终于再也忍受不了没有董宋臣在身边伺候的日子，不顾贾似道的反对，将董宋臣又召回了朝廷。而且这次小别之后，君臣二人的感情更真挚了，宋理宗不但让董公公管太监，还让他主管太庙、景献府、御前马院和酒库，监管内军器库、翰林院、编修敕令所等，一时风光无两。

文天祥最鄙视和痛恨的人竟然成了自己的顶头上司，这让他怒火中烧，他决定还是像三年前一样，为了心中的道义，不惜拼个鱼死网破。

于是，他又向宋理宗上了一封大义凛然的奏章，即《癸亥上皇帝书》。他说：外侵起于内祸，朝廷的内祸就是董宋臣，京城百姓都称他"董阎罗"，倚仗权势，无恶不作，宋理宗应该以汉、唐时宦官给朝廷造成的危害为鉴，这样的人一旦回到位高权重的位置，必定会给朝廷、给天下百姓造成极大的危害。他还写道：自己也知道这么做是蚍蜉撼大树，但读书人以天下为己任，哪怕粉身碎骨也在所不辞。

三年前的上书没有引起宋理宗的重视，三年后的这封也一样石沉大海。没办法，宋理宗要是能离开董宋臣的话就不会把他召回来了，看荷花的时候有人给他搭凉亭，没钱花的时候有人替他出面敛财，想野花的时候有人给他接名妓进宫，好处皇帝都占了，还有太监替他背锅担骂名，这样贴心的手下哪里找去？所以这次不管谁反对都无效，宋理宗不但给董宋臣加官晋爵，就连董公公死了都给追封个节度使以示尊荣。

文天祥等了一阵子，越等越是灰心，他又向朝廷提出了辞职，准备一走了之。贾似道知道文天祥的才华，也想拉拢文天祥，就授意朝廷要"挽留"文天祥，把他派去瑞州（今江西高安）做知州。这一年，文天祥28岁。

瑞州在忽必烈率军南征的时候曾被蒙军占领，这期间遭到了严重破坏，十室九空。文天祥刚到的时候，瑞州城满目疮痍，破败不堪，社会秩序混乱，百姓生活十分困苦。

但文天祥并没有被眼前的困难吓倒，他采取了一系列措施重建瑞州。

首先，他从思想教化入手，大力倡导君子"进德修业"。他亲自到瑞州西涧书院讲学，他的"法天地之不息"的哲学和改革思想，受到四方学子的欢迎，使西涧书院名噪一时。他编写的《西涧书院释菜讲义》大力倡导忠义和诚信，不仅吸引了学子，还吸引了很多社会各界的有识之士前来聆听。他还主持修复了瑞州的标志性文化古迹三贤堂、碧落堂等，为瑞州重建营造了向上和谐的思想氛围。

同时，他采取了"与民休息"的为政举措。他一到瑞州就深入民间访贫问苦，安抚百姓。为了让百姓休养生息，尽快恢复正常生产生活秩序，他竭力营造宽惠廉静的政治环境，体恤民力，不折腾百姓，让他们安居乐业。他平时更是平易近人，将自己的住处命名为"野人庐"，自称"野人"，也就是不以官身自居，把自己也定位为一名普通的瑞州百姓。他还从瑞州的赋税中拿出一大笔钱建立"便民库"，以无息或低息供民间借贷，帮助百姓渡过难关，使百姓得到了实实在在的实惠。

另外，他还加强瑞州的法治建设，铲奸除恶。瑞州本地的郡兵骄纵，经常欺压百姓，文天祥就把其中带头的绳之以法，使郡兵军纪为之一肃。对社会上的各类犯罪分子，文天祥也毫不手软，他亲自主持主管，反复查访，平反冤案，严惩了一大批危害群众的犯罪分子，百姓无不拍手称快。

在他的治理下，仅用一年时间，瑞州整体面貌焕然一新。从这里可以看出，文天祥不仅书读得好、学问做得好，理论联系实际的能力也是一流的。

这期间，文天祥考虑到自己和弟弟文璧都在瑞州当官，母亲和 15 岁的弟弟文璋都在庐陵老家，照顾起来不方便，就把家搬到了瑞州。文璧在新昌县任知县，受哥哥的影响，也在当地干得不错，深受百姓爱戴。文天祥的夫人复姓欧阳，出身书香之家，史书上关于她的记载很少，其中一条，说她跟随文天祥抗元，虽然颠沛流离，但却"绝无愠色"，可见是一位深明大义的女子。

文天祥在瑞州工作了一年，因政绩突出，被任命为礼部郎官，又成为了一名朝官。然而就在任命的当月，南宋朝廷发生了一件大事。

宋理宗赵昀病逝了，年 61 岁。

这位来自民间的宗室子弟，在权臣史弥远的安排下，坐上了皇帝的宝座，而且一坐就坐了 40 年。很多学者用"毁誉参半"这个词语来概括他的一生。他的前 10 年是在隐忍中度过的，自己对政务完全不过问，尊崇理学，纵情声色。亲政之初，他立志中兴，亲自处理政务，颁行了一系列改革措施，虽然最后的结果并没有改变南宋走向衰落的趋势，但"端平更化"给垂危的宋帝国打了一针强心剂。执政后期，他又沉湎于醉生梦死的荒淫生活中，权柄相继落入丁大全、贾似道等奸相之手，尤其在抵抗蒙古问题上，正是由于他的放纵，朝中的武将精英几乎被贾似道一网打尽，整个国家急速走向衰落，危在旦夕。总之，他不是一位称职的皇帝，如果在治世，他或许会成为一名"太平天子"，但历史没有如果。

另外值得一提的是，宋理宗赵昀死后的遭遇却极度凄惨。元朝灭宋后，忽必烈任命藏传佛教僧人杨琏真伽为江南佛教总管，这个杨琏真伽绝对称得上"一代妖僧"。在宰相桑哥的支持下，这个妖僧疯狂盗掘南宋皇陵，宋理宗的陵墓被打开后，陪葬的宝物被抢劫一空，他的尸体由于入殓时被水银浸泡，因此还没有腐烂，杨琏真伽命人将其尸体从陵墓中拖出，倒挂在陵前的树上沥出水银。随后杨琏真伽又将理宗头颅割下，并制作成饮器送到大都，直到明朝的部队攻占大都后，理宗的头颅才在皇宫中被找到。朱元璋"叹息久之"，最终以帝王之礼重新下葬。

宋理宗死了，他弟弟赵与芮唯一的儿子赵禥即位，是为宋度宗。前面介绍过，赵禥先生在胎儿时期的不幸经历，造成了他智力上的先天缺陷，但是没办法，哥儿俩就这么一个儿子，不选他，选谁呢？所以赵禥就成了南宋历史上最幸运但也是最不幸的皇帝。

说他幸运，是因为他稀里糊涂地成了天子，每天稀里糊涂地活着，又在南宋灭亡前稀里糊涂地死去，没有成为受辱的亡国之君。说他不幸，是因为他从登基那一天开始就十分憋屈地坐在龙椅上，太后管着他，贾似道欺负他，朝中的大臣也大多看不起他，直到他生命的尽头。

老皇帝死了，新皇帝登基，朝廷的人事任免自然也要重新调整,于是文天祥又被改任江西提刑,主要是负责这一地区的司法工作。从礼部郎官到江西提刑的任免,前后仅一个月,由于他在瑞州工作得很好,又把家搬到了瑞州,所以舍不得离开瑞州。上书请辞被驳回后,他就在瑞州办理了交接工作,到新岗位赴任了。

当时在文天祥的家乡庐陵和兴国交界处,有一股盗贼势力十分猖獗,劫掠乡里,百姓纷纷逃难避祸。文天祥到任后,马上协调各方面力量,很快就消灭了这伙贼寇。

这时,宋度宗登基后开始大赦天下,文天祥认真推行朝廷的政策,仔细审理冤假错案,把那些遭受不白之冤的百姓都给释放了。

有这样一件事。临江(今江西清江)城里有一个姓陈的银匠,看到有人背着一大包关子、会子(宋代的纸币、票据)从街市上走过,就长叹一声:"我们日子过得这样困苦,就是因为没钱啊!"结果第二天,有人在慧力寺的后山中发现了这个背包人的尸体。有一个卖糕点的小贩向官府的办案人员举报了陈银匠说的话,最终,陈银匠被屈打成招,判处了死刑,因为一句话而平白丢了性命。文天祥到任后,陈银匠的母亲便来喊冤,还告诉文天祥真正的凶手是住在府衙后面的一个姓李的人,那些关子、会子就藏在李家暗阁的竹笼里。文天祥派人一查,果然发现了赃物。他判处李某死刑为背包人偿命,又判处当时负责审理这起案件的推司和捕快死刑为陈银匠偿命,并由官府负责为陈母养老送终。案子真相大白，判决有理有据，百姓无不拍手称快。

像这类案子文天祥重审了不少，其间也惩治了不少贪官污吏，但这样一来，以他宁折不弯、铁面无私的性格和作风，就不可避免地会得罪很多人，他们决定要把这个"另类"赶出官场。

他们的机会很快就来了！

## 四、罢官

宋度宗咸淳元年（1265）四月，文天祥正在吉州一带巡视，一个不幸的消息传来——他的亲祖母梁氏去世了。因为该不该为梁氏守孝的问题，文天祥被推到了风口浪尖。

按照当时的礼制，祖母去世，文天祥理当为她守孝，但文天祥却没有去守。这给了那些绞尽脑汁想赶走文天祥的人一个千载难逢的良机，于是他们纷纷通过各种渠道谴责文天祥这样大逆不道的行为，说他不仅没资格为官，简直连做人的资格都没有！他们还编了一本《龙溪友议》的小册子，印刷了一万多册大范围发放，用来诋毁文天祥的声誉。御史黄万石更是上书弹劾他不称职，要求朝廷罢免他，朝廷竟然同意了！

祖母去世，文天祥本来就哀伤，加上又深陷舆论风暴，名誉和尊严严重受损，所有的苦闷憋屈只能独自咽下。实际上，不是文天祥不想守孝，而是因为这个"孝"，他根本就没法守。

事情是这样的,梁氏夫人是文仪的亲生母亲,也就是文天祥的亲祖母。梁氏的丈夫叫文时习,在文仪一岁多的时候,文时习便将文仪过继给了弟弟文时用,从此,梁氏就从文仪的母亲变成了伯母,也就变成了文天祥的伯祖母。后来,文时习过世,梁氏改嫁到一户姓刘的人家,又生了两男一女,在刘家足足生活了46年。所以,此时的梁氏和文天祥虽然从血缘上讲是祖孙,但在礼制上已经是两家人了。梁氏一去世,文天祥便上书朝廷请求"承心制",也就是只在心里缅怀,而不用像嫡孙那样身着孝服守孝。结果,"承心制"的批复还没下来,这边的谴责之声就已经甚嚣尘上了。

欲加之罪,何患无辞!

诋毁和诬告让文天祥愤怒不已,他一面据理申辩,一面上书朝廷,希望朝廷出面发声还他清白。这时,文天祥的老师,前秘书郎欧阳守道和衢州教授曾凤都激于义愤站出来为文天祥说话,他们写文章对《龙溪友议》的不实之词进行批驳,这让文天祥感受到了温暖和被理解。后来,朝廷终于同意了文天祥"承心制"的请求,但已经是一年以后,这一年打的嘴仗和受到的不白之冤,让文天祥心力交瘁。对于朝廷同意黄万石弹劾他不称职的罢官命令,文天祥也懒得申诉,直接收拾行李回老家了,这是他第一次被罢官。

回到了庐陵老家,一切还都是那么熟悉,文天祥过起了隐居生活,故乡的秀美山水,使他在精神上得到了安宁和慰藉。离家

## 第二章 坎坷的仕途

不远的一处无名山是文天祥最常去的地方,那里"溪山泉石,四妙毕具",自然风光幽静美丽,他经常早上骑着马带着酒饭进山,到了晚上才回家,怡然自得。文天祥把这座山命名为"文山",山中的很多景物都是他探幽时发现的,他本人也以"文山"为号。

文天祥从小就在父亲的教导下胸怀大志,考中状元后更是立志为国尽忠、为民谋福,回来隐居也实在是他不融于官场的无奈之举。有个姓杨的相士劝他好好为官,将来前途不可限量,他便写了一首《赠桂岩杨相士》答复对方,其中两句"好官要做无难做,身后生前是两岐",表达了他此时的心境,意思是要做秉公无私的好官也不是难事,但要想在身后留下清名,生前就要遭到打击。也可以看出他此时的心力交瘁和对官场的失望。

隐居的日子逍遥自在,更让他享受到了家庭的温暖和快乐。文天祥的夫人是欧阳氏,他还有两个妾——颜氏和黄氏,这三位夫人和睦共处,一共为文天祥生了二子六女八个孩子。宋度宗咸淳二年(1266),他的长子文道生出生,第二年,他的次子文佛生、次女柳娘、三女环娘出生,加上之前出生的长女定娘,他此时已经是五个孩子的爹,每天其乐融融。

在野的日子过了两年多,朝廷又准备起用文天祥了。咸淳三年(1266)九月,朝廷任命文天祥为吏部尚书左司郎官,他提出辞免,朝廷不允,便动身去临安任职。一个月后,他又被任命为

081

兼学士院权直、兼国史院编修官、实录院检讨官，主要负责起草文件和编修国史，一下子给他安排这么多工作，体现了朝廷对他这个状元的重视。但天有不测风云，任命还不到一个月，他就在御史黄镛的弹劾下下岗了，这是他第二次被罢官。

临安之行来去匆匆，再次回到庐陵后，他借助老子和庄子顺应自然的思想自我开解，调整情绪，又重新寄情于山水之间。过了不到一年，朝廷又任命文天祥为福建提刑，谁知还没有赴任，就又在御史陈懋钦的弹劾下再次下岗了，这是他第三次被罢官。

到了咸淳五年（1269）三月，在太后谢道清的支持下，朝政终于有了起色，德高望重的老臣江万里出任左丞相，刚正不阿的直臣马廷鸾出任右丞相兼枢密使，虽然朝中的大权依旧是贾似道把持，但江马二人的重用还是给病入膏肓的朝廷吹进了一股清风。

得到消息的文天祥兴奋异常，他分别写了《贺江左相》和《贺马右相》两封书信，江、马二人也都对文天祥非常器重，尤其是江万里，他曾两次出任参知政事，能力出众，遇事敢言，为政清廉，又创办了白鹭洲书院，文天祥自认是他的再传弟子。马廷鸾的为人处世也与文天祥相似，勤政爱民，秉性正直，不依附董宋臣和丁大全之流，被人们广泛称道。

四月，文天祥就在江万里和马廷鸾的推荐下，被任命为宁国府（今安徽宣城）知府。但对于这个任命，文天祥竟然拒绝了，原因是他第二次和第三次被朝廷罢官都不明不白，朝廷到现在也没有给他一个说法，再加上他也不想离开文山，于是他请朝廷收回成命，还是改任祠禄官，将来有机会再报效国家。

他的请辞报告被朝廷驳回，文天祥又拖延了半年，快到年底才动身前往宁国府上任。宁国原本是一个十分富庶的地方，但文天祥到任后才发现这里官吏腐败、经济萧条，百姓大多已经破产或在破产边缘，生活十分困苦，而之所以造成这一局面，贾似道负有不可推卸的责任。

"鄂州大捷"后，贾似道开始掌控朝政，在成功排挤掉董宋臣等人后，他权倾内外，一些与他关系好的奸佞小人开始得到重用，比如之前弹劾文天祥的黄万石就是其中之一。同时，当家就得管钱，掌权后的贾似道发现，此时的朝廷财政已经到了捉襟见肘的地步，就连军粮都亏空严重，在经过"深思熟虑"后，他决定推行"买公田"的政策。

所谓"买公田"，就是按照级别规定地主占有的土地，超出的部分则由官府出钱购买，并作为公田出租给百姓耕种，收上来的租米充作军粮。这个政策表面看上去非常合理，只限制了大户地主占有土地的面积。虽然大户地主们被迫卖出一些土地，但这些土地政府是用真金白银购买的，还按照级别给他们保留了大片土地。这样做既能给无地或少地的农民提供土地，解决他们的温饱问题，还能补充军粮，部队有充足的军粮自然军心稳定、战斗力提升，一举三得，真是利国利民的好政策啊！

但理论是丰满的，现实却是很骨感，这个看似为朝廷解决根本问题的政策，执行起来却根本不是一码事儿。有权有势的大户地主和豪强往往通过各种渠道买通负责清算田亩的官员，隐瞒占有土地的面积，或者干脆拒不卖田，所以从他们手中"买"来的土地十分有限。而各级负责执行的官吏只好向占有土地并不超标的中、小地主，甚至普通农民，以极低的价格强行"买"田，并极力以多买田地为功。如浙西地区，有的好地价值千缗，在贾似道的威压下只四十缗就卖了。由于朝廷没钱，就大规模印制会子、银关等纸币，造成通货膨胀、纸币贬值，后来买的地多了，钱币供不上，就用白绢布顶账，就像白居易在《卖炭翁》中描述的："半匹红绡一丈绫，系向牛头充炭直。"再到后来，遇有大户卖地的，就给度牒和官诰，说白了就是今天的白条子。

卖地的惨，种地的日子也不好过。朝廷收回的公田交给农民租种，但各级官吏想方设法大幅提高需上交的租米数量，到后来，很多种地的不堪负担而欠租逃亡，主管的官吏就向土地原来的主人要租米。结果土地的原主人赔了地又赔粮，导致许多家庭沦落甚至破产，交不起粮食的动辄还被施以肉刑，甚至被逼得家破人亡的事情也屡屡发生。

## 第二章 坎坷的仕途

贾似道推行的公田法并没有帮助大宋朝廷富国强兵，而是将经济负担转嫁给了中下层的百姓，上层的官员和大地主也受到了一定的影响，从上到下都恨透了贾似道，但没办法，谁让人家现在还大权在握呢？

除此之外，贾似道还施行了清查民间土地的政策，即"经界推排法"，由地方的各级官吏根据土地的面积和富饶贫瘠情况确定应缴纳的税额。结果在执行过程中，豪民奸吏隐漏依旧，而普通百姓则一尺一寸都有税，使得"经界推排法"又成了一项害民之举。

看到昔日繁华的宁国府变成这个样子，文天祥决定先采取"与民休息"的办法。他上书朝廷，请求免除宁国当年的赋税，得到批准后，宁国百姓无不感激文天祥的恩德。文天祥十分清楚地认识到，赋税免一年可以，不可能年年都免，所以他鼓励当地百姓要发展生产，还写了《劝农文》等朗朗上口的歌谣，希望从根本上解决问题。

但是文天祥刚到宁国府一个月，还没开始大展拳脚，朝廷新的任命就到了，让他任军器监兼右司。他先是请辞，希望留在宁国府，但朝廷没有批准，他只好又回到了临安。

到了咸淳六年（1270）四月，朝廷又改任文天祥为崇政殿说书，兼学士院权直、玉牒所检讨官。其中，崇政殿说书是负责给皇帝讲课；学士院权直是地位仅次于翰林学士的官职，负责起草文书；玉牒所检讨官负责参与编写皇帝家史。

可文天祥刚回来没几天，江万里却要走了。文天祥赶紧跑去劝老师不要走，因为此时蒙古已经开始全力攻打襄阳，内忧外患，江万里实在不应该在这个时候辞去左丞相，再让这个风雨飘摇的朝廷失去栋梁。无奈朝廷已经批准了江万里的辞呈，文天祥只能默默地送老师离京。

留下来的文天祥恪尽职守，尽自己的最大努力为朝廷服务。他在熙明殿给皇帝讲《周易》中的贲卦，借解释卦辞劝谏宋度宗要改革政治，富强国家；他给皇帝讲《诗经·国风·鄘风·定之方中》篇，劝谏皇帝在国家困难时期不要大兴土木建造宫殿。他还讲过《轮对札子》，劝谏皇帝只有兢兢业业才能治理好国家。

然而这几年，朝廷已经完全成了贾似道的天下。

度宗即位后，在太后谢道清的辅佐下，开始限制贾似道的权力，一些大臣开始上书弹劾贾似道，为了巩固自己的地位，贾似道导演了一出以退为进的闹剧。他先是主动提出辞官交权，离开朝廷后，他让自己的亲信——镇守荆湖的大将吕文德从湖北前线传来"紧急军情"，说忽必烈又率军来大举攻宋，情况十万火急。宋度宗立刻召集群臣商量对策，可满朝文武竟然找不出一个人可以担任主帅，想来想去也只有曾经在鄂州"打败"过蒙军的贾似道了。可人家此时已经辞官归隐过着隐居生活，年轻的宋度宗只好请皇太后谢道清写信让贾似道出山。谢道清写了手谕,派人恭恭敬敬地送给贾似道,贾似道先是推辞搪塞,等到戏份做够了才答应出山。宋度宗拜贾似道为太师,按惯例太师要兼领节度使,于是又授他为镇东军节度使。此时的节度使并不像唐末五代时的权倾一方,只是一种荣誉称号,贾似道不满意地说:"节度使是没有教养之人的最高造诣而已!"

然后,贾太师在众人的瞩目下奔赴"前线",紧接着,在发来的战报中是这样书写的:忽必烈听到曾在鄂州打败过自己的贾似道又来到前线,直接带兵北遁!贾似道凭借纯熟的演技,再一次成了救国于危难的英雄。宋度宗继续把大权交给他,并尊称他为"师臣",满朝文武大臣也争相趋奉,把他比作当代的"周公"。通过这场政治骗局,年轻的宋度宗,甚至老到的谢道清都变得更加依赖贾似道,把大权放心地交给了贾似道。

到了咸淳元年(1265)年底,贾似道又"辞官"了,宋度宗苦劝,但贾似道坚决要走,完全没有转圜的余地。年轻的赵禥先生本来脑子就不太好使,被贾似道这么连蒙带吓地一忽悠,差点要哭着跪下来求他的这位"师臣"留下。当时的江万里正任参知政事,实在看不下去了,他走上前扶起度宗,对他说:"自古以来,没有皇帝向臣子下拜的道理。"接着,他语带责备地对贾似道说:"圣上都这样挽留了,贾丞相你就不要再提辞官的事儿了！"此时的贾似道才"如梦初醒"，立刻"诚惶诚恐"地向度宗和江万里道歉，说："如果不是江公您阻止圣上，我贾似道可就成了千古罪人了。"话虽如此，但心里却恨透了江万里。

经筵是古代皇帝为学习和讨论经史而特设的御前讲席。宋度宗在听讲时，每每提问经史及古人姓名等问题，贾似道答不上来时，江万里常常从旁代答。这一下又得罪了贾似道，贾似道就在工作上处处给江万里使绊子，江万里在朝廷实在干不下去了，不得已四次上书请辞，最终被派到地方任职。

从此，大权独揽的贾似道更是目中无人，朝中官员纷纷依附。有一次贾似道召集百官开会，得意洋洋地对众人说："你们如果没有我贾似道的提拔，怎么能有今天的地位！"百官唯唯诺诺地称是，但唯有礼部侍郎李伯玉大声说道："伯玉殿试第二，就算没有平章你的提拔，凭本事我也能达到现在的位置！"不久，李伯玉被赶出朝廷，出知地方。

过了一年多，贾似道老毛病又犯了，还是请求"退休"。可怜的赵禥先生又被吓得够呛，不停地发圣旨挽留，来传圣旨的大臣、侍从一天要来四五次，晚上还轮流睡在他的府第外守候，怕他真的走了。接着，贾似道被任命为平章军国重事，一月三次去经筵侍讲，平时三天一上朝，去中书堂办公。度宗还在西湖风景最优美的葛岭赐给他一处豪宅，让他平时住在那里。官吏要签署文件就得抱着文书到贾似道的府第排队，贾似道则将朝中的大小事都交给他的门客廖莹中、堂吏翁应龙裁决，没有他的同意，朝廷的各项决策都不算数。

到了咸淳五年（1269），贾似道又以身体有病为由"辞官"，最终在赵禥先生的眼泪下同意留任，作为奖励，度宗让他六天上朝一次，一月去经筵讲读两次。当时，蒙军已经攻打襄阳两年多，形势岌岌可危，江万里作为左丞相，屡请派援军救援，贾似道以太师、平章军国重事的身份总理朝政，却对江万里的提议总是避而不答。忧国忧民的江万里愤而辞去左丞相的职务，临行前，他只嘱咐刚回到朝廷的文天祥说不要步自己的后尘，就又一次离开朝廷。

第二年，贾似道还是以身体有病为理由继续"辞官"，这次，已经被贾似道闹"辞职"折磨得服服帖帖的赵禥先生允许他入朝不行跪拜礼，退朝时，度宗还要站起来离开御座，目送他出宫门后才坐下来。接着，又允许他十日上朝一次。

在贾似道于咸淳六年（1269）导演的这场"辞官"闹剧中，文天祥正好兼任学士院权直，负责为皇帝起草诰文。接到起草挽留诏书的任务后，文天祥不仅没像学士院其他人那样将起草好的文稿提前给贾似道看，而且还在文稿中直言不讳地讥讽贾似道的伪诈。他前后写了两篇《拟进御笔》，第一篇措辞比较平和，只是说贾似道提出退休有违众心，让他收回请求，安心工作。第二篇就比较激烈了，不仅没有歌功颂德，还指出，像周公、孟子这样的贤臣，为了国家的安危从不计较个人的身体，而贾太师受先帝和太后的重托，怎么能因为身体有病就扔下这么大的摊子不管了呢？有病就想办法把病治好，继续为国效力。古代的大臣到了70岁还不许退休，本朝有的大臣年过90了还在为国效力，所以请贾太师以后安心工作，别再提辞职了。

文天祥知道这篇诏书一出手肯定会彻底得罪贾似道，但是他并不畏惧，直接把文稿交给了宋度宗。贾似道很快就得知了文天祥敢和自己作对的事，非常恼怒，立刻指使学士院的其他人又写了一份，没有用文天祥起草的这份。接着，他马上安排党羽弹劾文天祥，而文天祥也对这个朝廷彻底失望，写了封辞呈就追随着自己老师江万里的脚步回家了。

这是文天祥第四次被罢官，这一年，他35岁。

文天祥的一系列遭遇折射了南宋朝廷的乌烟瘴气，让我们不禁感叹南宋朝廷的君不君、臣不臣，惋惜文天祥的生不逢时。回到庐陵老家后，文天祥又开始享受每天流连在文山的惬意日子，直到咸淳九年（1273）他响应国家的号召，临危受命时，一切都已经晚了。南宋王朝就如一艘千疮百孔即将散架的船只，沉溺已成定局，尤其当外患从日暮西山的金国换成所向披靡的蒙古铁骑时。

# 第三章
## 殊死的较量

在文天祥出生的九年前，即宝庆三年（1227）七月，一代天骄成吉思汗走完了自己奋斗、辉煌的一生。从35岁成为蒙古本部的可汗，到73岁去世，成吉思汗带领蒙古铁骑纵横天下、所向无敌，横扫了半个亚洲，统治了难以计数的大小民族。有的人将他颂扬为英明神武的天神，有的人说他是杀人如麻的魔王，但无论是谁都不可否认：他恩怨分明、赏罚公正、言出如山，具有超凡的见解和卓识，更有识人之明、容人之量，是一个有决心、有魄力的人。他麾下猛将如云，将士齐心协力，共同创建了强大的蒙古帝国。

成吉思汗去世前留下了从宋境借道攻金的遗言，宋廷不允，蒙古则以武力相逼，最终宋朝不仅被迫答应借道，还同意与蒙联合，对金朝展开了最后的攻伐。而金朝灭亡不久后，宋朝居然主动伐蒙，挑起了宋蒙间的全面战争，蒙古随即反攻，这是一场延续40余年的生死较量。而在咸淳九年（1273）元军攻下襄樊之前，宋蒙双方对峙30余年，交战有胜有负，元军虽然凶猛，但南宋因为有多位名将加持，倒也有惊无险。可襄樊一旦失守，南宋覆亡的命运就不可逆转了。

## 一、联蒙

13世纪初，北方草原上蒙古汗国逐渐强大，中国出现了宋、金、蒙三大政权并存的情况。北宋亡于金，南宋与金朝是百年世仇，蒙古与金朝也是势同水火。可以说，金朝是南宋与蒙古共同的仇敌。

让我们把镜头拉回到公元1227年成吉思汗去世后的蒙古草原。成吉思汗的正妻孛儿帖为成吉思汗生有四个儿子，长子术赤、次子察合台、三子窝阔台、四子拖雷。老大术赤几乎参加了成吉思汗所有重要战役，他在军中拥有很高的威望，但由于他存在血统问题，有可能不是成吉思汗亲生的，故被排除在继承人之外。老二察合台不仅作战勇敢，而且熟悉蒙古法令，执法严峻，

## 第三章 殊死的较量

但他与术赤间矛盾尖锐,这成为阻碍他继承汗位的最大障碍。老三窝阔台虽然战功最少,但他的优势在于本人性格温和,处理政务的能力很强,与另外三位兄弟都没有明显的过节,所以人缘最好。幼子拖雷在四兄弟中军事能力最强,且长期跟在成吉思汗身边,更受父亲的关爱,成吉思汗亲切地称他为自己的那可儿(伙伴),拖雷也没有辜负父亲的期望,勇敢善战,屡立战功。

所以,为了稳定帝国的政局,使帝国在自己身死后不至于分崩离析,使儿子们在自己死后不至于手足相残,经过深思熟虑,成吉思汗最终选择了窝阔台成为自己的继承人,治理国政。

然而,关于最重要的军队分配问题,成吉思汗则沿用了蒙古传统的"幼子守灶"原则,由拖雷治理军队。拖雷不是大汗,却继承了成吉思汗麾下的绝大多数军队,蒙古国最精锐部队五分之四约10万人由拖雷掌握。在蒙古人的传统认识里,哥哥是成年人,就不应该守着家产,而应该出去独立生活、开创自己的世界,家产要留给年幼的弟弟,这样才能让他们生存下去。这种分配方式也许适用于普通的家庭,但对于像成吉思汗这样的家庭却显然并不合适,试想一个有名无兵的大汗怎么能管得住一个有兵无名的大臣?当然,这个问题成吉思汗也考虑过,因为蒙古人最重承诺,所以成吉思汗让术赤、察合台和拖雷发誓一生效忠窝阔台。

成吉思汗去世后,照理说,窝阔台就应该马上继任大汗,但按照蒙古旧习，他不能因父亲的遗命继位，而要等到忽里勒台大会后才能正式继任，国政暂由拖雷监管。忽里勒台在蒙语中是"会议，大会"的意思，也就是遇有重大事件就把宗室亲贵和大将、万户等高级官员聚在一起，召开个大朝会，像推举首领、决定征战等大事都是在这个会议上决定的，是一种部落议事会制度。

公元1229年秋，也就是在成吉思汗逝世的两年后，忽里勒台大会终于举行，蒙古宗王和重要大臣齐聚一堂，推选新的大汗。

人一多，嘴就杂了。当时术赤已经去世，就有人主张由察合台继承汗位，也有很多人主张应该按照成吉思汗的遗命由窝阔台继承汗位，还有很多人建议应该按照"幼子守灶"的旧制，由拖雷继承汗位。人们争了40天，也没有最终的结果。这时，一个关键人物发挥了关键的作用，他就是耶律楚材。

耶律楚材，字晋卿，契丹族人，辽太祖耶律阿保机的九世孙、东丹王耶律倍八世孙、金朝尚书右丞耶律履之子。蒙军攻占金中都（今北京）时，成吉思汗得知他才华横溢、满腹经纶，就派人向他询问治国大计，从此，耶律楚材成为成吉思汗的股肱之臣。他追随成吉思汗西征和出征西夏，屡立奇功，备受器重。他提倡以儒治国，并制定了各种宽仁的施政方略，为蒙古帝国的发展和元朝的建立奠定了基础。成吉思汗称呼他为"吾图撒合里"，意思是"长髯人"。

## 第三章 殊死的较量

眼看着在大会上人们争吵得没完没了，耶律楚材找到监国的拖雷说："这是宗社大计，必须早作决定。"拖雷苦笑着说："大家意见不一致，我也没办法，要不再找个黄道吉日大家议一议？"为防止夜长梦多，耶律楚材快刀斩乱麻，他找到察合台说："你虽然是大汗的哥哥，但是从地位上讲，你是臣子，应当对大汗行跪拜礼。你带头下跪了，就没有人敢不拜。"察合台虽然脾气臭了点儿，可就听耶律楚材的，于是率领黄金家族和各级长官向窝阔台下拜。有了察合台的全力支持，拖雷势孤，只得拥立窝阔台。于是，窝阔台终于继承汗位，是为元太宗。窝阔台高兴地拍着耶律楚材的肩膀说："您真不愧是社稷重臣啊！"

窝阔台虽然当上大汗了，但拖雷在蒙古军队和老百姓心中仍有着崇高威望，对窝阔台的统治造成了极大威胁，这必然为窝阔台所不容，只是除掉拖雷的时机还没有成熟而已。

公元1231年，这一年距成吉思汗誓师伐金已经过去了整整20年，在蒙古铁蹄的不断打击下，曾经凶悍无比、天下无敌的大金精兵，见了蒙古兵就像老鼠见了猫，昔日雄霸一时的大金国已经是日薄西山，奄奄一息。

这年五月，窝阔台召集众将商议灭金战略，计划分兵三路合围金朝当时的都城开封（今河南开封），消灭金朝。其中，中路军由他亲自率领，西路军由拖雷率领。

拖雷的行军路线是大军到达陕西后，要向南宋"借道"，绕过金军重兵防守的潼关防线。这个办法不是窝阔台和拖雷想出来的，而是他们的父亲成吉思汗想出来的。

打了一辈子仗的成吉思汗临死前还没忘了他的"世仇"金朝，他的遗命是："金朝的精兵集中在潼关一带，很难在短时间内突破，但可以从南宋的川陕防线借道绕过去，宋、金两国是世仇，一定会让我们借道，这样我们就能长驱直入直捣开封，而潼关的金军必定会回援国都，到时我们以逸待劳彻底消灭这支部队，灭金就指日可待了。"

当时，一名投降蒙古的金朝将领李国昌也向拖雷提出了同样的想法，更加坚定了拖雷向宋"借道"的决心。但是问题来了，南宋真的愿意把道借给蒙古，眼睁睁看着蒙古大军从自己的地盘通过吗？

答案当然是否定的。但最终蒙古凭借武力，硬是把道借下来了！

早在嘉定七年（1214），蒙古就派使者向宋朝传达联宋图金的愿望，但被宋拒绝。嘉定十年（1217），金朝为弥补其在与蒙古战争中的损失，遂发动对南宋的"七年战争"，客观上把蒙古与南宋推到了一起，大约从嘉定十四年（1221）起，宋蒙双方正式开始频繁地聘使往来。蒙古自然是想从宋借道攻金，甚至与宋

## 第三章 殊死的较量

朝联合夹攻金朝，但对南宋而言，唇亡齿寒的教训太深刻了——百年前，为收复燕云，北宋主动发起与金朝的"海上之盟"，宋金联合，南北夹攻辽朝，但此举无异于开门揖盗，果然辽朝一亡，金朝的下一个征伐目标就对准了北宋，随之而来的"靖康之耻"深入宋人骨髓，同意借道于蒙就等于助蒙攻金、自毁藩篱，所以南宋不答应。但是随着蒙古征伐战争的顺利开展，蒙古对宋也逐渐强硬起来，甚至以武力逼迫宋朝就范。

根据绍兴和议，宋金在川陕地区以大散关（今陕西宝鸡）为界。为了增强边防系统性，南宋在边界地区设置了武休关、七方关、仙人关三座著名关隘，并在三关以北、大散关西南设置了凤州（今陕西凤县）、成州（今甘肃成县）、阶州（今甘肃武都）、西和州（今甘肃西和）和天水军（今甘肃天水）等五个州军，作为巴蜀屏障，通称为"三关五州"，此地属利州路，地理上称为"蜀口"。在南宋基本失去了秦岭以北关中、陕北等地的地缘背景下，三关五州事实上也就成为南宋川陕战区抵御金军南下的前线，而蒙古正是想从这里北伐金朝。

窝阔台即汗位后，多次派使赴宋，谈判与宋"借道"之事，尤其是蒙古分兵三路合围金朝都城开封，消灭金朝的计划一出来，向宋朝借道就更加迫在眉睫了。

绍定三年（1230）冬，蒙古派一支骑兵突入宋境焚掠，并遣使者向宋强索粮食二十万斛。时任四川制置使桂如渊庸懦无能，并继续秉承史弥远的"议和"意旨，一味退让，不仅自己不敢组织蜀口军民抵抗，还命令诸将不得出兵以破坏和好，甚至还督促地方官府置办牛酒犒劳蒙军。蒙古见宋方如此懦弱好欺，在攻下凤翔（今陕西凤翔）后，于绍定四年（1231）三月，由拖雷等率领，以追歼金军残余为名长驱深入川陕腹地，攻破城池数10个、城寨140余处，并在多州大规模屠城。因为这一年干支为辛卯，故称这次战争为"辛卯之变"。

辛卯之变令宋朝损失惨重，据史料记载，"三关之外，生聚一空"。除了人口、经济方面的严重损失，另一严重后果则体现在军事方面。经此一役，南宋经营百余年的"三关五州"防御体系彻底瓦解，蜀口的山川之险易、将帅之智愚、兵力之强弱等信息，都在蒙古人面前暴露无遗。这就给南宋国防安全留下了后患，故公元1234年金朝灭亡后，蒙古大汗窝阔台及蒙哥皆以四川为战略进攻重点，很显然，就是因为蒙古自认为已经对南宋在四川的防务了然于胸。

蒙古在武力攻伐的同时，又派使者继续与宋谈判，要求宋借道供粮。桂如渊迫于蒙军重压，不得不答应蒙古的要求：提供粮草，弃守饶峰关（今陕西西乡东北）要冲。于是，蒙古军队顺利地越过宋军防线，经金州（今陕西安康）、房州（今湖北防线）

东下，然后北渡汉水，直指金朝唐州（今河南唐河、沁阳一带）、邓州（今河南邓县）地区。

金朝发现蒙军的企图，便派名将完颜合达、移剌蒲阿、完颜陈和尚等率军加强邓州防御。蒙军的先锋部队与金军在禹山（今河南邓州西南）遭遇。蒙军首先突击金军骑兵部队，然后主动后撤了30里，拖雷将部队藏在一片枣林中，严明军纪，让林外听不到任何动静。一连四天，金军都不知道蒙军跑到哪里去了。当金军行至枣林后侧时，蒙军突然杀出，抢劫了金军大批粮秣辎重，解决了缺粮问题，然后大张旗鼓杀奔邓州。

邓州城池很坚固，守城兵力也加强了，相持到第二年（1232）正月初，蒙军也没能破城。这时，窝阔台亲率的中路军渡过黄河攻克郑州，兵锋直指开封，此时金国的皇帝金哀宗只得急调正在阻击拖雷大军的完颜合达、移剌蒲阿、完颜陈和尚等人率军回援。

完颜合达得知开封告急的消息，急忙调集所部15万大军，迅速北撤救援开封，直接给了拖雷一个全歼金军的良机。拖雷采取了疲敌战术，他接连派出小股部队，日夜不停地骚扰金军，使得金军吃不上一顿安稳饭，睡不上一个安稳觉，全军士气低落、疲惫不堪，在到达钧州（今河南禹州）附近的三峰山时，被养精蓄锐、严阵以待的蒙古大军阻击，等到拖雷率军赶到时，金军已成瓮中之鳖,进退不得。

这时天气突变,降下大雪,金军不耐寒冷,许多士兵手脚都被冻坏,举不起刀枪,而早已习惯了恶劣天气的蒙军则没受多大影响。拖雷抓住战机,也不等窝阔台的命令,直接将部队分成两批,一批发起进攻时,另一批就在营帐休息,轮流进攻金军。由于此时金军的名将完颜合达、完颜陈和尚等人仍在军中,战斗力不容小觑,于是,拖雷故意在包围圈中放出一个口子,金军仓皇逃命,蒙古军紧紧追击。金军行至半途又被蒙军拦腰截断,顿时溃不成阵,大部被歼,完颜合达只带数百骑逃进钧州城。随后,蒙军乘势一举攻破钧州城,完颜合达被杀。当年以400人金军大破8000人蒙军的悍将完颜陈和尚不想无名地死在乱军之中,昂首阔步来到蒙军营中请死,被斩首。完颜陈和尚真是一位铁骨铮铮的硬汉子!连蒙古将领都被他的忠义所震撼,把马奶酒洒在地上祈祷说:"好男子!他日再生,希望为我所用。"完颜陈和尚殉国时年仅41岁。移剌蒲阿逃跑中被擒,不肯投降而被杀。

三峰山大战是金、蒙间的一次决定性战役,经此一役,金军主要的抗蒙名将大多殉国,金军主力几乎被全歼。接着,潼关、许州(今河南许昌)等地金军投降,一时哗变四起,开封朝不保夕,金朝危在旦夕。

随后,窝阔台率领大军来到开封城下,金哀宗一面请求议和，一面抓紧时间加强城防。

窝阔台见金哀宗并无投降之意，便下令攻城。开封是当年北宋的都城，城墙十分坚硬。蒙军用大炮发射出的石弹，打在城墙上也只打出浅浅的凹印。而守城的金军则使用了震天雷和飞火枪等火器，大量杀伤蒙军。在连续攻城16天后，双方伤亡都很惨重，蒙军最终没能打开城门，于是，他们在城外筑城，决定长期围困。四月，金国又派出使者议和，窝阔台也觉得开封城短期内实难攻破，就答应了金哀宗，留下大将速不台驻守在黄河岸边，自己和拖雷率军北返。

然而，就在班师北还的途中，手握重兵、立下赫赫战功的拖雷却突然"暴亡"了。

据《蒙古秘史》《元史》等史料记载，公元1232年六月，窝阔台突然"身染重疾"，一连几天几夜昏迷不醒，众大夫束手无策，便请来巫师。结果巫师刚刚来到窝阔台的大帐，他就悠悠醒转了。窝阔台询问巫师："我这病能不能治好？还能活多久？"巫师说："您的病完全可以治好，但必须要找一位至亲之人替您受罪。"于是，巫师制作一碗咒水，只要让那个至亲的人喝下，即可让病情转移，而窝阔台则立刻无恙。正在这时，"恰巧"拖雷来到营帐里探望，听闻巫师的话后，拖雷主动要求要喝下咒水，替哥哥去死。喝下咒水后，拖雷立即毙命（也有记载说没过几天便过世了），年仅40岁。

拖雷之死应该是兄弟二人的一场博弈或一笔交易，拖雷用自己的死换来了家人的平安。窝阔台既拔除了威胁，也就遵守了他的承诺，没有再为难拖雷留下的孤儿寡母，并让他们继承了拖雷的地位和军队，继续为蒙古帝国效力。当然，如果窝阔台熟悉中原历史的话，可能就会知道斩草一定要除根，19年后，正是这些被他照顾的拖雷后代取得了蒙古帝国的统治权，还把他的后代祸害得不轻，这是后话。

蒙军暂时撤退了，虽然还在不远处，但毕竟开封暂时安全了。然而，还没等开封城内的军民高兴几天，一场更大的灾难就来袭了。蒙古的攻伐导致无数军民死亡，恰遇酷暑，城内大量尸体开始腐烂，最终暴发了一场巨大的瘟疫。瘟疫持续了近50天，死者多达90多万人，死后不能安葬的不计其数。

这下金朝彻底崩溃了，大批军士逃跑，金哀宗下令全城自宰相以下，每人只能留三斗米，其余上缴，就这样也只收到了不到三万斛的粮食。金哀宗见死守孤城已无出路，又不愿投降，就在金天兴二年（1233）正月将开封的防务交给参知政事完颜奴申、枢密副使完颜习捏阿不，自己率领其他大臣和残余军队逃往归德府（今河南商丘）。速不台得知金哀宗跑了，立即进军又围住了开封城。

## 第三章 殊死的较量

当时担任京城西面元帅的崔立本是无赖出身,为了投降蒙古,他发动兵变,杀死了完颜奴申和完颜习捏阿不。然后,崔立穿着帝王的衣服,带着仪仗卫队,向速不台投降,并像侍奉自己亲爹一样讨好速不台,开封城终于不攻自破。回到开封后,崔立将留在开封的梁王和荆王两名宗室成员,以及金国的太后、皇后、妃嫔、皇子、公主等人一起送到速不台大营。速不台将二王杀死,将其他人一共装了37辆宫车,太后在前,中宫其次,妃嫔随后,还有掠夺来的儒医、工匠、绣女等一起送往北方。此情此景,与百年前靖康之难时北宋亡国的场景如出一辙,同样的地点,上演着同样的人间惨剧,真是令人唏嘘。

当然,卖主求荣的崔立也倒了大霉,蒙军进入开封时,崔立正在城外。凶神恶煞的蒙古兵抢红了眼,乱哄哄的也不管谁家,反正进去了就抢。崔立家也未能幸免,他的钱财和妻妾也被洗劫一空,崔立知道后十分悲伤,但也无可奈何。

按照蒙古的惯例,开封城破后应该展开屠城,多亏耶律楚材的劝阻,开封城内的140多万人口终于保住了性命。

面对此时的局面,金朝从皇帝到将领都深深意识到,金军肯定是打不赢蒙古的,而南宋则不同,虽然两家打打和和了100多年,打赢宋军的希望还是很大的。于是金将武仙与唐州、邓州的守将一起,决定打通入蜀的通道,把金哀宗迎入蜀地。

三峰山之战时，久经沙场的金朝老将武仙敏锐感觉到此战必败，于是他率领三十几个亲信躲藏到一处茂密的竹林里，逃过了蒙军的追杀。之后，他在南阳（今河南南阳）招募三峰山等地战败溃逃的金军，很快便招募到10万之众。孤注一掷的武仙派手下武天锡带兵猛攻南宋的光化（今属湖北襄阳），可惜，他遇到了孟珙。

孟珙，字璞玉，出身将门，是南宋后期最著名的天才将领，且文武全才。孟珙的曾祖孟安、祖父孟林都当过岳飞的部将，而孟珙年轻时就追随父亲孟宗政抗金。军旅生涯的锻炼，使他不仅练就了一身武艺，更培养出了对战场形势的敏锐观察力和判断力。

南宋宁宗嘉定十年（1217），金军进犯襄阳（今湖北襄阳），孟宗政率军抵御。当时只有22岁的孟珙判断金军一定会进攻樊城（今湖北襄阳樊城区），就建议父亲抢先由罗家渡过河，然后临渡布阵以待金军，孟宗政采纳了这个建议。没多久金军果然到来，孟氏父子指挥宋军趁金军半渡时出伏兵发起进攻，金军半数被歼灭。后来孟宗政又奉命救援枣阳（今湖北枣阳），与金军混战中父子失散。孟珙看见白袍白马的父亲被围困在敌阵中，大声喊道："那定是我父！"立即突入敌阵，救出孟宗政。

两年后，20万人金军分两路进攻枣阳，聚集城下。24岁的孟珙登上城楼，面无惧色，然后弯弓搭箭，箭无虚发，射死数人后在场将士无不惊服。接着,孟宗政命孟珙偷袭金军,他作战勇敢,率军连破18寨,斩首1000余级,并缴获大量物资,金军撤退。在父亲离世后他接管忠顺军,孟珙延续父亲的政策,一方面积极整军备战,另一方面率军开荒屯田、兴修水利,随时做好打仗的准备。

再说南宋绍定六年(1233)四月,孟珙率军迎击金将武天锡,一举攻破金军营寨,武天锡被壮士张子良斩杀,孟珙初战告捷。接着,在孟珙的周密部署和勇敢作战下,武仙接连遭遇败仗,偷鸡不成蚀把米,带来的10万大军死的死逃的逃,光投降的就有7万人,武仙只带着六七个人跑了出来,金哀宗入蜀的最后希望破灭。

六月,金哀宗又从归德跑到蔡州(今河南汝阳)。九月,蒙军包围蔡州,开始了对金朝的最后一击。

十一月,南宋一看金朝灭亡在即,终于与蒙古达成联合灭金的协定,这场联合是南宋统治者在反复权衡当前形势后作出的无奈抉择。宋朝立即派孟珙率军两万,应约会合蒙军以攻蔡州,并运送30万石粮食以应蒙军之需。蒙军都元帅塔察儿和孟珙会面后就进攻事宜进行了细致商讨,然后各自率军,分道进攻蔡州。

十二月初,蒙宋联军共同发动攻击,扫清了蔡州外围。蔡州缺粮缺物资,金廷只得在城中搜米、征民丁御敌。城里的百姓为了保卫蔡州，连健壮的妇女都去帮着搬运守城所需的大石，金哀宗则亲自登城楼安抚军民、鼓舞士气。塔察儿派大将张柔率5000名精兵攻城，硬是被守军打了回去，城上万箭齐发，张柔被射成了个刺猬，危难之中，多亏孟珙率军冲出，拼命把张柔救了回来。这里补充一句，孟珙拼命死战救了张柔，5年后，张柔的第九个儿子张弘范出生，又过了40年，正是这位张弘范率领元军，俘文天祥，败张世杰，逼得陆秀夫背着9岁的赵昺跳海殉国。如果孟珙知道自己救人救出的是这个结果，不知心里会是什么滋味。

面对城内的死守，孟珙将进攻目标转到了城外的汝河，汝河旁边有一个叫柴潭的水潭，地势比汝河还高出许多，依柴潭建的柴潭楼是蔡州外城的制高点。孟珙立即率军强攻，占领了柴潭楼，然后掘开柴潭，将潭水泄入汝河，并趁机从这里攻城。由于这儿平时有潭水阻挡，形成天然屏障，所以几乎没有什么守城器械，宋军用草垛子铺成了路，进攻异常顺利。同时，蒙军也掘开练水灌城。金军见此情势，便开南门恶战，东面元帅完颜承麟等拼死抵抗。在蒙宋联军的合攻下，初九日，蔡州外城被攻陷。

十六日，蒙军开始攻打蔡州内城，金丞相完颜仲德率士兵抵死抗御。金人事先已经预料到外城肯定会被攻破，就在内城墙边挖了深壕，联军一下子被挡在壕沟外面，内城的守军凭高据险坚守。这时的金军也都杀红了眼，他们将剩下的城中老人、小孩儿扔进大锅熬成热油，泼下去浇烫宋、蒙士兵，还将这么惨无人道的东西叫作"人油炮"。孟珙实在看不下去了，就派一个道士进城劝说，让金军别再做这么禽兽不如的事，同时暂缓进攻，在外城构筑工事，将内城围了起来。晚上，有500名金军死士背着浸了油的稻草，出西门偷袭联军，被蒙军发觉，以强弩火箭射死大半。

南宋端平元年（1234）正月，蔡州被围了三个月，兵疲粮绝，蔡州城内已经成了人间地狱。城内绝粮三个月，别说粮食，就连马鞍子、皮靴子、战鼓皮、皮盔甲这些东西都被吃光了。没东西可吃的士兵们便开始吃人，把老幼病残等不能战斗的人杀了吃，后来再把人和牲畜的骨头砸碎了和着泥巴吃，最后直接把打了败仗的军队整队整队地杀了吃掉。但就是困难成这样了，金哀宗仍坚持抵抗不投降。

正月初十日，金哀宗召集残存的百官，传位给东面元帅完颜承麟。见完颜承麟坚决不从，金哀宗无奈地说："我身体肥胖，不能骑马，万一内城被攻破了肯定跑不出去。而你身手矫健，还有将才谋略，如果能逃出去的话，或许能延续我们大金国。"完颜承麟无奈，只得答应继承皇位。

第二天，内城正在举行完颜承麟的继位典礼，外面的联军终于攻破内城杀了进来，金军将士顽强抵抗，但在联军的猛烈攻势下，节节败退。金哀宗完颜守绪以前跟大臣们说过："亡国之君，要么是阶下囚,要么是俘虏,受尽侮辱,苟且偷生,朕必不至于此!"于是在子城幽兰轩自缢而死,享年37岁。

回想10年前,金哀宗继位时,正是金朝四面楚歌、风雨飘摇之时。尽管金哀宗也想励精图治、力挽狂澜,但遭遇到正如日中天的蒙古,他抗争过,但最终仍无力回天,其境遇可谓悲哀;他狼狈过,但顽强抵抗之志不渝,最终以身殉国,其坚韧可谓悲壮。元朝史臣评价金哀宗说:"《礼记》说'国君死社稷',哀宗无愧焉。"这是位值得尊重的亡国之君。

退保子城的完颜承麟并没有履行他对金哀宗的承诺——逃出去重建大金国,而是决定做他当皇帝后的第一件事,也是唯一的一件事——率领群臣哭祭金哀宗。还没哭完,联军就杀了进来,完颜承麟率军出战,死于乱军之中,这位金国的"末代皇帝"在位时间仅一个时辰,应该是中国历史上在位时间最短的帝王。

完颜仲德正率精兵与蒙军巷战,得知天子死讯,便对将士说:"陛下已经殉国了,我坚持也没有意义了,我不能死于乱兵之手,我要追随陛下去了,至于你们,各自珍重吧。"说完跳汝水而死。将士们说:"元帅已死,我们还有什么可留恋的?"随后,500余名将士,也相继跳汝水而死。

至此,金朝灭亡。

金朝从完颜阿骨打1115年立国至末帝完颜承麟被杀,共传承了10帝119年,所谓"其兴也勃焉,其亡也忽焉"。

国亡之时,上至金朝皇帝,下至大臣将士,或战死或自杀,蔡州城中无一人肯投降,他们把对国家的忠诚保留到了生命的最后一刻,殉国之举可歌可泣。

金哀宗的近侍完颜绛山按照遗嘱,将金哀宗的尸体火化,蒙宋联军发现正在焚烧的完颜守绪尸体,急忙扑灭余火,捡出余骨,一分为二,塔察儿和孟珙各取一份回去报功。

金朝灭亡后,蒙古与南宋各自撤回了军队。两国约定,以陈留(今属河南开封)、蔡州为界,北面归蒙古,南面归南宋,孟珙率军返回襄阳。

南宋朝廷得到金哀宗的部分骸骨后,宋理宗立即带着群臣到太庙报捷。最后按洪咨夔的建议,将金哀宗的骸骨藏于大理寺狱库。

尽管自南宋末年以来,历代史家大都对宋廷联蒙灭金持否定意见,并与"海上之盟"相提并论,但跟"海上之盟"不同的是,这次联蒙是宋廷在蒙古胁迫下的不得已之策,而且,主帅孟珙及其率领的宋军在战斗中也展示了较强的军事素质,让蒙古人对宋军有了新的认识。但是,一旦失去了金朝这个宋蒙之间的缓冲带,蒙古帝国就变成了南宋朝廷卧榻之侧的另一头野兽,宋蒙之间的全面战争不可避免。只是,让人意外的是,战争竟然是宋朝主动挑起来的,随之而来的"端平入洛"事件给了蒙古对南宋大举征伐的借口。而更让蒙古人意想不到的是，本以为虚弱的南宋小朝廷会比金朝更不堪一击，结果这场伐宋战争居然整整持续了45年，中间还搭上了一位蒙古大汗的性命。

## 二、入洛

南宋理宗端平元年（1234），在文天祥出生的两年前，与大宋打了100多年交道的大金朝终于被消灭，南宋举国上下一片欢腾，朝中举行了一系列的庆祝活动。

而更让年轻的宋理宗高兴的是，把持朝政20多年的权相史弥远终于在绍定六年（1233）十月过世了，宋理宗赐给他的谥号是"忠献"。79年前，有一个人得到了同样的谥号，那个人是秦桧，其中的寓意实在耐人寻味。

不到30岁的宋理宗赵昀终于迎来了亲政。前面介绍过，这位年轻的皇帝亲政之初锐意改革、荡除弊政，提拔使用了大批一样想干出一番事业的新人，朝廷整体气象焕然一新，史称"端平更化"。

蒙古方面，联宋灭金后，窝阔台考虑到此时的中原地区因战火被祸害得赤地千里、粮草严重不足，加之天气转热，于是只留下大将速不台和塔察儿两支部队在黄河南岸，一些重要城市还由金兵投降的部队守备，其他军队北撤。同时，圆满完成任务的孟珙也率军凯旋，河南一下子就变成了无人占领的地区，但在当年，这里可是北宋朝廷的核心统治区域。

93年前的绍兴和议，南宋和金朝划定疆界，东起淮河中流，西到大散关（今陕西宝鸡），以南属宋，以北属金。为了抵御金朝的进攻，宋室南渡后，由东到西依次建立了江淮、京湖、川陕三大战区。其中江淮战区以淮河为界，护卫临安；京湖战区位于中间位置，连接吴蜀，策应江淮，拱卫东南；川陕战区主要包括今天的四川、重庆地区。

金朝灭亡后，南宋的北面疆界由荆襄一带北进到了信阳军（今河南信阳）、唐州（今河南唐河、泌阳一带）、邓州（今河南邓县）一线，由当时的京湖战区负责人，史弥远的堂侄、京湖制置使史嵩之管辖，孟珙也隶属这个战区。此时川陕战区由四川制置使赵彦呐管辖，江淮战区的主要将领包括淮东制置使赵葵、淮西制置使全了才、沿江制置副使赵范等。

其中，赵范、赵葵兄弟是原京湖制置使、名将赵方的儿子，这兄弟二人不仅都少有大志，文武全才，而且长期追随父亲抗金，都建有不俗的功业。面对此时河南的形势，赵氏兄弟极力主张要趁蒙古北撤之机，出兵北伐，并提出了"踞关守河"的建议，也就是要朝廷出兵占据潼关—黄河防线。他们提出的这条建议有着充分的历史依据，因为金朝就是靠着这条防线与蒙古作战了20多年，最后硬是迫使蒙军不得不向南宋借道，绕过这条固若金汤的防线。

他们还认为，只要占据了这条防线，目前空虚的原北宋的三个都城——东京开封（今河南开封）、西京洛阳（今河南洛阳）和南京应天（今河南商丘）不但能够光复，还能够守住，再现北宋昔日的荣光。

这里先简单介绍一下北宋的都城设置。当年赵匡胤发动陈桥兵变，夺取了后周的江山，由于后周的首都就在已经是当时全国的政治、经济和文化中心的开封，赵匡胤也就将都城沿用了下来。

开封被称为东京，是因为其位于洛阳以东。洛阳是中国历史上鼎鼎有名的十三朝古都，但经过唐末五代的战乱，洛阳城遭到了毁灭性的破坏，北宋定都开封后，一直将之作为陪都，称为西京。赵匡胤执政后期曾经想迁都到这里，但终因种种原因未能如愿。

到了宋真宗赵恒在位期间，他因为开国皇帝赵匡胤曾在宋州（今河南商丘）任归德军节度使，从此奠定基业，就将宋州升格为应天府，因为宋州在开封的南面，又称南京。

宋仁宗赵祯在位时，大臣吕夷简认为宋真宗曾驻扎在大名府（今河北大名）对抗辽国，所以奏请将大名府升格为北京。宋仁宗采纳了这个建议。从此，北宋的四京格局一直延续到被金国所灭，等到南宋政权稳定时，四京都已被金国占领，成了金国的重要城市。

## 第三章 殊死的较量

但此时的前北宋四京除了北京大名府被蒙古军队占领外，其他三京的留守部队都是金朝的投降部队，军心不稳，所以赵范、赵葵兄弟认为此时是出兵的最佳良机。他们找到了当时位居首相的右丞相兼枢密使郑清之，一番陈请后，郑清之也一改先前的主和姿态，非常赞成出兵中原。

"端平更化"取得的成果让宋理宗赵昀兴奋异常，灭金的巨大成功更使他志得意满，正踌躇满志地想要做出一番大功业来光宗耀祖和稳固自己得来不易的皇位，所以，他也早有这样的想法。北宋皇帝的陵墓都在西京洛阳附近，宋理宗在灭金后的四个月内，就三次派出使者到河南拜谒祖陵，这也说明了他想要收复河南的意愿。于是，在听到郑清之和赵氏兄弟的"完美"计划后，宋理宗也同意了出兵主张。

但宋理宗的这个想法刚一提出，就遭到了大多数大臣的反对。其中反对最激烈的有主持灭金之战的史嵩之、参知政事乔行简、刚因史弥远死去而得到重用的真德秀、时任淮西总领的吴潜等。他们都认为，河南地区已经被战乱破坏殆尽，根本无法从当地得到粮草，再加上南宋军队没有骑兵，机动力不足，防御不了漫长的黄河防线。当然，这也会挑起蒙古与南宋的战争。

没办法，蒙古铁骑进入中原地区后，除了烧杀抢掠还是烧杀抢掠，从来就没有把这里当成自己的统治地区好好治理的意思，所以在撤军的时候，把财宝、人口、粮食等能带走的都带走了，留下的都是他们实在不想要的。这样一个烂摊子，收回来又有什么用呢？

耐人寻味的是，史嵩之、真德秀等人分属不同的派系，平时在朝堂之上互相拆台还来不及，但对于出兵的事儿，意见却是出奇一致。尤其是参知政事乔行简，当时正在家养病，听说此事后立即抱病上书，直接就问宋理宗："朝中的武将有几个能独当一面的？有几个勇猛善战的？有几个谋略出众的？咱们国内的这些士兵，战斗力强的有几万？您还打算要分出多少去镇守开封、洛阳？还能给江淮战区和京湖战区留下几万？"刚刚返朝的名士真德秀则说："把江淮战区的兵力抽出来去镇守没什么用处的空城，把江淮战区的粮食拿到不能耕作的土壤，以后的效果没办法预期，但这样做的弊端马上就会显现。"吴潜说："要守住潼关—黄河防线，至少要15万将士，还得都是像金军那样百战坚韧才行。"

虽然反对的声音很高，但宋理宗最终还是决定出兵，他从江淮战区调集6万人军队北伐，一场并不成熟的军事行动就此展开，史称"端平入洛"。

南宋这个已经病入膏肓、行将就木的衰弱老者，在这一刻似乎也精神抖擞起来，只不过，这不是勇敢无畏，而只是侥幸冒险。

有三个战区，为什么只从江淮战区调兵呢？答：另外两个调

## 第三章 殊死的较量

不动!

其实如果要打这一仗,史嵩之的京湖战区才是不二之选,地理位置上这里离三京最近,进兵方便,补给也相对容易,而且京湖战区的士兵刚刚在孟珙的带领下与蒙军联合作战,对蒙军的情况也熟悉。但史嵩之是这次出兵的坚决反对者,宋理宗让他与江淮战区一起进兵,他上书反对,说了一大堆不能出兵的理由,让他筹措粮饷,他说京湖地区连年饥荒,实在拿不出钱粮,宋理宗也拿他没办法。

川陕战区的赵彦呐也是一样,就是不出兵,只能江淮战区自己干了。

六月,宋理宗任命全子才为先锋,率1万名将士从庐州(今安徽合肥)出发,赵葵率5万人主力作为第二梯队,向泗州、宿州(今安徽宿州)前进,两军约定在开封会合,并任命赵范为两淮制置大使,负责接应。

全子才率先率军渡过淮河进入原金朝境内,大军如入无人之境,这是事实,因为这里真的没剩下几个活人。六月二十二日,全子才率军到达城父(今安徽亳州),这里在北宋时号称小东京,可见其昔日的繁华,但此时全子才看到的只有两三处官舍和十余处民居。二十四日,宋军到达亳州,终于获得了出兵以来的第一场胜利,守军7人投降。六月末,收复了第一个目标,南京应天府。

塔察儿知道宋军北进的消息后，便率部退到黄河以北，故意向宋军示弱，以诱敌深入。他们还将黄河的河堤掘开，将宋军前进的道路变成一片泽国，宋军只能在泥泞中艰难行军，许多地方水深到腰部，一些地方水甚至涨到宋军士兵的脖子高。更为严重的是，宋军的补给线被大水严重破坏，运粮队得绕一个圈子才能到达河南。

七月二日，全子才终于率军到达北宋的故都——东京开封府城下。早在四天前，原金朝将领李伯渊、李崎、李贱奴等人就设计杀死了蒙古任命的守将崔立，向全子才投降。崔立不久前杀死金哀宗任命的守将向蒙古投降，现在，同样的结局又发生在了他的身上。宋军兵不血刃进入开封，全军士气为之一振，这座沦陷100多年的故都终于又回到大宋怀抱。

此时的全子才更是心潮澎湃，岳飞、韩世忠等抗金名将一辈子都没实现的梦想终于由他实现了。入城之后，全子才和宋军将士们都傻眼了，映入他们眼帘的，已不是《清明上河图》中所绘的那座繁华都市，此时全城只剩守军600余人、居民1000多家，沿途市井残毁，破败荒凉犹如死城，只有大相国寺和原北宋宫殿基本保留着当年的样子。

消息传回临安，整个朝野都沸腾了，到处都是贺喜之声，宋理宗更是欣喜若狂，大宋的靖康国耻被他"洗雪"，沦陷的旧都被他"光复",他俨然成为大宋的"中兴之主",他的姓名和功业将"彪炳史册"。

他立即任命赵范为知开封东京留守,赵葵为知应天南京留守,全子才为知河南西京留守,并督促部队不断扩大战果,尽快收复西京洛阳。

七月二十日,赵葵率5万宋军主力赶到开封与全子才会师。赵葵抵达后,没有考虑到水灾给运送物资带来的困难,而是贪功心切,指责全子才没有抓住战机继续西进攻取洛阳。赵葵一面派人去催军粮,一面改任他手下的徐敏子为前锋部队的监军,并把开封剩余不多的存粮集中发给他们,这支13000人的部队共分到5天的粮食,赵葵命令他们先出发攻取洛阳,将全子才留在开封。

徐敏子无奈之下,只得命令部队将5天的军粮留分作7天来吃,并于七月二十一日,也就是赵葵到达后的第二天就启程前往洛阳。

原全子才率领的部队被改为第二梯队,他们在得到一部分军粮后也被要求向洛阳进军,但部队拿到粮食之后,都纷纷叫嚷军粮太少,赵葵却仍然强行命令马上出发。

七月二十六日,徐敏子的先头部队200人秘密到达洛阳。入夜后,他们翻过城墙,呐喊着冲进城里,却发现闹腾这么大动静根本就是多余,因为城里哪有什么守军,原来守城的部队早已在几天前全部撤离，城里上千名饥肠辘辘的百姓知道王师归来后，热情迎接了他们。

七月二十八日，徐敏子所部全部进入洛阳。第二天，出门时带的粮食就吃完了，只能采野菜和面充饥，宋军陷入了进退两难的境地。

七月二十九日，宋将杨谊率领的第二梯队15000人到达洛阳城郊的龙门镇。杨谊命令全军就地休息，宋军刚刚坐下来准备开饭，就看到蒙古骑兵从四处疾驰而来。这支宋军以弓弩手为主，毫无准备下根本来不及列阵，全军溃败，被挤入洛水溺死的不计其数，只有主将杨谊带着少部分人逃入洛阳城中。

原来，塔察儿率蒙军虽然放弃洛阳北渡黄河，但留下不少骑兵哨骑，在得知宋军进兵洛阳之后，塔察儿命令部队再次渡过黄河，并在龙门镇设伏。他们放过了宋军的第一梯队，使宋军第二梯队放松了警惕，然后突然出击，果然把这支宋军彻底打残，也切断了洛阳宋军和开封宋军的联系。

龙门之战后，蒙军前锋来到洛阳城下安营。城内的宋军内无粮草、外无救兵，徐敏子决定趁着蒙军主力未到，突围回师。

八月一日，他先是派出一支宋军袭击蒙军前锋，掩护主力渡过洛水，然后背水列阵。可随后，蒙军却率先发起进攻，多次冲击宋军阵营。这支江淮战区的精锐宋军战斗力果然不俗，在断粮

## 第三章 殊死的较量

三四天的情况下仍作战顽强，屡次击退蒙军，双方胜负相当。

第二天，蒙军以步兵执盾牌前进，把宋军的阵型分割成三部分，再以骑兵冲击。而宋军则是凭借训练有素的步兵大阵，再次将蒙军的进攻击退，杀伤蒙军400余人，夺得盾牌300多面，两军再次不分胜负。

尽管宋军在硬碰硬的正面战斗中不落下风，但这个时候已经断粮4天，实在不能再等了。徐敏子判断蒙军主力在东面，于是率宋军向南方突围。蒙军知道宋军突围后，立即出动骑兵射手在后面追杀。然后，追杀变成了屠杀，一支精疲力尽、饥肠辘辘的宋军步兵在前面跑，一支纵马挽弓、如狼似虎的蒙军骑兵在后面杀。宋军完全变成了蒙军的活靶子，沿途到处是宋军的尸体，军中将领几乎全部战死，徐敏子也身中流矢，战马被射死。最终他只带了300多人，吃了9天的树皮树叶，才幸运地逃回了光州（今河南潢川）。

得知洛阳溃败的消息后，赵葵和全子才也知道开封实在是守不住了，于是他们召集部队准备撤军。但由于撤军的决策做得太仓促，他们事先也没跟士兵们交代清楚，出发前宋军还都以为去增援洛阳，结果出城之后才发现是往回走，顿时人心大乱，在根本未遇到蒙军的情况下后军溃散，全部辎重都丢在了河南。

出动了江淮战区的6万名精兵，结果损失了将近一半，三京得而复失。这样的结果让原本志得意满的宋理宗实在无法接受。他将参与出兵的赵葵、全子才、徐敏子等人降职的降职,停职的停职,然后下了"罪己诏",深刻反思自己在这次"端平入洛"行动中犯下的错误,检讨给国家和百姓造成的伤害,以安抚民心。

"端平入洛"事件使宋蒙的联盟公开破裂,成为持续近半个世纪宋蒙战争的导火索。更为严重的后果是,这次失败的打击使宋理宗在对蒙古问题的态度上发生了极大转变,原来高涨的热情彻底熄灭,变得消极保守,并再也没能打起精神。

## 三、来犯

"端平入洛"只是一个引子,就算没有发生,宋蒙之间的战争也一样不可避免。金朝才刚刚灭亡,耶律楚材就向窝阔台提出了《平南之策》,谋士李实也向窝阔台提出先进攻四川,然后再顺长江而下进攻江南。就在宋军"端平入洛"的同一时间,蒙古召开了规模巨大的诸王大会,在会上窝阔台说:"现在金、西夏、高丽、回鹘等国都被我们征服,只剩下宋,我准备出兵伐宋,大家有什么意见?"大将塔察儿回答道:"我带兵就能扫清浙淮,根本不需大汗您御驾亲征!"所以,侵宋的计划也早已在蒙古人的计划之中。

南宋理宗端平二年(1235)六月,窝阔台以南宋破坏友好盟

## 第三章 殊死的较量

约为借口，派兵分两路大举攻宋。其中，东路军由他的三子阔出率领，进攻荆襄、江淮地区；西路军由他的次子阔端率领，进攻四川。

我们先说西路。蒙古的西路军由各少数民族部队组成，号称50万人。十一月，西路军在巩昌（今甘肃陇西）迫降金旧将汪世显，然后以熟悉当地情况的汪世显为前锋，向沔州（今陕西略阳）进军。沔州历来是西陲用兵的门户，战略位置十分重要，但这些年多次遭受金军和蒙军的战火，城池早已破败不堪，连城墙都没有。四川制置使赵彦呐主张退守大安（今陕西宁强西北），但知州高稼认为"守沔蜀存，弃沔蜀亡"，坚决反对退守。赵彦呐刚开始表示要与高稼一起坚守，但蒙军一到，赵彦呐就撤走了，高稼只得独自守沔州。

高稼决心与沔州共存亡，既然守不住城池，他就依山设置防线，在山上多插旗帜以为疑兵，自己到高处督战。赵彦呐虽然自己撤了，但还是派了小将何邻率兵救援，结果与蒙军刚一交战，何邻就先逃跑了。他的逃跑造成了整个守军的溃败，高稼实现了自己最初的誓言——被围战死，蒙军占领了沔州。

赵彦呐最终决定将部队驻扎在川陕交界的咽喉之地青野原（今陕西略阳北），但随后被蒙军包围。驻扎在石门（今陕西略阳西北）的利州都统制曹友闻马上率兵支援，曹友闻身先士卒，击败蒙军，解了赵彦呐之围。

曹友闻是有"两宋第一良将"之称的宋初将领曹彬的十二世孙，素以忠义闻名。曹友闻中进士的第二年，朝廷任命他为天水军（今属甘肃）教授，但在他赴任时却发生了一段插曲。当时，成吉思汗正带兵进攻西夏，为了显示蒙军的武力，他派人送了两块金牌到南宋的四川制置司要求南宋臣服，还派出一支军队进入宋境，一举攻下阶州（今甘肃武都东），并包围了天水军（今甘肃天水）。这时曹友闻还没有到任，按说天水军的存亡得失都与他没有半点关系，更何况他还是个文官。但曹友闻临危不惧，看准时机单枪匹马进入军城，与守将一起组织兵民守城。好在没过多久，成吉思汗就病逝于六盘山，蒙军撤退。后来朝廷特地绣了一面"满身胆"的大旗表彰他的忠勇。

帮赵彦呐解围后，曹友闻忙派遣部将急速前往鸡冠隘和阳平关（今陕西勉县）布防，蒙军到达阳平关后，曹友闻亲自率军冲到阵前，命令左右的部队放箭，蒙军受挫退兵。曹友闻料定蒙军在阳平关吃亏后一定会进攻鸡冠隘，就派部将陈庚率兵增援，陈庚率500名骑兵与蒙军对攻，在守军的配合下两面夹击，大获全胜，迫使蒙军退出宋境。

蒙军休整后再次入川。面对来势汹汹的蒙军，曹友闻建议由他坚守沔州的仙人关隘口，但这个可能是挽救四川的最后希望却被赵

# 第三章 殊死的较量

彦呐否决了，他将曹友闻派到无险可守的大安御敌。九月，曹友闻奉命来到大安，他与部下商议，都认为只有旁边鸡冠山上的一座堡垒勉强可守，但无粮无水，诸将都认为如果只守不战一定能守5天以上。于是，曹友闻派曹万率军1万人守鸡冠山，自己则率领精锐万人到外围设伏，并约定如果蒙军进攻阳平关，就由曹万率军先挫一下蒙军锋芒，然后诈败进入鸡冠山上的堡垒，引蒙军进攻堡垒，曹友闻再从背后偷袭，到时内外夹击，定能获胜。

同时，为了迷惑蒙军，曹友闻命令阳平关大开城门，城头不插旗，城内不许出现炊烟，不能发出任何声响。每次读到这段史料时笔者都会在头脑中勾勒道：如果城头上再坐一个焚香抚琴的诸葛亮，不就是《三国演义》中空城计的画面吗？

接下来的战斗完全按照曹友闻的预想进行，但蒙军不是司马懿，他们没有被空城吓跑，而是耀武扬威地继续进军，然后曹万率军设伏，出其不意地打了蒙军先头部队一记闷棍后撤入鸡冠山，蒙军后续部队赶到，将堡垒团团包围。曹友闻得到消息后火速带兵增援，没想到正赶上暴雨，道路难行，人困马乏，有人建议休息一夜再走，但心急如焚的曹友闻知道，原定坚守5天的鸡冠山已经守了8天，一旦堡垒被攻破后果不堪设想，他命令部队继续前进。发现蒙军营地后，曹友闻立刻将所部分为三路突入蒙军营中，蒙军压根儿没想到这么大的雨夜还有宋军从背后偷袭，一下子被打乱。这场战斗一直持续到拂晓，曹友闻率部攻破蒙军数十营，曹万也率军杀出堡垒夹击蒙军。

阔端一看仗打成这样，就想先撤退，这时汪世显率部赶到，阔端才稳住阵脚，他将骑兵分成百十队，轮番向宋军发起了冲锋。而此时宋军的处境却非常糟糕，原来西川的军队一直以绵裘代替铁甲，这时都被雨水湿透，穿在身上又冷又重，实在不利于战斗。稳住阵脚的蒙军逐步利用人多的优势将这支宋军包围，这一战宋军虽然作战顽强，将参战的蒙军击杀一大半，但终因寡不敌众，实在无力再战。曹友闻命令部队突围，指挥中，他身中流矢下马步战，并将自己的战马杀死以示必死的决心，最终力竭殉国。这一战，曹友闻带来的精兵和曹万从堡垒中带出的精兵最后只有500人活着回到鸡冠山堡垒。曹万苦等赵彦呐的援军不至，堡垒内又无粮无水，于是曹万决定率军突围，最后全部战死。

战后，蒙军发现了曹友闻的尸体和那面"满身胆"的大旗，纷纷额手称庆，就连汪世显也不得不承认，曹友闻是"真男儿汉也"。

曹友闻战死后，入川的通道被打开，蒙军很快来到成都城下。而赵彦呐则一直撤退到夔门（今重庆奉节），弃成都于不顾。身在成都的四川制置副使兼成都知府丁黼因为跟赵彦呐有矛盾，被赵彦呐带走了全部士兵，此时他手里只剩下400名牌手和300名衙役。但丁黼毫无惧色，他先后三次率部出城与蒙军交战，都因兵力过少而失败，丁黼也中箭殉国，他是宋蒙战争中战死的第一个制置使级别的高级官员。

蒙军入城后，占卜者告诉阔端成都是大凶之地不可久居，于是阔端下令"火杀"成都，整个锦城燃起熊熊大火，无数百姓死于非命。随后阔端率蒙军主力返回河西，留下的蒙军则大掠四川腹地，四川人口"十丧七八"，直到蒙军听说东路军主帅阔出死亡的消息后，才留下部分兵力扼守沔州、阶州等要地，然后北撤，四川又被宋军接收。

从端平二年（1235）到淳祐元年（1241）的7年间，蒙军每年都会攻入四川，仅成都就遭受了两次惨无人道的屠杀和破坏。蒙军只会打，不会治，杀够了抢够了以后，又将满目疮痍的四川留给了南宋，使原本富庶兴旺的天府之国变成一片瓦砾，直到孟珙被任命为四川宣抚使后才有所改善，但孟珙同时也是京湖制置使，他的主要精力还是放在了京湖战区。

说完西路军再说说东路军。东路蒙军的进攻目标是江淮战区和京湖战区，由窝阔台的三儿子阔出率领，阔出也是窝阔台心中自己的继承人。

东路的蒙军也是一路攻城略地，一直打到襄阳城下。襄阳是京湖战区的门户和最重要的战略要地，蒙军一看襄阳城高墙厚、防守严密，加之攻城战也不是他们的强项，于是就转而进攻周边的其他城池，并防备襄阳守军出城偷袭。但没过多久，紧闭的襄阳大门突然打开了，只不过出来的守军不是逃跑的，就是投降的，原本固若金汤的襄阳城竟然不攻自破了！

原来，金朝灭亡后，很多投降南宋的金军都被安置在了襄阳，其中还包括在开封杀了崔立献城投降的李伯渊。但面对城内这些投降的金军和原来守城的宋军间日益尖锐的矛盾，时任京湖制置使的赵范却不能很好处理，最终导致李伯渊等将领率军哗变，烧毁仓库，打开城门，使蒙军兵不血刃地占领这座坚城，并得到了堆积如山的兵器、粮食、战略物资等。

"端平入洛"期间，由于赵范没有带兵进入中原，所以在追究责任时宋理宗就没有追究他之前的言行，反倒使其成为了京湖战区的一把手。这次，由于他的失职，又给南宋带来了不可估量的损失，宋理宗最终将他降职调离了事。

襄阳陷落带来的后果极其严重，周边城池的守将纷纷投降或逃跑，甚至包括鄂州这样的重镇，宋军的防线被迫从汉水边退到了长江边，蒙军也第一次打到了长江边，局势一下子变得异常紧张。

南宋理宗端平三年（1236）十月，阔出突然病死在军中。但鉴于这时东路军的态势，窝阔台只是让人把自己爱子的尸体运回，东路军继续留在荆襄一带伐宋。

江陵（今湖北江陵）是宋军在江北的最后一道防线，襄阳失

第三章 殊死的较量

守后,京湖战区的指挥部就搬到这里,一旦失守,蒙军就可能渡过长江长驱直入,此时焦头烂额的宋理宗做出了他最英明的一个决策,急调孟珙守江陵。

接到命令的孟珙马不停蹄赶赴江陵,他得到蒙军正在编造木筏准备渡江的消息后,就立即集中力量封锁江面。他用疑兵之计,命令部队白天不断变换旗帜和军服颜色;晚上就多点火把,沿江排开数十里,让蒙军以为宋军已经大军集结。正在蒙军疑惑的时候,孟珙抓住机会立即出兵。他的部下很多都是荆襄一带的本地人,家里这阵子被蒙古人祸害得够呛,正恨得无处报仇。所以孟珙一出军,这些将士正好是国仇家恨一起报,无不奋勇杀敌。这一仗,杀红了眼的宋军连破蒙军营寨24座,抢回被俘百姓两万多人,还将蒙军制造的渡江器具一把火都烧了,蒙军无奈,只好撤军。

一年后的嘉熙元年(1237)十月,蒙军再次南侵,由宗王口温不花和大将张柔率领主力进攻黄州(今湖北黄冈)。黄州是淮西的军事重镇,蒙军选择进攻这里的原因是这段长江江面窄,利于渡江。危急时刻,孟珙紧急从鄂州率水师驰援。双方恰巧在江面遭遇,面对昔日的战友,孟珙毫不手软,率领水师冲乱蒙军船队,杀开一条血路进入黄州城。黄州军民听说孟珙来了,士气大振,齐声欢呼道:"吾父来矣!"

孟珙以前就是黄州的知州，这里的城防都是他当年领着布置的，质量绝对过关。孟珙还每天到城头巡视，在斩杀了49名胆小畏敌的士兵后，稳住了宋军的军心。随后，他派遣所部水军主动攻击蒙军水军，俘获战船200余艘。蒙军集中兵力攻打黄州城，孟珙一面固守，一面派部将刘全等兵分7路，在晚上悄悄出城突袭蒙军。除了深知老朋友用兵之道的张柔日夜防范外，其他6路宋军都获得胜利，蒙军大乱。

蒙军整顿之后再次发动猛攻，他们用石炮轰击黄州城，把城墙上的城楼全部摧毁，宋军在孟珙的指挥下迅速修补缺口，使蒙军无法攻上城头。接着，蒙军又冲到黄州城下挖城墙，孟珙就派人在城内再建一道城墙，并在两墙中间挖下大坑当陷阱，号称"万人坑"。当蒙军费尽千辛万苦终于挖开城墙冲进来时，纷纷掉进坑里，宋军则在新修的城墙上朝坑里扔石头、檑木，蒙军伤亡惨重。这场仗一直打到第二年的春天，蒙军还是望城兴叹，死伤"十之七八"的蒙军终于无奈撤军。

这期间，蒙军还派兵进攻真州（今江苏仪征）、安丰军（今安徽寿县）等军事重镇，都被守将邱岳、杜杲等击溃。

杜杲，字子昕，是一位文武全才的名将，更是一位名副其实的守城大师。当时他正镇守在安丰军，面对口温不花的石炮攻城，一开始他也是用传统的守城办法，城墙被轰塌一块就修补一

## 第三章 殊死的较量

块。后来杜杲他们发明了一种叫作"串楼"的守城工具,这是一种用栗木或枣木等硬木材造的很高的木楼,安置在护城壕沟的旁边,上面有箭窗可以射击,楼与楼之间用横木连接,以便调动兵力。由于是用硬木造的,所以它的抗打击能力是普通城楼的三倍,加之制作方便,杜杲一下子就做了几百个,蒙军进攻哪里就在哪里设置,如果被击毁了就再换一个新的上去,随坏随补。

后来,蒙军终于用石头在安丰军的护城壕沟上填出27道坝桥,作为攻城的直接通道,杜杲马上派宋兵血战牢牢守住内侧的27个桥头。蒙军又组织一批死囚,身披十余层牛皮做的厚甲,只有眼睛露在外面,杜杲就挑选了一批神射手,用一种特制的小箭专门射蒙军的眼睛,终于顶住了蒙军的强攻。接着,杜杲在名将吕文德、余玠等援军的配合下,里应外合大败蒙军,并把蒙军的石炮、攻城器械等来不及撤走的器具全部摧毁,蒙军留下17000多具尸体后仓皇撤退。

半年后,蒙军卷土重来,号称80万人,直扑庐州,结果守庐州的还是杜杲。蒙军吸取了安丰军之战的教训,为了阻止宋军增援,筑了一道60里长的土墙将庐州围起来。城内的杜杲也没闲着,在城内也筑起了内城,并加快制造串楼等守城设施。等两边的活儿都忙得差不多了,就动手开打。

蒙军还是用石炮攻城,杜杲继续用串楼防御,蒙军拿出比串楼还高的木坝居高临下地攻击串楼，杜杲就直接派兵携带放火工具出城，烧了大批木坝。杜杲又将串楼改良，在上面加设雁翅7层，以更密集的火力攻击蒙军。战斗中，蒙军先派女真军和汉军攻城，不胜；又派回回军攻城，还是不胜；最后换上蒙军，依然被打了回来。杜杲看准时机组织反攻，蒙军大败，这场惨烈的攻防战以蒙军"遗尸二万六千"结束。

在孟珙、杜杲等将领的拼死抵抗下，宋军顶住了窝阔台发动的数次猛攻，接着南宋朝廷采纳了孟珙收复荆襄的建议，在荆襄地区展开了反攻，并成功收复了襄阳等地。此时孟珙的老上司史嵩之刚刚被拜为右丞相兼枢密使，他非常支持孟珙，孟珙就以襄阳、江陵为中心练兵屯田，并以攻代守，频频发动对周边蒙军的小规模侵袭，搅得蒙军无法安心筹备攻势。同时，被蒙军破坏严重的襄阳城也逐渐恢复了元气，重新成为军事重镇。

南宋理宗嘉熙三年（1239），蒙军号称80万人再度杀入四川，他们将宋军追击到川东重镇夔州（今重庆奉节），直逼夔门。夔门位于瞿塘峡西口，也是三峡的西入口，战略位置不言自明，南宋形势告急。

宋理宗急调孟珙增援，最终在孟珙的谋划下，蒙古军接连失利，特别是孟珙的哥哥孟璟在归州（今湖北秭归）西面的大垭寨大获全胜，使蒙军之前抢劫的物资又都还给了宋军。随后，宋理宗任命孟珙为四川宣抚使,孟珙入川后收拾残局,整军备战,并大刀阔斧地严明纪律,严惩失职的官员,使四川战局焕然一新。

孟珙还根据当时的局面提出建立三层相互衔接的防线,第一层设在川东的涪州(今重庆涪陵区)、万州(今重庆万州区),第二层设在湘西北的鼎州、澧州(均属今湖南常德),第三层设在湘西南及广西的桂州(今广西桂林)一带,史称"藩篱三层"。这三层防线使南宋拥有相对纵深的防御体系,尤其是第三层防线还可以防备蒙军从云南、广西迂回,孟珙也因为独到的战略眼光被后世尊为"机动防御大师"。

但孟珙只有一个,京湖战区也离不开他,孟珙也只能是哪头事儿急就先顾哪头,这一分身乏术,就又出事儿了。

淳祐元年(1241)十一月,蒙军入川又兵临成都城下。这次主帅还是上次烧了成都的二皇子阔端,但此时的四川制置使却换成了硬汉陈隆之。陈隆之组织军民坚守成都数十天,没想到关键时刻出了叛徒,一个叫田世显的官员在晚上打开城门将蒙军放了进来,陈隆之被俘。蒙军押着这位四川的最高官员到汉州(今四川广汉)劝降,陈隆之只对守军喊了一句话:"大丈夫死就死了,你们要死守城池不可投降!"然后从容就死。不久,窝阔台的死讯传来,阔端才撤出四川。

蒙军对四川频繁地侵扰掠夺,使南宋朝廷急需另一位可以与孟珙比肩的人物镇守四川，经过一番筛选并在赵葵的全力推荐下，余玠被任命为四川制置使。

后来的事实证明，虽然在"端平入洛"问题上赵葵给朝廷造成了不小的损失，但在"相人"上，赵葵还是眼光独到的。

余玠，生于庆元五年（1199），从小就很有个性，棱角突出，还有些叛逆，史书记载他"落魄无行，喜功名，好大言"。余玠幼时家贫，曾经在白鹿洞书院和太学上舍读书，有一次和茶馆老板拌嘴，余玠一气之下失手打死了茶馆老板，从此隐姓埋名藏了起来。

后来余玠听说赵葵正在招贤纳士，快30岁的他决心投军报国。赵葵一眼就看中了这个会作诗的年轻人，交谈之下更是对他的抱负和见识赞叹不已，于是把他收留在军中任事。此后余玠作战勇敢，屡建奇功，再加上赵葵的提携，到淳祐二年（1242）时，余玠已经出任淮东制置副使。

宋理宗亲自"面试"了余玠，随后任命他为四川制置使兼知重庆府，全面负责四川防务。

余玠去四川赴任的途中去拜访孟珙，熟悉四川情况的孟珙认为重庆的存粮太少，就慷慨地从京湖战区拨了10万石粮食和6000名士兵入蜀，还命令儿子孟之经随时准备救援四川，给新上任的余玠以莫大的支持。

余玠到任后，一面革除弊政、屯田积粮，实行轻徭薄赋、与民休息的政策；一面整顿军纪、除暴奖贤，全力修筑城池，防范蒙军入侵。他在自己的府邸旁建了一座招贤馆，所有陈设都和自己的府邸完全一样，只要有人来投，余玠都会亲自接见，即使来人没有什么真实本领，余玠也会送给他们一些小礼物以示谢意。余玠的招贤馆果然求得了很多人才，其中最有名的是冉琎、冉璞兄弟，这兄弟俩学识渊博，尤其善于筑城，属于难得的工程型人才，听说余玠贤明就过来看看，最终他们被余玠的诚意打动，帮助余玠建立起了以江为线、以山为点的纵深梯次防御体系。

余玠在四川筑的城很多，其中8座最重要的被称为"四川八柱"，包括那座改变了世界历史走向的钓鱼城。

## 四、失守

钓鱼城，位于嘉陵江、渠江、涪江三江交汇处的合州（今重庆合川区）钓鱼山上，核心面积区为2.5平方千米，三面环水，外城墙全长近6000米，都是凭借陡峭的山崖修成，犹如一条蜿蜒的巨龙盘踞在钓鱼山上。在悬崖上面修建的城墙因为有山崖天险，一般高3—4米，而在山势缓和没有天险的地方，城墙则一般高达7—12米，和北京故宫的城墙差不多高。而且城墙上每隔一定距离还修建了突出于墙外的矩形墩台和炮台，可以自上而下从三面攻击敌人，消除了射击死角。城中还储存了大量粮食，有一个叫作天池的大蓄水池可以养鱼，还有13处小水池和92眼水井，绝对具备长期坚守和独立作战的条件。自余玠于淳祐三年（1243）修成钓鱼城，它便成为南宋军民抗蒙的灯塔，顽强坚守达36年之久，直至祥兴二年（1279），守将王立为保全百姓才无奈地放弃抵抗。

在钓鱼城最重要的战役发生于开庆元年（1259），此战令蒙哥汗身殒，蒙古统治集团内部为争夺汗位无暇南顾，延缓了南宋的灭亡。而与此战作用相反的是襄樊之战，咸淳九年（1273），元军攻陷襄樊，为以后直捣临安并最终灭亡南宋奠定了基础——襄樊的失守，不仅预示着南宋败局已定，也加速了南宋的灭亡。

早在淳祐元年（1241）十一月窝阔台去世后，蒙古帝国陷入了长达10多年的内乱。最终，拖雷的长子蒙哥在母亲唆鲁禾帖尼和术赤的次子拔都的支持下取得汗位，从此，蒙古帝国的汗位传到了拖雷一系。

前面介绍过，蒙哥攻宋兵分三路，其中东路军由忽必烈率领与贾似道在鄂州对峙。而蒙哥这路进入四川后进军非常顺利，连克成都等10余座城市，休养生息10余年的四川再次遭受战火。

这时余玠在哪里呢？原来这位四川的守护者已经去世5年了。余玠把四川治理得生机勃勃，但由于他功高威重，居蜀日久，引起了宋理宗的猜忌和疑虑，朝中一些官员就趁机攻击余玠独掌大

## 第三章 殊死的较量

权,在四川任意妄为,宋理宗听信谗言,召余玠回朝廷为官。余玠知道后愤懑成疾,不久在四川暴卒,也有人说他是服毒自尽,享年55岁。

而立下不世功勋的名将孟珙则在余玠去世的7年前就已抱憾离世。余玠入蜀后,孟珙可以专心致志地经略京湖战区,他的声名更加显赫。同样,这也引起了宋理宗的担心,怕他坐大。恰巧这时原南宋将领、时任蒙古知河南行省的范用吉秘密向孟珙请求投降。孟珙大喜,急忙上书朝廷,但宋理宗却拒绝了这块天上掉下来的馅饼,怕孟珙的势力进一步增强。孟珙听说后心灰意冷,主动上表请求致仕,宋理宗第一时间就批准了孟珙的请求,这更让孟珙心寒,他本就患病,不久便离世了。

川陕战区的余玠走了,京湖战区的孟珙走了,江淮战区的杜杲在孟珙去世两年后也走了,支撑大厦的巨柱一根一根地倒塌,而大厦内的蛀虫却越来越多。蒙古乱了十几年,给了南宋一个千载难逢的发展良机,但却被宋理宗和他的那些宠臣白白浪费了。

此时的四川已经乱得不能再乱,这时候,一位孟珙和余玠的老部下站了出来,勇敢拯救了四川和南宋朝廷,他就是王坚。

王坚,字永固,早年追随孟珙,不仅作战勇敢而且非常有谋略,是孟珙的得力将领,他曾经率精兵秘密潜入蒙军造船处,烧毁船只2000余艘。后来他入川任职,成为余玠的得力部下,多次击败入川的蒙军。他被余玠派来治理合州（今重庆合川区），主持钓鱼城防务。

当蒙哥率大军来到钓鱼城下，通过观察钓鱼城的防御形势，知道钓鱼城急切之间难以攻破，就留下部分兵力围城，然后将周围的山城全部攻下，切断了钓鱼城的所有外援，再集中兵力攻打钓鱼城。

开庆元年（1259）二月，扫清外围的蒙哥开始对钓鱼城发动总攻，他亲自督战，结果打了两个多月，城头的大宋战旗依然高高飘扬。随后进入夏季，连下了半个多月的大雨，蒙军在雷雨天气停止后改变强攻的策略，接连偷袭、夜攻，有一次终于攻破了一段城墙，王坚却率部死战夺回。在城里时王坚也没闲着，只要有机会就对蒙军的大营发起偷袭，有一次差点冲到了蒙哥的大帐，把蒙哥也吓得够呛。守城的宋军还将从天池中捕来的两条30斤重的鲜鱼和一百多张面饼扔给城外蒙军，并投书告诉蒙军，钓鱼城再守10年也没问题。

面对钓鱼城的死守，不少蒙军将领提出只留少数军队围城，大军主力绕路与攻打鄂州的忽必烈会师，先一举攻占临安再说，但此时怒火中烧的蒙哥拒绝了这个可以提前灭亡南宋的策略，仍坚持先攻钓鱼城。

六月五日，蒙军前锋元帅汪德臣指挥所部攻破了外城的军马

## 第三章 殊死的较量

寨,王坚率军鏖战,此时又下起雨来,宋军将蒙军的攻城云梯毁掉,汪德臣一看援军跟不上了,只好退出外城。随后,汪德臣单人独骑来到城下劝降,对于他这种极端个人英雄主义的行为,很多人实在不能理解,仗都打成这样了,还敢自己来,不是送死吗?正当他大呼"王坚,我来活你一城性命,宜早降"之时,城中守军用飞石回应了他的"好意",直接击中汪德臣,一向以勇力自恃的汪元帅伤重死于军中。

到了七月,蒙军后勤补给不畅,军中缺粮严重,再加上四川酷热的天气导致军中疫病流行,士气极为衰落。二十一日,蒙哥亲自登上东门外的瞭望台观察城内情况,城内宋军发现后立即开炮,蒙哥也被飞石击中,6天后死于军中。也有记述说蒙哥是在攻城期间染病而死。不管哪种记述,这位正当盛年的蒙古大汗都是死在了钓鱼城下,蒙军撤围北还。

临死前,蒙哥只留下了将来攻破钓鱼城要屠尽城中军民的遗诏,却没有说由谁来继承他的汗位。正在进攻鄂州的忽必烈在接到妻子察必的来信后果断撤军,送给了贾似道一个"鄂州大捷",南宋朝廷也获得了10年的喘息之机。但与上次一样,在文天祥仕途起伏的这10年里,南宋朝廷放弃了这个最后的复兴机会,在宋理宗、宋度宗和贾似道的带领下,醉生梦死地等待最后的灭亡结局。

同时，各路出征的蒙古军队都急着返回草原争夺大汗之位，向外扩张的脚步逐渐放缓，改变了整个欧亚战争的格局。钓鱼城也因此成为世界历史上著名的文化名城，还被欧洲人称为"上帝折鞭处"，被阿拉伯人称为"东方的麦加"。

中统元年（1260）三月，在部分蒙古诸王的拥戴下，忽必烈即蒙古汗位于开平（今内蒙古锡林郭勒盟正蓝旗境内），建元中统。至元八年（1271）十一月，在平定阿里不哥叛乱、击败海都叛乱、镇压李璮之叛后，忽必烈发布《建国号诏》，正式改国号为"大元"，元朝建立。"大元"取自《易经》"大哉乾元，万物资始，乃统天"之义，此国名表明了蒙古大汗政权赢取中原正统的政治与文化企图，反映了蒙古从游牧国家到中原王朝转变的完成。

中统二年（1261），忽必烈定国都于大都（今北京）。六月，刚成为大汗不久的忽必烈正在为如何灭亡南宋而踌躇时，南宋权臣贾似道送给了他一份珍贵无比的大礼：宋将刘整投降了。

刘整原是金国将领，后来投降南宋，曾跟随孟珙攻打信阳，在夜里只带着12个人，就敢渡过壕沟爬进城里，还偷袭抓了信阳的守将。孟珙得知后大惊，五代时后唐明宗李嗣源的义弟李存孝曾只带领18骑袭取洛阳，今天刘整只带着12个人就拿下了信阳，于是称他为"赛存孝"。

孟珙去世后，刘整和贾似道的爱将吕文德闹矛盾，二虎相争，可把持朝政的贾似道不去想着如何调和矛盾，而是帮吕文德拉偏架。吕文德打算设计陷害刘整，刘整得知消息后惊恐不安，直接投降了蒙古，他不仅帮助忽必烈建立了水军，更要命的是他提出了"欲灭南宋，先取襄阳"的关键战略。

襄阳城地势险要、交通便利，西、北、东三面围绕着大巴山、武当山、大别山等诸山脉，汉水穿襄阳而过，将这里分成襄阳和樊城两个城市，互为掎角。荆襄地区北通洛阳，西连川陕，南遮湖广，东面瞰制吴越，历来是兵家必争之地。襄阳城作为京湖战区的核心，在孟珙他老人家的规划和建设下，重新成为城高池深、兵精粮足的战略要地。到了宋度宗登基初期，负责京湖战区事务的是吕文德。名将孟珙、余玠相继去世后，朝廷里剩下能力最强的将领也就是吕文德了。吕文德虽然是贾似道的铁杆，但也是一名地地道道的名将，为朝廷打了一辈子的仗，立下赫赫战功，但这个人却有一个致命的缺点——贪财。

宋度宗咸淳三年（1267），忽必烈派开国名将速不台的孙子阿术为主将、刘整为副将进军襄阳，决定南宋生死存亡的襄阳之战正式打响。

这次元军没有急着发动进攻，刘整先以在襄阳附近开设榷场，蒙人和宋人可以贸易互市，以吕文德能得到巨额税收为诱饵，骗得了他的同意。随后，元军以保护商人为借口在襄阳附近驻扎，在兴建榷场的掩护下开始修筑堡垒，慢慢对襄阳形成了包围，等到吕文德明白过来为时已晚，知道自己误事了，又气又急，背疽发作，病重不起。吕文德的族弟吕文焕是一个明白人，那些蒙古人刚来的时候他就坚决反对建榷场，但财迷心窍的吕文德狠狠骂了吕文焕。所以当吕文德因为年龄和身体原因致仕前，他向朝廷推荐由吕文焕接替他镇守襄阳。咸淳五年（1269）十二月，吕文德卒，谥"武忠"。

吕文焕接替吕文德时，元军已经几乎将襄阳的陆路通道全部堵死，但是他们还是没有发动进攻，吕文焕也不想率先挑起战火，好在还有汉江的水路可以通行，于是宋元两军以一种心照不宣的形式维持着和平。

到了咸淳五年（1269）春，准备充分的元军由刘整训练的水师最先挑起战火，他们轻易击败了京湖都统制张世杰的水军，控制了汉水，将襄阳城彻底围困。

襄阳被围的消息传到朝廷，有人建议由高达代替吕文焕守襄阳，前面介绍过，鄂州之战时，高达把贾似道得罪得够呛，所以每次有人提出这个建议时，贾似道都会说："如果高达去了襄阳，吕文焕该怎么安排呢？"这期间，蒙军主要以围困为主，采用"围城打援"的战术，对襄阳围而不攻，等着襄阳挺不住了自己投降。元军精锐集中专打南宋派来的援军，结果一拨又一拨的南

## 第三章 殊死的较量

宋援军，每次都是还没摸着襄阳城墙就被元军打了回去。守城的吕文焕这几年也在陆上、水上没少发动突围战，全部失败。

咸淳六年（1270）正月，襄阳已经被彻底围困了一年，贾似道迫于舆论压力，任命众望所归的李庭芝为京湖制置大使，统一指挥各军救援襄阳。

李庭芝，字祥甫，进士出身，早年投奔孟珙，担任孟珙的幕僚，主管机密、文字事宜，深受赏识和器重。孟珙去世前遗表推举贾似道接替自己，又把李庭芝推荐给贾似道。孟珙离世后，李庭芝感恩孟珙的知遇之恩，弃官为孟珙服丧三年。

吕文德的女婿范文虎以殿前副都指挥使总领荆襄禁军，听说李庭芝将要督师救襄阳，很是嫉妒，就给贾似道写信，希望自己可以节制李庭芝，如果打退了蒙军，功劳就是贾似道的。吕文德乃贾似道的亲信，范文虎作为吕文德的女婿，贾似道本来就对他高看一眼，所以非常高兴地接受了这个提议，命范文虎不受李庭芝的节制而直接听命于他，让范文虎牵制李庭芝。作为孟珙的弟子，一心报国的李庭芝多次要求出兵，但范文虎总是以没有皇帝的诏书为借口推脱，整天带着美妾在军中打打马球、喝喝酒，气得李庭芝有心杀贼，无力回天。

投降后的刘整一刻也没闲着，他一方面建造战舰、训练水师，另一方面在汉水沿江两岸大修城堡高筑炮台，彻底截断了南宋支援襄樊的水路通道，城内军民的处境日加艰难。

南宋朝野有识之士都知道襄阳对于国家存在之意义所在，官民纷纷上奏，要求朝廷马上派兵援救。

十月，范文虎率战船2000艘增援襄樊，但在灌子滩遇到蒙古的阻击，大败，宋军损失惨重。

到了咸淳七年（1271）六月，襄阳已经被彻底围困了两年多，在宋廷与李庭芝的屡屡催促下，范文虎不得不再率兵10万救援襄樊。元军主将阿术率军迎击，宋军再次大败，主帅范文虎居然丢弃旗鼓，乘着夜色逃之夭夭。失去指挥的宋军大乱，被蒙古俘获者众，战船、甲仗被缴获者不可胜计。

李庭芝看到范文虎兵败，知道范文虎是指望不上了，于是出重赏招募死士，派义兵将领张顺、张贵率所募水师3000人强行突破封锁增援襄阳。张顺、张贵率军与元军水师恶战120里，终于杀出一条血路，突破封锁进入襄阳，并带来了盐等稀缺物资。被困三年的襄阳城终于迎来了援军，士气大振。但令人惋惜的是张顺在激战中身中四枪六箭，壮烈殉国，几天后他的尸体被发现，即使战死，这位忠义的硬汉仍保持着怒目圆睁的表情。入城后的张贵又接到一个任务，再次出城突围接应援军，他们先与范文虎联系，决定在龙尾洲会合。可是当张贵率军一路血战奋力杀到龙尾洲时，却发现一支伪装成宋军的元军正在龙尾洲以逸待劳。原来，范文虎之前真的带兵来了，结果一听到龙尾洲附近的风吹鸟叫，就吓得以为元军来了，连退30里。接着元军通过逃兵得到消息，马上派兵埋伏在这里，此时的张贵早已精疲力竭，又中元军埋伏，身受数十创被俘，元军让他投降，张贵怒骂不止，慷慨赴义。至此，南宋朝廷对襄阳的救援彻底失败。

襄阳之战打了这么久，南宋的最高领导人宋度宗赵禥先生在干什么呢？答：他这个时候根本就不知道！襄阳被围的这几年，贾似道一直在派援军，但派一次败一次，他根本没敢告诉度宗，因为皇帝虽然被自己拿捏得死死的，但他也不敢保证没有别的大臣拿这事儿和自己捣乱，所以度宗一直还被蒙在鼓里。

直到有一天，度宗突然问贾似道："听说襄阳被围三年了，该怎么办呢？"

贾似道惊讶地说："陛下您是听谁说的？没有的事儿，元军早就退兵了！"

度宗回答："一个宫女说的。"

过了几天，贾似道告诉度宗，这个宫女不守妇道，经常出宫和别人胡混，还是赐死了吧。度宗二话没说就杀了这个宫女。

坚守到咸淳九年（1273）时，襄阳城已经接近山穷水尽的边缘，城里的存粮越来越少了，盐、布、柴等生活必需品更是奇缺，守城军民把房子拆了当柴烧，把纸币穿在身上做衣服，还是硬挺着不投降。

元军看准时机大举围攻樊城，这次他们用了一种叫作"回回炮"的巨型投石机，终于将樊城攻破并屠城，襄阳彻底成为一座孤城。

吕文焕只能眼睁睁地看着樊城陷落却无计可施，每次巡城，他都会急不可耐地向南眺望，希望援军到来，却又一次一次失望，他数次抑制不住自己心中的悲愤，向南恸哭，但这又有什么用呢？

攻破樊城后，元军开始用回回炮轰击襄阳，所中无不摧陷，城中官兵大乱，不少人爬出城墙向元军投降。刘整看时机已经成熟，就到城下劝降，吕文焕回应他的是一记伏弩，射中刘整，差点儿要了他的老命。气急败坏的刘整主张马上攻城屠城，但主将阿里海牙不同意，再次亲到城下劝降，这次吕文焕动摇了。

公元 1273 年二月，吕文焕开城投降，元军如获至宝，阿里海牙与吕文焕折箭为盟，襄阳之战结束。

攻陷襄樊对元朝的意义太重大了。攻下襄樊，元军为攻取南宋获得了一个极为重要的战略据点，为以后直捣临安并最终灭亡南宋奠定了基础。随后，元军以秋风扫落叶之势席卷江南。

襄樊既失，南宋败局已定。文天祥再度出山，临危受命，他能挽救这个危局吗？

**第四章**

**忠义的臣子**

疾风知劲草,板荡识诚臣。襄阳投降后,南宋朝廷倚仗的长江防线尽失,从此以后,大元的铁骑将在江南的土地上纵横驰骋,所向披靡。面对坏得不能再坏的局面,主持国政的太皇太后谢道清颁布了一道《哀痛诏》,号召四方军队入京勤王。虽然这封诏书写得情真意切,但在这样的局势下,肯为国捐躯的除了江万里、文天祥、陆秀夫、张世杰、李庭芝等忠义之士外,真的没剩下多少了。可是,在滚滚的时代洪流下,个人力量微如尘埃,无论个人怎么努力,也难以逆转国家覆亡的颓势。况且,朝堂之上那些道貌岸然的掌权者,为了一己私欲,仍然互相掣肘倾轧,文天祥的报国之路，道阻且长。

## 一、再仕

咸淳六年（1270）第四次被罢官后，文天祥又回到了庐陵老家，准备还像以前那样每天徜徉流连在文山之中，喝喝酒，作作诗，下下棋，就这样颐养天年了。文天祥酷爱下象棋，还精心研究撰写了一本棋谱，记录了"单骑见虏""为主报仇"等40个危险制胜奇绝之局。夏季天气炎热，他和朋友在河里洗澡时就以水为棋盘，凭借记忆下盲棋，简直到了痴迷的程度。

然而他的平静生活只过了一年多，第二年秋天，当范文虎率10万大军救援荆襄失败的消息传到庐陵时，文天祥坐不住了，国家已经沦落到了这个地步，而自己年纪轻轻，却空有一腔热血报国无门，已在老家闲居一年多，长此以往岂不是辜负了大好年华和满腹文章？可自己现在无职无权，要怎样才能为国出力呢？在他这一时期的诗作中，如"青春岂不惜，行乐非所欲""故人书问至，为言北风急""我马何玄黄，息我西山麓"等很多诗句都能反映出他愤懑无奈的心情。

咸淳八年（1272）六月，文天祥得了一场疟疾，大病了40多天，他本来就身材瘦削，大病过后更显得羸弱憔悴。病愈后不久，他又遭受了一次打击，他最敬爱的老师欧阳守道过世了。噩

## 第四章　忠义的臣子

耗传来，文天祥万分悲痛，为老师披麻戴孝，感念老师对自己的教诲。

前面介绍过，江万里创办白鹭洲书院后，聘请欧阳守道担任第一任山长，他学问渊博，品行正直，将书院管理得井然有序。宋理宗专门写了"白鹭洲书院"匾额以示奖励，使书院名扬天下。后来欧阳守道入朝为官，之后宦海沉浮十几年。当老师，他桃李满天下，不管学生家庭贫富，都一视同仁，有人给他送礼，他一概回绝、分文不受。当官员，他清正廉洁、家无余财，他在朝中任秘书郎，因为不肯攀附权贵被免官，离京时，他所有的行李只有两箱书和几件衣服，没有任何金银财宝。病逝时，家中实在无钱安葬，还是由学生们捐资才给老师办了丧事。欧阳守道渊博的学识、高尚的品格和无私的操守都深深影响着文天祥，让他受益终身。江万里为他撰写了墓志铭，文天祥更是写下了感人肺腑的《祭欧阳巽斋先生》一文，深切缅怀老师。

咸淳九年（1273）年初，欧阳守道的丧事刚处理完，朝廷起复文天祥的公文就到了，这次是担任湖南提刑，还是从事司法的工作。三月，文天祥辞别母亲和妻儿，到湖南赴任。

此时，襄阳的战斗已经结束，消息传来，举国动荡，湖南这一带虽然不是战场，但受战局的影响人心惶惶，一些不法之徒趁机捣乱，朝廷这才想起有过处理盗贼经验的文天祥。文天祥在赴任途中得知，自己最敬重的老师江万里以76岁高龄，再度出山为国效力，担任湖南安抚使兼知潭州（今湖南长沙）。和老师在同一个地区任职，让文天祥兴奋不已，在他心中，江万里是同范仲淹和司马光齐名的学问大家。到任办完交接手续后，他立刻去拜访江万里。

见到文天祥，江万里也十分欢欣。两人谈到目前的局势，江万里感慨地说："我老了，这天下的局势将有大变，我一生阅人无数，以后为大宋尽忠效力的责任，就交给你了，你要好好努力，不要让我失望啊！"老师的勉励让文天祥感动不已，洒泪拜别了江万里后，他马上投入工作当中。

当时湖南境内最大的一股民军首领叫秦孟四，他最开始率众在广西一带活动，后来又在湖南一带出没，一年之内竟然转战了25个郡县。文天祥记载秦孟四"杀死知县，杀伤县尉主学，卷去县印，屠民居、掳妇女、掠取财物"，但也记载了他"所至攫剽财物之外，出其余以散之贫者"，可见秦孟四也是个劫富济贫的汉子。但自古官贼不两立，文天祥决心平定这股民军。

在江万里的支持下，文天祥率领千余官兵攻克了被秦孟四占领的龙虎关（今广西桂林南），又继续指挥官兵追剿。秦孟四是广西本地人，熟悉地形，四处躲藏，让官军无处寻找，再加上文天祥还有很多其他刑狱案件等着处理，所以直到文天祥离任时也

第四章　忠义的臣子

没有抓到秦孟四。这件"未了公事"让文天祥耿耿于怀，临行前他专门制定了抓捕秦孟四的方案，接替他的将领按照他的办法，最终将秦孟四擒杀。

除此之外，文天祥还在湖南平反了不少冤假错案，同时严格法纪，使湖南的社会治安得到了提高。

这年十月，江万里过生日，文天祥前去拜寿，寿宴之上，他看着76岁的老师，便想到了自己86岁的祖母和59岁的母亲。寿宴结束后，文天祥就向朝廷上书，请求回江西任职，可以就近为祖母和母亲尽孝，朝廷同意了他的请求，改任江西提刑兼知赣州。

文天祥与江万里依依惜别，却不知这次分别竟成永别。

一年后，面对元军的大举进攻，77岁的江万里知道已经无力回天，于是辞官归隐。他选择了交通便利的兵家必争之地饶州（今江西鄱阳）定居下来。他居住在芝山，让人在屋后挖了一个深达四五米的大水池，还在池边建了一座亭子，取名"止水"，既表明自己心如止水的坦荡胸怀，也隐含了这片水将是自己生命终止的地方。

宋恭帝德祐元年（1275），元军进攻饶州，江万里从容坐在家里，给守城官兵以抗元的希望。城破后，元军很快就要杀到他的府邸，江万里这才起身，拉着门人陈书器的手，流着泪说："大势已去，我现在虽然不是朝廷官员了，但也要与国家共存亡！"

149

说完，他在儿子江镐的搀扶下从容赴水而死，时年78岁。随后江氏族人180余人都投水而死，史载：一时"尸积如叠"。

江万里的弟弟江万顷听说元军进攻饶州，担心哥哥安危，赶来看望哥哥，没想到正好遇到元军，他被俘后大义凛然，至死不降，被元军残忍杀害。当时江氏族人在外的子孙中，也都继承了江万里忠勇之志，奋力抵抗元军入侵，先后有12位子侄战死沙场，为国捐躯，被后人称为"十二斋"。

不久，"宋末三杰"之一的张世杰率军收复饶州，看到江氏一门的忠烈，张世杰悲从中来，不久前，他曾专程拜访求教江万里："国事如此，丞相您会怎么做呢？"江万里答道："我老了，虽然不能再为朝廷出力，但我决心一死以报朝廷！"张世杰听后，点头说："丞相您说得太对了。"于是站起身，端起酒杯对天盟誓："我也要学江老丞相尽忠报国。如果国家保不住了，也当一死报国！"他们最终都实现了自己的誓言。

张世杰把事情的经过上报朝廷，朝野震动。朝中官员不管认不认识江万里的，无不伤心流泪。文天祥给老师的祭文中写道："星拆台衡地，斯文去矣休，湖光与天远，屈注沧江流。"

江万里虽然离世，但他一手创办的白鹭洲书院却延续千年，经过历次损毁、重建，保存至今。从书院创办开始算起到清朝光绪三十一年（1905）废除科举制为止，白鹭洲书院共培养出包括

## 第四章 忠义的臣子

文天祥在内的17名状元和近3000名进士,在这里读过书的学子儒生更是不计其数,文风鼎盛,桃李满天下,在中国教育史上具有举足轻重的地位。

说完了忠烈千古的江万里,我们再接着说文天祥。

咸淳九年(1273)十月,辞别了老师江万里,文天祥回到庐陵老家,接上祖母、母亲和家眷,然后启程到赣州赴任。

赣州是江西的南大门,与广东接壤,境内多山,百姓生活贫困,所以民风剽悍,龙蛇混杂,初来乍到的文天祥不得不加倍小心。

作为一名地方官员,文天祥知道,他的首要工作就是维护一方平安稳定,让老百姓吃上饱饭。经过深入调研,文天祥发现赣州的气候条件和土壤条件都非常适合发展农业,于是,他决定采用以前治理瑞州时"德治"的办法来治理赣州。他平时勤政爱民,平易近人,大力推行"忠孝仁爱"的传统教育,转眼到了六月,早稻喜获丰收,盗贼也少了,社会安定,老百姓都对文天祥交口称赞。

丰收时节恰逢文天祥的祖母刘氏过87岁生日,这位老太太虽然不是文天祥的亲祖母,但这么多年来早已胜似亲生。文天祥就趁着给祖母过寿,在赣州全城开展了一次规模盛大的敬老活动。他拿出自己家的积蓄,把全城71岁以上的老人都请来,一共来了1390位，年纪最大的96岁，文天祥找了一块大空地摆上宴席，不仅请这些老人吃饭，还给他们送衣服。百善孝为先，全城的百姓看到知州这么敬老爱老，也都争相效仿，整个赣州城的社会风气为之一新。

在推行"德治"的同时，文天祥也注重"法治"，尤其对刑狱问题要求更是严格，争取不出现冤假错案。他还加强了保伍制，加强与广东交界处的关防检查。保伍制就是保甲制，是中国传统社会长期延续的一种社会治理手段，由官府或当地士绅以家庭为单位给老百姓分组，十户为一甲，十甲为一保，让老百姓互相监督，一家有事其他九家共同监督举报，如果藏匿，十家同罪。关于这项制度的优劣我们不在这里讨论，但文天祥在赣州强化这个政策绝对取得了令人满意的成绩，犯法的人和前来诉讼的案件明显减少，社会治安得到显著改善。

接下来的咸淳十年（1274），对于南宋朝廷是风雷惊变的一年。这年六月，忽必烈任命伯颜为主帅大举伐宋。过了不到两个月，宋度宗驾崩，4岁的赵㬎由太皇太后谢道清领着坐上皇位。十二月，重镇鄂州失守，蒙古大军直逼临安，朝廷岌岌可危。

面对天下发生的大事，文天祥虽身在赣州却时刻关注着局势的变化，心急如焚但又无可奈何，除了依旧勤勤恳恳地治理好赣州他还能做什么呢？直到第二年的正月十三日，他终于收到了朝廷发布的《哀痛诏》和起兵勤王的号召，文天祥知道，他为国尽忠的时刻终于来到了。

## 二、勤王

我们先回过头来说说襄阳失陷后朝廷的反应。

宋度宗哭了，痛哭流涕，他也知道整个京湖战区的地位和作用，现在襄阳丢了，临安的屏障没了，赶快让他最倚重的"师臣"贾似道拿个主意吧。

大臣们急了，弹劾的奏章像雪片一样飞到宋度宗和谢道清的手中，襄阳之战的失败贾似道必须负全部责任，尤其是那个临阵脱逃的范文虎，损失了那么多人马，所受的处罚仅仅是降一级，出知安庆府（今安徽安庆）。反倒是一心为国的李庭芝却遭到罢黜。安庆是什么地方？那可是"万里长江此封喉，吴楚分疆第一州"的战略要地，不斩了范文虎都算是法外开恩了，怎么还能把这么重要的城市交给这样一个人，贾似道到底是什么居心？群臣都恨不得生吃了贾似道才能解心头之恨。

贾似道赢了，他还是稳坐钓鱼台，群臣不是弹劾他吗？好，他主动辞职。然后再让心腹在宋度宗面前说朝廷如何如何离不开自己，本来宋度宗就离不开自己，这么一说，宋度宗直接就把他的辞职信退了回来，面对群臣的围攻还主动替贾似道当挡箭牌，又帮贾似道化解了一次危机，让他继续独揽大权。

为了先稳住皇帝和大臣们的情绪，贾似道让度宗下了一道征求对策的圣旨。于是朝中和各地的官员接连上书，阐述抗元想法。

这其中最有名的要数新任京湖制置使汪立信上的"应急三策"了。

汪立信，字诚甫，淳祐六年（1246）进士，宋理宗对他的评价是"此帅才也！"汪立信为官清廉，忠直敢言，曾任湖南安抚使兼知潭州，政绩斐然。汪立信还是文天祥的老上级，在文天祥任瑞州知州的时候他任江西安抚使，他不把文天祥当作普通的下属看待，而是十分尊敬他。文天祥第四次被罢官后，汪立信还专门写信劝慰开导他。文天祥也十分尊重这位老领导，两人结下了深厚的友谊。

汪立信给朝廷献了上、中、下三策。

上策是把全国现在还能调动的兵力全部调到长江边上建屯，十里一屯，屯屯相守，重新构造一条新的防线。然后派水军在江淮地区的水网上日夜巡逻，一旦有情况随时告知就近守军，一起抵御元军的进攻，这样不仅可以守住临安，找准机会还能收复荆襄。

中策是直接向元军纳岁币称臣，这样做虽然现在耻辱，但却可以给朝廷换来宝贵的喘息之机，等两三年后训练好水军，修建好防御工事，再反击不迟。

## 第四章 忠义的臣子

下策是等死或投降,最好是以死殉国。

贾似道看了这三条意见,尤其是第三条,气得把上书摔到地上,由于汪立信有一只眼睛得病盲了,贾似道便大骂道:"瞎贼狂言敢尔!"贾似道不但没有接受建议,反而说汪立信胡言乱语,然后找了个借口罢免了他的官职。这个事件让整个南宋朝廷人心惶惶,再没有人愿意提意见了。贾似道继续在朝中说一不二,一手遮天。

说起独揽大权的这10多年,贾似道的小日子过得那是相当"丰富多彩"。宋度宗最开始允许他3天上一次班,后来改为6天,再后来又延长为10天,朝中有什么大事小情都由他的门客处理。每天处理完必须得由他亲自处理的公务后,他就充满闲情逸致地躺在位于葛岭的半闲堂豪宅中,纳宫女、娼妓、年轻貌美的尼姑为妾,通宵达旦饮酒享乐。他还请来年轻时的赌友,关起门来赌博。

贾似道酷爱斗蟋蟀,而且对斗蟋蟀很有研究,他专门写了一本《促织经》,介绍他选蟋蟀、养蟋蟀、斗蟋蟀的经验,这是世界上第一部专题研究蟋蟀的专著,他也被后人称为"蟋蟀宰相"。有一次他正和众多的姬妾蹲在地上兴致勃勃地斗蟋蟀,一个狐朋狗友凑趣地说:"这也是平章您的军国大事啊。"贾似道听了哈哈大笑。

贾似道还特别爱好收藏,特意建造一座"多宝阁"存放他的珍宝、古玩、字画，每天都要去观赏品鉴一次。贾似道对这些东西的占有欲简直到了不可思议的地步，他听说余玠有一条玉带做工精美、品质不凡，就派人去访求，可当时余玠已经离世，这条玉带已随余玠入土，贾似道居然命人掘开余玠的坟墓，把玉带弄了出来。

还有一次，度宗和百官出宫祭祀后，胡贵妃的父亲胡显祖看到度宗要乘车回宫，就让度宗不要乘车改坐逍遥辇，度宗问这个事儿贾似道同意了吗，胡显祖就随口说已经同意了。结果这边度宗刚回到宫里，贾似道就知道了，他面见度宗大怒说："我是这次祭祀的大礼使，陛下您改乘逍遥辇的事儿我竟然事先不知道，这是我的失职，请免了我的职吧！"不管度宗怎么赔不是，贾似道就是要走，最后度宗免了胡显祖的官，还流着眼泪让胡贵妃出家为尼，贾似道才留下。

有这样一个"活宝儿"主持朝政，朝廷不乱得一塌糊涂才怪。在他的"率先垂范"下，一时间贪污腐化盛行，朝廷的整体风气被带坏。襄阳被围，军情十万火急，贾似道也着急，他虽然前期瞒着度宗，但以度宗的名义没少派援兵，后期度宗知道了，贾似道就"请求"自己亲自带兵上前线，因为他知道度宗不可能把自己派出去。这些年援兵虽然是一拨一拨地派，但派出去的要么是他的亲信领兵能力不行，要么部队的战斗力不行，最后还是

## 第四章　忠义的臣子

把襄阳给丢了。贾似道还大言不惭地说："要是把我派出去，元军早就退兵了！"既推卸了责任，又表现了自己的"爱国热忱"。

咸淳十年（1274）正月，贾似道的母亲胡氏去世了，在这个关乎国家生死存亡的紧要关头，贾似道"毅然"决定：先回家把丧事办了再说。度宗赶紧下诏，贾似道是国家柱石，劳苦功高，他的母亲要用天子的仪礼下葬才显得朝廷的重视。于是胡氏的坟墓被修得高如山陵，度宗亲自到坟前祭奠，全国除了谢道清，所有皇亲国戚和朝中大臣家家都得设祭。有人为了讨好贾似道，把祭台搭到数丈高，还摔死了好几个人。等到下葬那天，下了一天的大雨，但送葬的百官都整齐肃立在大雨中，礼仪没结束前没人敢动地方。后来，贾似道在家"丁忧"没几天，就又被度宗召了回来，没办法，离不开呀。

十月，贾母的丧事刚刚完毕，朝廷就又发生了一件大事儿，宋度宗驾崩了，年仅34岁。

史料记载，宋度宗赵禥先生死于酒色过度。由于赵禥性格软弱，智商还低于正常人水平，所以他登基后将国事往贾似道那里一交，自己便整天在后宫与妃嫔们饮酒作乐，在这方面他还是不傻的。按照宋朝宫里的规矩，如果嫔妾被皇帝临幸，第二天一早要到阁门去谢恩，主管的太监会详细记录下受幸日期。而据史书《续资治通鉴》记载，赵禥刚登基时，有一天早晨，过来谢恩的嫔妾竟然多达30余人！

宋度宗治理国家不行，却成功留下了三个儿子，而且这三个儿子后来竟然都做了皇帝。他们分别是宋恭帝赵㬎、宋端宗赵昰、宋末帝赵昺。其中赵昰6岁，生母是杨淑妃；赵㬎4岁，生母是全皇后；赵昺3岁，生母是俞修容。

面对随时可能打过来的元军，谢道清和贾似道商量，必须先立一个皇帝才行。赵昰虽然是长子，却是庶出的，所以谢道清和贾似道一致同意立全皇后生的赵㬎为帝，是为恭帝。

风雨飘摇的南宋朝廷，刚解决完内忧，外患又来了。

就在宋度宗忙着给贾母办丧事的同时，忽必烈趁着各路将帅入京觐见之机，再次就灭宋之事征求意见。在攻占襄樊战役中立下汗马功劳的阿里海牙说："襄阳自古以来就是兵家必争之地，现在投降了我们，只要我们顺流而下、长驱直入，宋朝一定会被我们征服。"阿术也说："这次在襄阳与宋朝的部队打了那么久，他们的战斗力真的大不如前，此时不取，更待何时。"

经过激烈的讨论，大元朝君臣决定：赶紧出兵伐宋，坚决不给南宋朝廷以喘息之机，并确定由伯颜担任总领大军的统帅。

伯颜，蒙古八邻部人，从小在西域长大，以能谋善断著称，被忽必烈一眼看中，留在身边，现任行中书省丞相。伯颜深知"可以马上得天下，但不能马上治天下"的道理，所以他曾多次

## 第四章　忠义的臣子

劝忽必烈要改变元军只会烧杀抢掠的现状，只有把人心征服了，才能维持长久的统治，忽必烈深以为然。

七月，伯颜出征前，忽必烈也特意嘱咐他："当年宋朝的名将曹彬因为不嗜杀，所以才顺利平定南唐，你就是我的曹彬，这次南征看你的了。"

九月，伯颜到达襄阳，会合诸将后分三路进军，其中他和阿术率水、步军由中道沿着汉水进攻重镇郢州（今湖北钟祥）。结果他的第一战就碰到了一个猛人——张世杰。

张世杰是涿州范阳县（今河北涿州）人，最早在张柔的部队当兵，后来因为犯法从蒙古逃到南宋，在江淮战区当了一名小兵。是金子到哪里都会发光，张世杰的才能很快被吕文德发现，一路提拔为朝廷的高级将领。张世杰也没让吕文德失望，他作战勇敢，身先士卒，一直陪伴大宋战斗到最后一刻，宋蒙之间的大小战役基本都有他英勇的身影。

这次，张世杰给伯颜摆了一道"铁索横江"的防御阵势。郢州分新旧两个城池，旧城位于汉水东岸，依着山势以大石建城，地势十分显要，弓箭和炮石都打不上去，而且无法强攻。为了互为犄角，宋军又在汉水西岸筑了一座新城，张世杰在两城间的汉水里埋了大量暗桩，又用铁索将数十条大船连接起来封锁住江面——张世杰对这种"连船"的作战方式情有独钟，这是他第一次如此操作,此后的数次战役,他还将以这种方式迎敌。他还带着从附近9个军州调来的精兵部署在两岸,数千艘战船布置在江面,并密集设置炮弩,准备与来犯之敌决一死战。

伯颜的大军到达后,先派骑兵和水师轮番攻击,都没能攻下,勇将阿剌罕率军攻破了新城南门堡,被张世杰力战击退。伯颜一看强攻无效就派人劝降,张世杰誓死不降,伯颜的大军被挡在了郢州。

此时,阿术从当地的百姓口中得知,郢州的下游有个叫黄家湾堡的地方,那里有一条十分宽阔的大沟渠,水深数丈,可以直通藤湖,现在正是雨季河水上涨,可以把战船先拖入河沟,然后再沿着藤湖水道回到汉水,避开郢州的防线。伯颜一听拍案叫绝,阿术和吕文焕也都认为这是目前唯一可行的策略。于是伯颜一面派兵在郢州城下耀武扬威,围而不攻,麻痹守军;一面偷偷派兵攻下黄家湾堡,整修河道,然后劈开竹子铺在地上,从汉水之畔一直铺到大沟渠边,再拖船入渠,由藤湖水道迂回驶入汉水,把张世杰的"铁索横江"抛在后面。

这时元军将领因为如何进兵发生分歧,一部分人认为没有攻下郢州,就始终在进兵的后方留下一个隐患。伯颜说:"如何进兵,我是主帅由我决定,我认为攻城是下策,我们这次出征的任务是灭宋,怎么能只因为这一座城而打乱原来的部署呢?"于是

## 第四章 忠义的臣子

他亲自只带百余骑断后。张世杰得知后马上派兵追击,无奈大势已去,追击的部队被元军打败,带队的宋将赵文义也被伯颜亲手斩杀。

伯颜绕过郢州防线后,一路摧城拔寨,直逼鄂州。宋廷急调老将夏贵等带兵增援。

夏贵也是南宋朝廷的一位名将,与张世杰一样几乎经历了宋元战争的所有大小战役。夏贵的眼睛天赋异禀,在黑夜里也能视物,擅长弓箭百步穿杨,人称"夏夜眼"。夏贵出身平民,少年时因罪充军,脸上被刺了两面小旗,又被人称为"夏旗儿"。年轻时的夏贵表现并不出色,三十出头了还只是一个小兵。但随后的端平入洛事件及以后的一系列战役,让这个作战勇猛的小兵得到了赵范、赵葵兄弟和名将吕文德的赏识,从此崭露头角。夏贵只比孟珙小两岁,宋蒙之战打打停停经历了40年,夏贵从中年熬到了老年。孟珙、余玠、王坚、吕文德等名将先后谢世,只有夏贵依旧坚持着对蒙古作战,这一年,他78岁。

此时的夏贵任淮西制置使,接到命令后他带领两淮的战船万艘,紧扼汉水汇入长江的要口,沿岸的汉阳、鄂州和要塞阳逻堡(今武汉东)的军士们都严阵以待。伯颜率军沿汉水杀到,看见这里宋军战船密布,阻住入江通道,就还想用上次在郢州的办法绕过夏贵的防线进入长江。他先打算从沙芜口(今武汉汉口东

161

北）进长江，但经验丰富的老将夏贵早已派兵在此严密防守。

十月，伯颜分出一部分兵力佯攻汉阳，并大张旗鼓地声言要攻下汉阳，从这里入江，这次夏贵上当了，急调水军前往支援。结果夏贵一动，元军马上趁机偷袭占领汉口及沙芜口，凿开汉水堤坝，让战船进入沦河从沙芜口进入长江，同时把全部兵力都屯驻在长江北岸。

夏贵一看中计，赶紧率主力增援阳逻堡。伯颜亲自督军围住阳逻堡，连攻三日未克。这次伯颜又用了明修栈道、暗度陈仓的老办法，以一部兵力继续在阳逻堡牵制宋军，同时派阿术亲率3000名骑兵，利用雪夜掩护，乘船逆流西上40里，停泊在青山矶（今武汉东北）的对岸。第二天清晨，阿术亲率部队渡江，击溃南宋水军，获船千余艘，阿术立即用这些船架设浮桥，部分元军骑兵步兵渡过长江。

夏贵听说元军已从青山矶渡江，知道大势已去，立刻带着300多艘战船向长江下游逃去，其余的部队一看主将跑了，也纷纷溃败，满江面都是宋军溃败的船只。元军乘势攻下阳逻堡，守军将士大多战死。元军包围鄂州并切断了与汉阳的联系，两城相继请降，至此，被称为"金汤重镇"的鄂州落入元军手中。

元军将领纷纷要求派兵穷追夏贵，伯颜却说："我们阳逻堡打了这么大的胜仗，我正要派人告诉南宋朝廷，夏贵刚好替我报

## 第四章 忠义的臣子

信儿了。"

接着,伯颜将军队分成三部分,一部分由阿里海牙率领攻取两湖,一部分留下驻守鄂州,他亲率主力继续沿江东进。

由于这片地区都隶属京湖战区,所以伯颜任命吕文焕为先锋,各地守将多为吕家的旧部,看到吕文焕带着元军来了,纷纷望风归降。尤其是现任安庆知府范文虎,这位范将军打仗不行,投降倒是一把好手,大老远的就派使者带着美酒美食迎接元军,伯颜率军到达安庆,范文虎早早开门迎降。

安庆是建康(今江苏南京)的门户,安庆丢失建康也就不保,而从建康到临安也就五六百里。这下子谢道清再也坐不住了,她一面急令贾似道亲自领军出征,一面下了《哀痛诏》,希望能够有人站出来力挽狂澜。

南宋恭帝德祐元年(1275)正月初一日,文天祥在赣州得知了元军占领鄂州的消息。

12天后,他接到了朝廷的勤王诏书。在这封《哀痛诏》中,谢道清代小皇帝检讨了由于自己对天变屡作、水灾连年、百姓困苦、士兵饥寒等不够关心,才导致了今日的危局,现在静下心来仔细想想,已是深感后悔、涕泪滂沱。为了大宋朝300多年的恩德福泽,为了天下千千万万的大宋百姓,作为太皇太后,哀家向天下发布了这个哀痛之诏。大宋的臣子们,你们食君之禄,就应该忠君之事，不避艰难困苦为国效力；忠肝义胆之士，你们要与朝廷同仇敌忾，为国献功！先有国而后有家，只要你们组织勤王之师英勇抗元，朝廷也不会吝惜封赏，希望我们能够一起渡过危机。

文天祥手捧诏书，泪流满面。从少年时代起他就仰慕那些为国尽忠的忠臣烈士，如今国家已经到了最紧要的时候，他怎么可以坐视不管？为国赴难，义不容辞。

正月十六日，文天祥向周边地区发出勤王檄文，痛斥吕文焕卖国，希望有人能站出来组织勤王联军，自己虽是一介书生，但愿意起兵相随。可檄文发出去了，却连一个响应的都没有。原来，鄂州失守后，南宋即将灭亡已经成了几乎所有人的共识，各地的文官武将都在心里打着自己的小九九，保存实力、观望局势发展，这让文天祥更加忧愤。

别人可以按兵不动，但文天祥不能再等了，他开始四处奔走，募兵筹粮，竖起了招募勤王义军的大旗。

虽然各地的官府对文天祥募兵的举动冷眼旁观，但各地爱国义士却纷纷响应。广东摧锋军的统制方兴拉来了近千人的队伍，文天祥还派他召集自己老家吉州的士兵。这期间对文天祥帮助最大的是家住赣州的退休官员陈继周。

陈继周，字硕卿，宁都（今江西宁都）人，淳祐三年（1243）贡士，他以军功进入官场，当过28年的州、县官员，退

## 第四章 忠义的臣子

休后住在赣州城内,德高望重,是当地举足轻重的人物。文天祥竖起义旗的当天,就亲自上门请他出山,陈继周被文天祥的凛然正气和爱国热情感动,当即带着儿子太学生陈逢父加入义军,不分昼夜地帮助文天祥参谋决策,他还发挥自己是本地人的优势,帮助文天祥招募了很多当地的忠勇之士。陈继周虽然上了年纪,但他什么事都身先士卒、亲力亲为,这支义师的官兵都把他看作父亲兄长,听从他的话,不甘落后。

陈继周父子还帮文天祥联络了住在附近的"溪峒蛮",溪峒蛮是当时官府对当地畲族、瑶族和苗族部落的统称,他们虽然生活艰苦但却英勇善战,为文天祥的义军输送了大批优秀的战士。

万事开头难,文天祥在众人的帮助下开了一个好头,后来追随者众。史书记载,"赣州大姓,起义旅相从者,如欧阳、冠、侯等凡二十三家",其中陈继周父子就是这"二十三家"之一。此时赣州原有的部队加上新加入的赣州子弟、各地来投奔的义士和少数民族战士,文天祥很快拉起了一支万余人的队伍,而且这支勤王义军的规模还在迅速扩大。文天祥为了坚定他舍身救国的决心,在自己的战袍上绣了"拼命文天祥"五个大字,以时时激励自己。

朝廷知道了文天祥的义举,任命他为江西安抚使和枢密副都承旨,催促他尽快率兵到临安拱卫京师。有了这些官衔,文天祥便号召所部继续扩大募兵规模,尽可能地多招募想要为国尽忠的义士。他还向朝廷申请把弟弟文璧调过来帮自己,朝廷同意了他的请求。

朝廷加封了文天祥的官职,并让他建立起了自己的帅司,除此之外就没有任何实质性的投入了。要兵,守临安的还不够呢;要钱,朝廷和大元的战事这么紧,自己也很困难;要粮,这边元军都要打过来了,官军也缺粮啊。总之一句话:您还是自己想办法吧。

如果遇到这点困难就被吓倒,那就不是文天祥了。正在他努力想办法的时候,一位老朋友王炎午来到了赣州。

王炎午,字鼎翁,自幼好学,专攻《春秋》,曾与文天祥交游。看到文天祥的义军招募得红红火火,他给文天祥提了两条意见:一是让文天祥毁家纾难,变卖家产充当军饷,这样更能鼓舞和坚定义军将士为国尽忠的决心;二是让文天祥招募有作战经验的两淮地区义士,再由他们训练这些招募来的义军将士,提升战斗力。文天祥完全接受王炎午的建议,马上派人出去招募可以训练士兵的骨干,同时变卖了所有家资,全部充作义军的军费,其他人看到后纷纷效仿,为义军捐钱捐物,顺利解决了军费危机。

文天祥请王炎午也加入义军,但这时王炎午父亲过世还没有安葬,母亲又病危,实在没法参加义军,文天祥也没有强留。

# 第四章 忠义的臣子

文天祥好友邓光荐的《文丞相督府忠义传》中记录了追随文天祥的主要义士名单，他们抛妻别子、舍生取义，是那个时代的英雄。

赣州起兵时的骨干除了陈继周、陈逢父、方兴等人外，还有：

邹洬，少年时就慷慨豪迈有大志，虽然外表看起来十分瘦弱，却是一位能领兵打仗的大将之才，被任命为将军。

张汴，当年曾在京湖制置大使吴渊的军幕工作多年，对行军打仗很有研究。

尹玉，因捕盗有功被任命为赣州三寨巡检，文天祥起兵，他直接带着赣州三寨的战士加入义军，骁勇善战。

刘子俊，字民章，是文天祥的同乡，和堂弟刘沐都是漕贡进士。漕试是宋代科举中一种针对转运司官员子弟和五服内亲戚等特定人群的考试方式，考试合格者直接参加礼部的省试。漕贡进士实际并非真正进士，其等同于州府解试合格者。刘子俊漕贡中举后参加省试屡举不第，得知文天祥起兵的消息后，与堂弟刘沐共同招募数千同乡一起来到赣州加入义军。

刘沐，字渊伯，文天祥的儿时伙伴。文天祥喜欢下象棋，最开始刘沐不是对手，后来他冥思苦想了一天一夜，棋艺飞升，终于能与文天祥对垒厮杀了。刘沐有气节，与堂兄刘子俊一起来到文天祥军中，号"忠义刘监军"。

167

张云，吉州敢勇军将官。

孙桌，字实甫，吉州龙泉人，文天祥大妹文懿孙的丈夫。文天祥起兵勤王，命他招募忠义之士。

彭震龙，字雷可，永新人，文天祥二妹文淑孙的丈夫。

张履翁，永新人。他集合族人，募兵勤王，曾与彭震龙等人歃血为盟。有人问他："如果不胜，元军要诛张家的九族怎么办？"他说："我家世受朝廷恩德，只想着以死报国，别的根本没想过。"

萧敬夫、萧焘夫，两兄弟都擅长诗文，是文天祥的宾客，起兵时相随。

何时，字了翁，抚州人，是文天祥的同榜进士，当过兴国知县。有才识操守，负责军中的财务、后勤等工作。

胡文可、胡文静兄弟，泰和野陂里社溪人，两人散尽家财招募义勇追随文天祥。胡文可有谋略，善骑射。

金应，吉水人，为文天祥军中书吏。

萧资，吉水人，与金应一样都是文天祥的书吏，善于处事，性情温和。

到了三月底，这支义军已经发展到3万多人。时人记载："洞獠江民，听命效死，至不费朝廷一钱一粒，而精甲数万，来勤于阙下，迤逦提进，敌今方知有令公矣。"邓光荐也在诗中写道：

第四章　忠义的臣子

"念昔丧乱初，公骑使君马。奋袂起勤王，忼慨泪盈把。须臾三万众，如自九天下。"

文天祥在赣州组织、训练勤王义军的同时，伯颜正率领元军主力继续沿着长江迅速向东推进，矛头直指南宋首都临安，贾似道还能继续稳坐葛岭吗？

## 三、溃败

早在咸淳十年（1274）十月鄂州失陷时，面对来势汹汹的元军，朝廷从谢道清到满朝大臣，包括太学生们都一致认为：如此危难的关头，只能请"师臣"贾似道亲自上前线了。这样的烂摊子贾似道也不想收拾，但看看周围，也只能自己硬着头皮上了，于是他在临安设立了都督府，开始准备出兵事宜。德祐元年（1275）的新春刚过，贾似道得到了一个天大的好消息：刘整去世了！

这位智勇双全的"赛存孝"是憋屈死的。原来，伯颜从襄阳进兵时，刘整接到命令出击淮南，从东面策应伯颜的主力攻取鄂州。刘整率军在两淮打得很顺手，他就想乘胜渡过长江，但伯颜怕刘整与自己亲率的主力争功，就没有批准刘整的提议。等到伯颜攻下鄂州时，刘整悲痛地说："伯颜不让我从两淮先渡江，我一心亲手灭宋的理想到最后还是成全了别人，遗憾啊！"当天晚上就连气带恨地死在无为军（今安徽无为）城下，时年63岁。

贾似道在带兵打仗上面对刘整甚为忌惮，当听到刘整病死的消息后高兴地说："真是天助我也！"于是马上上表出师，准备趁着元军新丧大将的机会发起决战。这次贾似道抽调各路精兵13万人，战船2500艘，这也是南宋朝廷仅剩的主力兵团。为了鼓舞前线将士的士气，贾似道还携带了大量的金帛辎重，运输的船队头尾相连达百余里。

贾似道率领的宋军刚出兵，就遇到了一件倒霉事儿：贾似道的座船航行到安吉（今浙江安吉）时，在河道里搁浅了！将领刘师勇带了1000多人跳进水里连拉带推的也没把船弄出来，贾似道只好换乘别的船只。

贾似道到了芜湖（今安徽芜湖），先准备了一批上好的荔枝、黄柑送给伯颜，请求两国议和，大宋按照当年在鄂州和忽必烈达成的协议，向大元称臣并每年缴纳岁币，同时为了表达诚意，大宋还释放了之前俘虏的曾安抚。可东西送了，人也放了，伯颜丝毫不领情，只回复了两个字：不行！

此前，贾似道还放回了被他软禁16年的郝经。郝经，字伯常，幼年时家贫好学，终成名动一方的大儒。后来给忽必烈讲授治国安民之道，深得赏识并被留在身边，从此成为忽必烈的主要谋士。当年忽必烈亲征鄂州，郝经为他出谋划策；蒙哥在钓鱼城

## 第四章 忠义的臣子

离世，郝经又力劝他赶紧北归争夺汗位。正在这时，贾似道派来使者请求纳岁币议和，承诺只要撤军，两国就以长江为界，大宋每年向蒙古缴纳银二十万两、绢二十万匹。忽必烈一看条件这么优厚加上他急着北归，就答应了，随后，贾似道便取得了"鄂州大捷"。

问题就出在这个"鄂州大捷"上。忽必烈取得汗位后，就派郝经带着国书来和大宋通好，并顺道把岁币收了。此时的贾似道已经独揽大权，而且他在向宋理宗汇报工作时只说了自己如何英勇，压根儿就没提岁币的事儿。此时人家来要账，贾似道也慌了，就密令把郝经一行拘留在真州（今江苏仪征）忠勇军营中，这一关就是16年。这期间，贾似道为了劝降郝经，除了动刑、威逼、利诱、恐吓等等什么手段都用了，郝经就是不降。忽必烈也一直惦记郝经，多次讨要未果，直到伯颜出征时，忽必烈还要求他把郝经带回来，最后贾似道无奈，只得放了郝经。郝经回到大都，忽必烈十分高兴，赐宴于廷。郝经用他的忠诚和意志演绎了宋末元初版的"苏武牧羊"。

谈不拢就只有打了。面对咄咄逼人的元军，贾似道认为宋军应该占据长江天险固守。于是他命令将带来的2500艘战船紧密排布在长江中，为了保证阵型不乱，还用铁索把船连在一起，严阵以待。

在选将上，从襄阳之战打到现在，贾似道的亲信将领死的死、降的降，只剩下夏贵和孙虎臣了，于是他将7万名精兵部署在江岸，由孙虎臣率领，自己和夏贵驻扎在鲁港（今安徽芜湖西南），两军互相策应。

贾似道这时还想起了被他贬黜的汪立信，大敌当前正是用人之际，也顾不得计较之前的事儿了，立刻起用汪立信为端明殿学士、沿江制置使、江淮招讨使，让他去建康招募士兵来加强沿江各个郡县的防守。汪立信接到任命后二话不说，当即就启程奔赴前线，出发前，他把妻子儿女都托付给了爱将金明，拉着金明的手说："我不辜负国家，你也一定不要辜负我啊！"汪立信到了芜湖，向贾似道报到，贾似道拍着汪立信的后背哭着说："如果之前采纳了你的御敌三策，也不至于走到今天这个地步啊！"汪立信无奈地说："平章啊，现在我这个'瞎贼'还能说什么呢？"说完就去建康募兵练兵了。

伯颜率军占领池州（今安徽贵池）后，来到丁家洲（今安徽铜陵北）驻扎，与宋军相距数里。

伯颜看到宋军的阵势，担心寡不敌众，就没有直接发动进攻。这也难怪，元军这一路占领的城池太多，都要分兵留守，仅鄂州城就留了4万人，还有一部分主力被阿里海牙带去攻占两湖，这时的兵力实在紧张。于是他心生一计，命人准备筏子，在上面

## 第四章 忠义的臣子

堆满柴草，做出要火攻的样子，然后故意让宋军看到，制造紧张气氛，可就是不进攻，折腾得宋军日夜戒备、疲惫不堪。

这样虚张声势几天之后，伯颜突然命令元军进攻，元军并没有放出火船，而是水陆并进，岸上的元军以回回炮轰击宋军舰队，不少战船被击中沉没，没被击中的也由于船只被铁索连着而阵型大乱。同时，岸上的骑兵向宋军步军发起冲击，多亏悍将姜才率军拼死抵抗才暂时顶住。

姜才是濠州（今安徽凤阳）人，他身材不高，精壮强悍，擅长骑射，同时治军严谨，关爱士卒，当时人们都说："两淮多健将，然骁勇无出姜才之右。"

在水上作战的姜才刚刚挡住元军的攻势，岸上的主将孙虎臣却怂了，他事先准备了一条小船放在江边，并将自己的小妾藏在船里。一看元军猛烈的攻势，孙虎臣立刻骑马冲到江边，钻进船里就逃跑了。宋军立刻军心大乱，士兵们失声大喊："步帅逃跑啦！步帅逃跑啦！"七万步卒瞬间土崩瓦解。

元军水军的数千艘战船这时也顺流直冲过来，气势如虹，与南宋水军鏖战在一起，但南宋水军一看岸上的步军溃败，也兵无斗志，元军水军趁势攻入南宋水军阵中。指挥水军的夏贵见势不妙，也跟着掉头就跑，在经过贾似道的座船时大喊道："彼众我寡，势不可支！"然后扬长而去，贾似道见状也不知真假，只好

173

跟着夏贵掉头往回跑。

元军的水军、步军一齐追杀了150多里，南宋13万大军全军覆没，元军共俘获南宋将领30余人，士兵5000余人，缴获战船1000多艘和堆积如山的器械物资，宋军被杀、溺死的更是不计其数。

看到元军不追了，贾似道会合了夏贵和孙虎臣。孙虎臣一看到贾似道就捶胸顿足地哭道："我的士兵没一人听从命令的！"把责任推给了别人。贾似道问："下步怎么办？"夏贵说："各军都已被元军吓破了胆，没法再打了，您先到扬州，在那里招收溃兵，布置防线，然后请皇上到海上躲避元军，我将死守淮西！"贾似道没有更好的办法，也只能先听夏贵的往扬州奔去。南宋的败兵顺江而下，贾似道便派人摇旗招呼他们，有的溃兵留下了，有的溃兵听说是贾似道招呼他们，就边骂贾似道边自行走了。贾似道在扬州休整了一下，就把扬州的事务交给李庭芝，自己回临安去了。

襄阳失陷时，李庭芝被罢官，但在这个死生存亡之秋，像李庭芝这样不可多得的人才很快就被起复，担任两淮制置使。后来谢道清诏令天下的军队勤王，首先响应的就是李庭芝。

汪立信这时正在高邮驻扎，听说丁家洲的惨败后，汪立信感叹说："我今天还是可以死在大宋的土地上啊！"当晚，他分别

## 第四章 忠义的臣子

给谢道清、全皇后和小皇帝每人写了一封绝笔信，然后走到庭院中，仰天长啸发出慷慨激昂的悲歌，或握拳头，或抚桌子，痛哭流涕，3天后自杀殉国。

伯颜进入建康，有人将汪立信献策和自杀的事情告诉伯颜，并请求杀了汪立信的妻子儿女。伯颜想了良久，然后叹息道："宋廷竟还有这样的人，如果用了他提的办法，我怎么可能这么容易就到达这里！"还说："这是忠臣的家眷啊！"命令要善待汪立信的家人。

丁家洲之战后，南宋最后的水陆精锐损失殆尽，士气更是一落千丈，带兵出战的贾似道威望跌到了谷底，朝野要求严惩贾似道的声势则是一浪高过一浪，都提出必须杀了贾似道以谢天下。同时，贾似道以前背着朝廷和忽必烈私签协议、伪造"鄂州大捷"战功、扣留蒙古使者郝经等一大堆"黑料"都被翻了出来，以前依附他的那些党羽一看贾似道马上就要倒台了，纷纷倒戈相向。其中最活跃的人是贾似道一直重点提拔的陈宜中。

陈宜中，字与权，在他还是太学生的时候，与5位同学联名上书攻击丁大全，遭受打压被取消太学生资格，时称"六君子"。丁大全倒台后陈宜中得到起复，这时的他开始攀附贾似道，并成为贾似道的得力干将，这些年没少替他出力，官位也不断得到提升。直到丁家洲大败，刚开始由于消息不通，朝廷也不知道贾似道是死是活，过了几天贾似道最贴身的亲信翁应龙逃回临安，陈宜中赶紧向他询问贾似道的下落。当时兵荒马乱的，人们都跑散了，翁应龙也不知道贾似道现在何处，陈宜中便误认为贾似道已死，他的机会来了，于是上奏请杀贾似道以正其误国之罪。掌管临安禁军的殿前都指挥使韩震也是贾似道的亲信，当时有人传言韩震想劫持太皇太后和皇帝强行迁都，陈宜中就布下杀局，假装请韩震过来议事。韩震刚到，埋伏的刺客就用藏在袖子里的铁锤砸碎了韩震的脑袋，陈宜中借此"宣布"自己不是贾似道一党，他的"壮举"更是激励了朝野倒贾的声势。

最后，全国的目光都集中在了太皇太后谢道清身上，她说："贾似道是三朝元老，曾经为朝廷立下了不少功劳，怎么能因为他一时的罪过，就破了我大宋300多年对待大臣的礼法呢？"只同意了让贾似道退休，并任命陈宜中接替贾似道主持临安危局。

被退休的贾似道对这个结果还是满意的，毕竟命保住了，全身而退，但很快他就发现，这个天下已经没有他的容身之处了。他想回台州（今浙江台州）老家养老，台州官员直接下令关闭城门，并向他喊话："我们台州都是正直善良的人，你不配做我们台州人！"他又来到婺州（今浙江金华），婺州也不让他进城。朝廷下旨想把他安置到建宁（今福建建瓯），马上有人上书反对，说建宁是当年朱熹讲过学的地方，怎么能让贾似道玷污了那里！

## 第四章　忠义的臣子

贾似道虽然走了,但朝廷依然是"痛打落水狗"的模式,大臣们仍然纷纷上书,最后谢道清只得把贾似道贬为高州团练使,安置到循州(今属广东),家产也被没收。

宋理宗的弟弟福王赵与芮一直看贾似道不顺眼,于是,他积极策划,准备在去循州的路上杀掉贾似道。会稽(今浙江绍兴)县尉郑虎臣欣然愿往,担任监押官。

郑虎臣,字廷翰,其父郑埙早年在贾似道手下任职,因上书朝廷揭发贾似道,被流放而死。郑虎臣也被充军,后遇赦放归。

出发那天,贾似道在郑虎臣的监押下,带着几十个妾婢童仆和十几车金银财宝上路了。没过几天,郑虎臣不仅把贾似道带的人都赶走了,把他的财宝都分给了百姓,还把贾似道轿子的四壁和轿顶都拆了,每天把贾似道晒得头晕眼花、汗流浃背。一路上,郑虎臣没有一点好脸色,没事儿就呵斥几句,贾似道也不敢吭声。郑虎臣多次暗示贾似道赶快自杀,可贾似道却说:"太皇太后和皇帝许我不死,有诏书的话我马上就死。"走到漳州(今福建漳州)城南的木棉庵时,不想再拖延的郑虎臣直接逼贾似道吃冰片自杀,可贾似道的生命力太顽强了,吃了冰片只是拉肚子就是不死。郑虎臣一气之下冲进厕所,直接用刀(一说铁锤)亲手结束了这位曾经显赫一时的权臣的生命。郑虎臣兴奋地说:"我为天下人杀了贾似道,即使死了,又有什么遗憾呢?"不久以后，郑虎臣被陈宜中以擅杀大臣罪处死。

这位南宋历史上不可一世的权臣，《宋史·列传·卷二百三十三·奸臣四》中记载的最后一位奸臣，居然以横尸茅房的方式结束了他的一生。

时人评价：死得其所。

## 四、入卫

贾似道消停了，但伯颜的脚步却没有停下来。

南宋恭帝德祐元年（1275）三月，在丁家洲、鲁港取得大胜后，阿术继续率军追击宋军，准备攻取扬州。伯颜则率主力占领建康，然后在城内休整，并派出小股部队四处出击，宋军此时已无斗志，常州（今江苏常州）、镇江（今江苏镇江）等地纷纷被攻破。为挽回危局，朝廷命张世杰组织部队进行反击，收复失地。

四月一日，接到入卫京师任务的文天祥集合部队，命老将王辅佐为总统，领兵从赣州前往吉州。朝廷加任文天祥为代理兵部侍郎。不久，王辅佐病死，文天祥又任命方兴接任王辅佐的职务。文天祥在吉州会合了驻扎在这里的各郡义兵，完成整编后，准备向临安进军。

谁知天有不测风云，到了五月，文天祥的祖母刘夫人在赣州去世了，在这个节骨眼上，文天祥只得先让弟弟文璧陪母亲护送

## 第四章　忠义的臣子

祖母的灵柩回庐陵老家。接着，文天祥按照礼制，上书请求回乡为祖母守孝。六月十五日，文天祥刚把祖母的丧事办完，就接到朝廷的诏令，命他率部到隆兴府（今江西南昌）驻扎，经略九江。此前朝廷一直命他入卫临安，现在却改成了经略九江，这让文天祥有些疑惑，朝廷这又是怎么了？

原来，贾似道倒台后，朝廷任命王爚为左丞相，陈宜中为右丞相，本来希望他们齐心合力、共克时艰，可偏偏事与愿违，这两个丞相刚上来就互相拆台，比如王爚主张应尽快让文天祥这样的忠义之士率军勤王，陈宜中就以各种理由反对。这样的矛盾多了，两个人谁也不服谁，于是就一起请辞，最后谢道清说话了："一个也不能走！"朝廷于是任命王爚为平章军国重事，陈宜中为左丞相，又任命留梦炎为右丞相，结果陈宜中又和留梦炎勾结，有什么大事小情，左、右丞相就决定了，架空了王爚。

让文天祥留屯隆兴府的命令，就是陈宜中、留梦炎，还有江西制置使黄万石的"杰作"。没错，这个黄万石就是文天祥任江西提刑时弹劾他的那个黄万石。黄万石一直是贾似道的死党，文天祥对黄万石本就没好感，之前的"弹劾事件"更是让两人形同水火。黄万石看到文天祥起兵后，朝廷一直在加封他的官职，于是就上书朝廷，要第二次"弹劾"文天祥。这位抗敌毫无办法、造谣却驾轻就熟的黄大人上书称：文天祥招募的都是些"乌合之

179

众",而且军纪极差,"抢掠地方",坚决不能让这样的部队入京勤王。陈宜中和留梦炎本来就因为王爚支持文天祥入京而提出反对意见,这回正好趁着黄万石的上书,将文天祥的义军留在了江西,改由黄万石率军入京勤王。可怜的黄万石搬起石头砸了自己的脚,他哪有胆量去和元军拼命,这事就僵持下来。

这里顺便提一下,留梦炎和文天祥一样是状元出身,而且资格更老,还当过文天祥参加礼部考试时的座师,只是人品极差,后来降元做到了礼部尚书,文天祥之死也与他有莫大的关系,这是后话。

得知详情的文天祥出离愤怒了,这次他没有选择隐忍,国难当头,文天祥也向朝廷上了一封"重量级"的奏章。他告诉朝廷:"我起兵是为了响应朝廷勤王的号召,从最开始的无兵无将、无官无吏、无钱无米,到现在集结了三万多人的义军,都是大家白手起家的结果。如今,来自赣州的豪杰和来自溪峒蛮的勇士都已经整装待发。我文天祥所率领的都是普通百姓,因为有一颗为国尽忠的忠义之心才会合到一起,我们现在士气正旺,如果立即投入战斗很有可能打大胜仗,但如果只是屯驻在城里,时间一长,锐气一失,就有可能溃散。"他请求朝廷按照原来的命令让他们拱卫京师,为国出力。

文天祥的赤胆忠心感动了一心为国的太学生们,他们群情激

## 第四章 忠义的臣子

愤,纷纷伏阙上书,力陈陈宜中等人的过失,请求朝廷让文天祥立即率部入京。朝廷终于同意了。

得知文天祥要入京的消息后,他的几个朋友跑来制止说:"现在元军攻势正猛,马上就要打到临安了,你的义军虽然士气高昂,但毕竟是一群没有任何战斗经验的新兵,你们就这样去了,与赶着羊群去斗猛虎有什么差别?"文天祥答道:"你们说的我也清楚,但国家养育臣民300多年,一旦有危急,征集天下的官兵,没有一人一骑入卫,我心里既痛恨又遗憾。所以不自量力,决定以身殉国,希望天下忠臣义士听说此事后也都能奋起反抗,大家高举大义的旗帜,心往一处想,劲往一处使,万众一心,那么国家就能渡过难关了。"

文天祥的义军从江西走到临安,一路上战士们个个精神抖擞、纪律严明,连给养都是从江西运来,对沿途官府和居民秋毫无犯。朝廷终于知道文天祥率领的义军并不是黄万石口中的"乌合之众",随后又加封文天祥为代理工部尚书兼都督府参赞军事。八月下旬,文天祥率部到达临安,驻扎在西湖边。

这一时期,元军向扬州和镇江等地发动了猛烈的进攻。

贾似道离开扬州后,城防由淮东制置使李庭芝、副都统姜才负责。四月下旬,阿术率军来到扬州城下,他先派降将李虎进扬州招降,李庭芝直接砍了李虎,烧了招降书。阿术不死心,再派总制张俊拿着孟之缙的书信来招降，孟之缙是孟珙的次子，已经降元，孟珙对李庭芝有知遇之恩，阿术想通过这层关系打开缺口，但李庭芝根本不为所动，还是和上次一样，砍了张俊的脑袋，烧了孟之缙写的招降书。随后，他命令苗再成负责城南作战，许文德负责城北作战，姜才和施忠在城中当总预备队。李庭芝还把府库中的黄金、丝帛、牛肉、美酒都拿出来犒赏三军，城内士气大振，纷纷愿效死战。朝廷任命李庭芝为参知政事，调夏贵任扬州知州，夏贵没来，李庭芝也就没回朝廷。

元军驻扎瓜洲（今江苏扬州南郊），一面制造船只和其他攻城器具，一面在运河中立起木栅栏以断绝扬州的粮道。姜才率军与阿术激战于扬子桥，姜才中了流矢，他咬牙自己拔出箭矢，不顾伤痛仍然挥刀向前冲杀，元军暂退，姜才回城固守。阿术一看强攻不能奏效，又继续使用招降的老办法，把在真州（今江苏仪征）俘虏的宋将赵淮叫来，赵淮假装答应去招降，到了扬州城下，赵淮却"反戈"大喊："李庭芝，是个男子汉你就战死，千万不要投降啊！"随后赵淮被元军残忍杀害。阿术久攻扬州不下，于是在瓜州到扬子桥边筑起围墙，准备长期围困扬州。

七月，张世杰与刘师勇、孙虎臣等出动战船10000多艘，列阵于焦山（今江苏镇江东），以10船为一方，连在一起，沉碇于江，停泊在长江中流，规定非有号令不得起碇，决心与元军决一

## 第四章 忠义的臣子

死战。这是张世杰第二次以"连船"作战,上次则是在前一年的郢州战役抗击伯颜,下次则是1279年宋军与元军在崖山的大决战。

此前,张世杰还约了李庭芝和殿前都指挥使张彦,准备三路合围。李庭芝接到书信后马上命姜才率军出击,姜才与副将张林率军在水边列阵,准备夜攻元军。阿术发现后立即指挥骑兵渡水冲锋,冲了几次也没冲开姜才的阵型,阿术只好先退,姜才率军出击,却被阿术打败,张林被擒,士卒战死者万余人,此路援军断绝。

到了约定的时间,李庭芝、姜才被阻挡在扬州,张彦的那路也没来,正在张世杰犹豫是否发动进攻时,阿术先出手了。在看清南宋水军的阵势后,阿术立即决定采取火攻。他以巨舰载着擅长射箭的士卒千人,分两翼前进,他亲自居中指挥。接着,在靠近宋船时,元兵射出火箭,南宋水军的这些"连体船只"顿时火光冲天。张世杰这次带来的多是体积较大的海船,在没有风的情况下很难划动,他又把十条船连在一起,根本无法行动,成了元军练习放火的靶子。在张弘范等元军将领的冲杀下,宋军欲逃不能,被杀死的、被烧死的、投水而死的不计其数。

这个场景看着非常熟悉,不知道《三国演义》中火烧赤壁的原型是不是这场战役。

张世杰一看已经无法指挥,就逃到圈山(今江苏丹徒东北长江南岸），向朝廷请求援兵，可现在的朝廷哪还有兵可派啊？此战过后，宋军一蹶不振，再也无法组织大规模的军队反攻，尤其是水军再也无法进入长江了。

伯颜见此时战局已定，就回上都开平（今内蒙古锡林郭勒盟正蓝旗境内）向忽必烈汇报情况。忽必烈非常高兴，他命令伯颜直驱临安，阿术攻取淮南，阿里海牙攻取湖南，吕师夔等攻取江西，一鼓作气灭掉宋朝。

伯颜回上都往返需要三四个月，元军主帅不在，攻势也有所放缓，此时的大宋群臣不但不趁机组织反攻，反倒仍在战与和间争论不休。

陈宜中和留梦炎主和，他们准备让吕文焕的侄子吕师孟任兵部尚书，为将来议和"搭建桥梁"。吕师孟自打叔叔降元后就一直在群臣和太学生面前抬不起头来，知道自己即将被"重用"后也趾高气扬起来。

与吕师孟相反，文天祥这几个月却过得相当郁闷。八月，朝廷加封他代理工部尚书，他立即请辞。文天祥入京是来勤王和元军拼命的，又不是来盖房子搞建设的，封什么工部尚书？此时张世杰刚刚在焦山战败，请求朝廷速派援兵，文天祥也向朝廷申请尽快去前线抗敌，可此时主和派的宰相当权，就没有理会文天祥的请求。

## 第四章 忠义的臣子

文天祥的几万人马驻扎在京师,又不让上前线,京城的太学生和百姓一下子又群情汹涌起来,朝廷无奈,八月底又加封文天祥平江(今江苏苏州)知府,命令带着他的义军去平江府驻守。当时,王爚被免除了平章军国重事的职务,陈宜中一看京城的形势对自己不利,连招呼也不打直接就跑回了老家,朝中只剩下一个留梦炎。这个任命也是谢道清和留梦炎所能想到的"最好的"安排义天祥的做法。朝廷一心议和,但人家伯颜回上都了,找不着人谈判,所以是战是和都是未知数,如果还打的话文天祥的义军还用得上,但也不能总在京师闲着,于是想出了这个"两全其美"的办法。

文天祥又被泼了一头冷水,他起兵勤王是来保卫首都和朝廷的,现在让他去保卫平江,看似无可非议,但实际情况是他自己的老家江西形势也岌岌可危,放着自己老家的安危不管,却带着老家的人马替外省守城,实在没法向这些父老交代。但朝廷一再催促他上任,谢道清甚至下了文天祥可以不用向朝廷辞行,直接去平江的懿旨。文天祥虽然不满,但最终还是选择了以大局为重,十月初,他准备去平江上任了。临行前他向朝廷建议斩了吕师孟,朝廷未予采纳,而是赏赐给文天祥重20两的金注碗一副、重15两的金盘盏一副和其他一些贵重物品,并催促他赶紧去平江驻防。十月中旬,文天祥率部开赴平江。

与此同时，伯颜带着忽必烈灭宋的命令回到建康，他看到元军在常州（今江苏常州）攻城却久攻不下，于是下令发起总攻。

原来，丁家洲大败后，常州一度也"望风而降"。五月，宋都统制刘师勇在姚訔、陈炤的协助下，又从元军手里收复了常州。朝廷随即任命姚訔为知州，陈炤为通判，之后又派来王安节率领7000名淮兵驻守常州，节度判官胡应炎也召集了3000名勇壮帮助守城，就连护国寺的万安和莫谦之两位长老，也组织500名僧兵协助守城，随时准备抵御元军的进攻。

十月初，元军在阿塔海等人的带领下围攻常州，守将姚訔、陈炤、王安节、刘师勇等力战固守。当时的常州承平日久，防御薄弱，不仅没有充足的粮秣，就连城墙也十分低矮，近400年没修补过，元军曾笑称这是一座"纸城"，直到姚訔被任命为知州后才开始抓紧抢修防御工事。然而，只经过几个月修补的老旧城防却在守军的浴血奋战下，一次又一次打退了元军的进攻，迫使元军不断向常州增兵。

姚訔向朝廷告急。十月底，陈宜中派遣淮将张全领兵2000人前往救援，同时也命文天祥出兵救援。

这是义军接到的第一个作战任务，大家都摩拳擦掌，准备和元军大干一场。文天祥派出了义军中最能打的朱华、尹玉、麻士龙领兵3000人，跟随张全赴援。

## 第四章 忠义的臣子

文天祥的想法是：张全是淮将，和元军打了那么多仗，一定是一位出色的将领，所以他命令尹玉他们大事儿都听张全的。结果悲剧就出在了这个命令上。

张全是淮将，但却是一个眼高手低、目中无人的淮将。他从一开始就没看得起文天祥的义军，认为这不过是一群乌合之众，但朝廷白给了自己这么多"炮灰"，就先带着吧。

麻士龙率领的部队在虞桥（今江苏常州东南运河西岸）与元军相遇，麻士龙身先士卒带领义军与元军血战，终因众寡悬殊，麻士龙英勇殉国。而张全带领淮军正驻扎在近在咫尺的横林，不仅不救，反而逃回了京杭运河东岸的五木。当时，朱华驻军五木，张全来到后，不许朱华构筑防御工事来抵御元军，估计是怕逃跑时挡路。随后元军逼近五木，朱华率军迎战，在他的调度和指挥下，义军和元军打了一个白天，不分胜负。到了傍晚，一直袖手旁观的张全看朱华实在支撑不住了，就带兵渡河先跑。朱华的义军毕竟是新组建的部队，看到张全跑了也跟着跑，有的义军落入运河，抓住张全部队的船只，张全竟下令残忍地斩断他们的手指，出现舟中之指可掬的惨状，很多人掉入水中溺死。

然后，元军又绕过山头攻打尹玉的义军。尹玉是赣州三寨巡检，骁勇善战，但他现在手里的军队只有所部三寨官兵和江西义士500人。面对数倍于己的元军，尹玉身先士卒，毫不畏惧，誓

187

死决战。他亲手杀死元军数十人，自己浑身上下中了许多箭，被射得像刺猬一样却仍然奋勇杀敌。他手下的士卒一个个倒下去，元军围了上去，但却不敢靠近他。后来元军把四支长枪架在他的脖子上，用木棍把他活活打死。这场战斗一直持续到第二天天亮才结束，尹玉的500人义军除了4人侥幸脱险，其余全部壮烈殉国，没有一个投降的。

文天祥上书请斩张全，但他是陈宜中派出去的，陈宜中就包庇张全，使这件事不了了之。五木之战是文天祥义军的第一次战斗，虽然失败了，但这些将士英勇作战的表现，显示出了这支义军为国尽忠的决心和英勇不屈的气概。

义军的失败使常州雪上加霜。十一月，伯颜亲至常州，他命令降将汪良臣负责攻城。汪良臣率军久攻不下，于是他丧心病狂地驱赶被俘的老百姓运土堆起高台，台子的高度与城墙一样，有些百姓直接被活埋在土台里面。他又屠杀百姓，用尸体煎油，以石炮射洒在城垣外的牌权木上，再用火箭引燃。城内的很多建筑也被火箭引燃，在一片火海中，元军昼夜攻城不息。

最后，这座临时加固的城池终被攻破。姚訔写下了五首绝命诗后从容自焚殉国。陈炤被人告知东门可逃走，他大声喊道："我就是死也一定要死在城里！"他与将士们一起巷战而死。王安节是守卫钓鱼城名将王坚的儿子，他英勇无比，善使双刀，城破后

## 第四章　忠义的臣子

他率残部与元军巷战，手臂受伤力尽被俘，最后不屈被杀，没给他爹丢人。刘师勇率部突围，他的堂弟刘师能从马上掉了下来，一时站不起身，刘师勇与弟弟挥泪诀别，最后他成功突围到平江，但身边只剩下了11骑。

护国寺万安、莫谦之长老率领500名僧兵高举"降魔"大旗与元军巷战，全部战死。天庆观的徐道明道长和他的弟子们也同样壮烈殉国。

常州城破后，伯颜为了瓦解宋军的斗志，下了屠城的命令，全城只有7名百姓躲在桥墩下逃生。

十一月下旬，元军直驱独松关（今浙江安吉南独松岭上）。独松关地势险要，是建康通往临安的咽喉要地。朝廷命令文天祥放弃平江，增援独松关。文天祥认为平江的地理位置也非常重要，就提出把自己的义军一分为二，一部分去守独松关，一部分仍然守平江。朝廷不答应，同时任命张世杰为新的平江知府。文天祥只好把平江交给通判王举之和都统王邦杰，让他们等待张世杰来赴任，自己率大军赶赴独松关。

但文天祥的部队还没到，独松关就失守了，守将张濡战死。屋漏偏逢连夜雨，文天祥前脚刚一离开平江，王举之和王邦杰后脚就向元军投降，无可奈何的文天祥和张世杰都只得退保临安。

"平江失守，文天祥的义军不在城内，他们干什么去了？"

种种猜测和谣言开始在临安满天飞，搞得文天祥不得不把朝廷两次调兵文书张挂在朝天门上，百姓才明白真相。

此时，南宋朝廷还有文天祥的义军3万多人，张世杰的官军5万多人，各地的总兵力40万以上。文天祥便找到张世杰商量，认为现在应该在两淮坚壁清野，然后把福建、广东的部队集结起来与元军决一死战，国家或许还有最后的一线希望。张世杰完全同意文天祥的想法，于是他们一同上奏朝廷，可朝廷会采纳吗？

国难当头，文天祥这些忠义之士空有满腔抱负、满身本领，却一直被怀疑、排挤、打压，报国无门，壮志难酬，悲哉！

## 第五章

硬气的使者

历史总是惊人的相似。公元 960 年，大宋的开国皇帝赵匡胤发动"陈桥兵变"，从后周的孤儿寡母手中取得江山。300 多年后，大元的铁骑也将从赵匡胤后人的孤儿寡母手中夺取天下。一个王朝的开始和结束，居然都与彷徨无助的孤儿寡母有关。独松关失守后，南宋的都城临安直接暴露在元军面前，人们似乎听到了元军越来越近的铁蹄声，朝廷一片慌乱，文武百官纷纷逃窜。尽管各地的抗元官兵和义士仍在浴血奋战，但朝廷在太皇太后谢道清和宰相陈宜中的力主下，卑辞乞和已经成了主流声音。

凛然正气盈天地：文天祥

## 一、国难

南宋恭帝德祐元年（1275）十一月独松关的失守，意味着南宋经营了100年、抵御了蒙古40年的北方三大防御体系——两淮、京湖、川陕三大战区防御体系几乎土崩瓦解。从伯颜出兵到攻占独松关，南宋的京湖战区几乎完全沦陷；两淮战区靠着李庭芝和夏贵还在苦守，但已是强弩之末；川陕战区除了钓鱼城等几个地区外，大部分已被元军占领。宋元（蒙）之间的战争已经进行到了决战阶段，元朝亡宋之意已决，南宋覆亡在即，真正到了最危险的时候！

文天祥和张世杰提出让太皇太后谢道清带着全太后和小皇帝迁都，离开临安，然后他们与元军背城一战的计划。但谢太后与陈宜中已全无斗志，一心只想与元军议和以换得苟且偷生，否定了这个计划。秘书监陈著也上书请求批准文天祥的建议，陈宜中直接把陈著赶到台州去做知州。朝廷最高统治者是铁了心地要与元"议和"，尽管这只是他们的一厢情愿而已。

十二月初，南宋派将作监柳岳带着谢道清和小皇帝的国书前往无锡（今江苏无锡）求见伯颜。柳岳流着泪说："太皇太后年事已高，皇帝还年幼，而且还在守丧之中，请您体谅现在大宋皇帝的难处，退兵还朝。今后大宋哪敢不年年向大元进贡

## 第五章 硬气的使者

修好？事情闹到今天这个地步，都是贾似道失信于贵国造成的啊！"

伯颜回答："我大元皇帝即位之初，曾经派郝经出使，想和你们修好，可你们却把大元的使者扣留了16年，我军这才出兵问罪。去年你们又杀害我国使者，要想不让我继续进兵也可以，就请你们朝廷效仿当年吴越国的钱俶和南唐后主李煜，把所有土地都献给我们大元，你们从孤儿寡母手中得了天下，又将在孤儿寡母手中失去，难道这不是天道吗！不用多说了。"

柳岳无奈，只得回去复命。南宋朝廷仍不死心，春节前夕，又派了礼部侍郎陆秀夫、兵部侍郎吕师孟等再去面见伯颜议和。

陆秀夫，字君实，与文天祥、张世杰并称为"宋末三杰"，他与文天祥还是同榜的进士。陆秀夫小时候跟随本地姓孟的先生读书，当时孟先生的学生有100多人，但单单指着陆秀夫说："这个孩子不一般。"考中进士后，正逢李庭芝镇守淮南，他听说了陆秀夫的情况后，就奏请朝廷把他要到了自己幕下。

根据《宋史》的记载，陆秀夫绝对是一个优秀的秘书人才。能力上，他思路清晰，文字功底深厚，当时的文人中很少有人能赶上他。性格上，他沉稳踏实，谦虚内敛，工作做出成绩也不求被别人知道。为人上，他低调矜持，有时候幕僚们聚在一起天南地北地高谈阔论，只有陆秀夫一人默默地一言不发，即便在宴席上他也总是正襟危坐，很少与人交往。李庭芝非常器重他，这些年陆秀夫的官职数次调整，但李庭芝就是不让他离开自己，把自己最核心的公文起草和保密工作交给他全权负责。

扬州被围，李庭芝的幕僚们大多逃走了，只有陆秀夫等几个人没有离开。此时的朝廷正是用人之际，李庭芝便将陆秀夫举荐给朝廷，这次出使之前，朝廷又封陆秀夫为礼部侍郎。

这次南宋朝廷开出的条件是宋朝皇帝向忽必烈称侄，如果不行，称侄孙也行，南宋皇帝世世代代每年向元朝皇帝行礼，每年缴纳岁币白银25万两、绢25万匹，只求能把大宋的社稷保住就行。

听完陆秀夫的陈请，伯颜直接回复："我们大元不缺侄子也不缺侄孙子，更不缺金银财宝，我们要的是大宋的江山！"

话都说得这么直白了，再没有一丝缓和的空间。陆秀夫的出使依然无功而返。

德祐二年（1276）的新春佳节，南宋朝廷是在一片悲戚和冷清中度过的，亡国的愁云笼罩在每一个大宋百姓的心头。正月初二日，文天祥被任命为临安知府，此前，他曾因朝廷不接受他背城一战的建议而不想接受这个任命，但国难当头，他还是选择了以大局为重。

尽管南宋朝廷如此卑颜屈膝，一些贪生怕死之徒更是望

## 第五章 硬气的使者

"元"而降,但是以文天祥为首的大宋忠义之臣仍在拼死地救亡图存,不管形势如何险恶,他们从未曾放弃。潭州知州李芾、江西都统密佑等便用自己的壮举告诉元军什么是血性,什么是忠义。

一年前,即1274年十月,元军占领鄂州后,伯颜即命阿里海牙率军留驻,后来,忽必烈又派了贾居贞协助阿里海牙。前面介绍过,由于张世杰加强了郢州的防御,伯颜和阿术不想硬拼,就用绕路的办法避开了这道"马其诺防线",所以在伯颜主力向临安进军的同时,南宋的湖北安抚副使兼知岳州高世杰已经在附近集结了战船1600艘,士兵20000多人,准备夺回鄂州。面对这样的形势,阿里海牙当机立断,他留下贾居贞留守鄂州,自己率军西进。高世杰看到阿里海牙主动带兵出击,就把战船集结在洞庭湖口列阵等待。阿里海牙率兵杀到后立即三路并进冲击宋军船阵,鄂州来的元军经过休整士气正旺,而宋军则士气低迷,元军一冲,宋军立刻散了。高世杰败走后降元,阿里海牙认为高世杰是被迫投降的,为了不再担心他复叛,直接把他斩了。大约一半的溃兵在都统密佑、刘俊的带领下退往江西。元军乘势占领岳州(今湖南岳阳),随后,阿里海牙向潭州(今湖南长沙)进军,在这里他们遇到了坚强的抵抗,因为守潭州的是文天祥的好友,荆湖南路安抚使兼潭州知州的李芾。

## 凛然正气盈天地：文天祥

李芾，字叔章，湖南衡州（今湖南衡阳）人。他聪颖好学，与文天祥一样自小就立有报国大志，给自己的书斋取名"无暴弃"。李芾最初担任南安（今福建南安）司户，后又任祁阳（今湖南祁阳）县尉。作为一名基层工作人员，他率领百姓开荒种田，赈济贫民，把工作干得有声有色。此后他又升任祁阳知县，使祁阳的百姓安居乐业，全县大治。永州（今湖南永州）有一伙强盗为祸百姓，李芾到永州为官后，组织了一支1300多人的队伍开始剿匪，很快就攻破了强盗的老巢，抓住匪首正法，还百姓一个安全的生活环境。他不仅勤政爱民，而且为人刚介，办事公正，不畏强暴。李芾在湘潭县（今湖南湘潭）为官时，当地多是有背景的大家族，欺压百姓、不缴赋税，以前的官吏害怕这些大家族后面盘根错节的关系，常常拿他们束手无策。李芾到任后决定先拿大家族开刀，在征收赋税、徭役等方面不避权贵，这些大家族的嚣张气焰被压住，百姓拍手称快。

李芾与文天祥相交已久。早在咸淳元年（1265），文天祥因为被时任御史的黄万石弹劾，罢去江西提刑回乡隐居，正逢李芾来吉州任知州，文天祥早就听说过李芾的大名，登门拜访，两人从此成为知己。后来李芾因为严格执法，杖责了贾似道的家人并向朝廷揭发贾似道营私舞弊，贾似道大怒，又指使黄万石诬蔑李芾贪赃枉法，于是李芾被罢官，回到衡州老家隐居。到了咸淳九

## 第五章 硬气的使者

年（1273），文天祥任湖南提刑来到衡州，两个老朋友再次相聚，欢喜异常。不久文天祥调回江西，李芾专门设宴为他饯行，直送至30里外才依依惜别。

元军攻陷鄂州后，朝廷想起了还在闲居的李芾，任命他为荆湖提刑，不久改任他为湖南安抚使兼知潭州。当时湖北州郡已为元军占领，在这个关头去湖南任职可谓生死未卜。亲友劝阻他，但李芾泣别亲友说："是我不懂得为自己考虑吗？可我们世世代代浴国恩，未尝一日不想着报国恩，如今国家有难，我岂能不以家许国。"

潭州是荆湖重镇，原本殷实繁丽，但经战以来，已面目全非。德祐元年（1275）七月，李芾到潭州赴任时，阿里海牙的大军已经从岳州南下，最糟糕的是潭州的守军之前已经被调往他处，潭州城内只剩下人心惶惶的百姓。面对这样的局势，李芾镇定自若，一面召集百姓加强城防、储备粮食、维修器械，一面聚拢了城内还能作战的军民，组成了一支3000多人的队伍，还请来湘西的苗民帮助守城，终于稳定住了城内的局面。

九月，阿里海牙率军来到潭州城下，李芾不畏矢石登上城墙，带领诸将分兵据守，还把城中所有的青壮年都组织起来协同作战。李芾每天以忠义勉励将士，带领军民殊死战斗，如果有来招降的，李芾立即将之斩首示众。全城百姓被李芾的忠贞和勇气感动,就连老弱妇孺也主动出来帮助守城。在全城军民的共同努力下,打退了元军一次又一次的进攻,阿里海牙有一次还被流矢射中受了伤。就这样,几万精锐元军在潭州城下攻了三个月,愣是没攻下来。

此时潭州城内的坚守早已经达到了极限,援兵是指望不上了,城中的弓箭用完了,李芾就命令百姓把废箭重新磨光,配上羽毛再射。城里的盐吃光了,李芾就让人把仓库中以前堆盐的席子烧了,用这个灰再加水熬盐,分给守城军民。粮食吃完了,就抓麻雀、抓老鼠充饥。总之,就是不投降。

德祐二年(1276)春节,元军终于爬上了潭州的城墙,然而抵抗还在继续。潭州人尹谷原本要去赴任衡州知州,尚未成行,潭州已经被围,李芾以尹谷为参谋,共同谋划抗敌事宜。至此,尹谷知道已经无可挽回,与妻子诀别说:"我一介寒儒受国恩,理当要报,咱们全家就一起赴死吧。"他对弟弟尹岳秀说:"我受国恩,义当死。但弟弟你要赶紧走,咱们家就靠你延续血脉了。"尹岳秀说:"兄长死了,做弟弟的还能苟且存世吗?我要和你一起死!"于是全家40余口,老幼环坐,婢仆席地,锁上门,纵火自焚而死。邻居赶来救火,可大火熊熊燃烧根本不可靠近,只能远远看见尹谷端着笏板正襟危坐在熊熊烈焰中。李芾听闻后感叹不已,他用酒祭奠这位并肩作战的好友说:"这才是真正的男

## 第五章 硬气的使者

子汉啊，先我就义了！"

李芾把身边的人叫到一起，吃了最后一顿年夜饭，决心与潭州共存亡。大年初一，眼看城破在即，李芾找来部将沈忠，命令他将自己的全家老少全部杀死，沈忠哭拜之后，杀了李芾全家，李芾自刎而死。沈忠点燃了李芾的府邸后，回家杀了自己的妻子，然后纵身火海。

李芾全家殉国后，潭州全城军民纷纷杀身殉国。岳麓书院的几百学生，在守城的战斗中英勇无畏，城破后大多自杀殉国。很多居民全家自尽，城内水井被投井者的尸体填满，树上到处挂着自缢者的遗体。

愤怒的元军准备屠城报复，一个叫欧道的人站了出来，他来到阿里海牙的大营。临行前有人劝他不要去，他说："我一人即使被元军杀了，又有什么可惜的！但如果真能救下全城百姓的性命，我此行不就很值了吗？"最终，阿里海牙被他的勇气和言辞所打动，再加上出兵时忽必烈的嘱托，阿里海牙答应保全潭州。消息传出，湖南的大部分州县纷纷降元。

随后，阿里海牙兵发广西，除了镇守静江（今广西桂林）的经略使马墍不降以外，广西的州县也纷纷开门迎降。阿里海牙用计水淹静江，马墍突围时被俘。随后，阿里海牙认为静江百姓容易叛变不比潭州，不用重刑恐怕人心不服，下令屠城并将马墍斩首。行刑时,马塈犹握拳奋起,挺立许久才倒下,死得极其壮烈。广西至此也被元军控制。

此时江西的形势也是岌岌可危。吕师夔是名将吕文德的儿子,此前被南宋朝廷任命为兵部尚书并镇守九江,吕文焕率元军来到后,吕师夔立即向叔叔献城投降,此时,他被任命为主帅率军攻取江西。与阿里海牙一样,吕师夔的进军也非常顺利,江西制置使黄万石听说元兵打来,吓得急忙逃跑。除了抚州(今江西抚州)、信州(今江西上饶)几个城市外,其他城市的守将也是望风而降。

都统密佑在洞庭湖口被迫撤退后,率部在江西进贤坪(今江西进贤)整军迎敌。元军在江西一路势如破竹,看到前面有一支宋军,就大喊:"你们是来投降的,还是来打仗的?"密佑高声答道:"与你们决一死战!"说罢他指挥士兵冲向元军。这场战斗一直从早上打到晚上,战斗中密佑面部中箭,他临危不乱,拔出箭头,用手按住伤口,不顾血流满面向军士们大喊为国杀敌,不输三国名将夏侯惇"拔矢啖睛"的英勇!混战中,密佑又身中四箭三枪,被重重包围,他的士兵大部分已经阵亡,他仍挥舞双刀,拼死战斗。最后,他带着身边的士兵终于杀开一条血路突出重围,但当经过一座桥时,桥板断裂,密佑摔下战马,因脑部受伤,加上疲劳过度昏了过去,不幸被追兵俘获。

## 第五章 硬气的使者

元军敬佩密佑的威武不屈,治好了他身上的伤,并百般劝降。但密佑心如铁石,誓死不降,吕师夔给密佑送来金符,许以高官厚禄都被密佑拒绝。元军又让密佑的儿子来劝降说:"如果父亲死了,孩儿我该怎么办呢?"密佑斥责儿子说:"你就是到街上要饭,只要你说你是我密佑的儿了,谁会不怜惜关照你呢!"

临刑那天,密佑的儿子买了北方人爱吃的食物送给父亲作"断头饭",密佑训斥儿子:"我不吃这些东西!"他的儿子只好又去买了南方人爱吃的食物,密佑津津有味地吃完了他人生的最后一餐,然后神态自若引颈就死。在场的百姓甚至元兵,都流下了眼泪。

此时的四川也由于黄州(今湖北黄冈)被元军占领,被彻底切断了与朝廷的联系,两边都音讯仝无。

这就是德祐二年(1276)春节前后整个南宋的情况,没有最糟,只有更糟,大半的国土已经被元军占领,伯颜的主力马上兵临临安城下。

正月初三日,也就是文天祥被任命为临安知府的第二天,嘉兴府(今浙江嘉兴)投降。

初五,安吉州(今浙江安吉)投降。

同日,元军突然杀到富阳(今属浙江杭州)。当时的富阳由县尉谢徽明代管县事。谢徽明当时已经80多岁了，可性子却依然刚烈。听说元军来攻富阳，他立刻提刀上马，带着县城里的士兵迎着元军就冲上去了，这些富阳子弟在老爷子的带领下奋勇杀敌，悍不畏死。可谢徽明毕竟年纪大了，最终力战殉国，他的两个儿子跟着父亲一起上阵，当看到父亲战死时，就不顾一切地扑上去抢夺父亲遗体，不幸都被元军杀害，富阳陷落。

元军一步步逼近临安，整个朝廷人心惶惶。还是同日，谢道清任命吴坚为左丞相兼枢密使，准备在朝会上宣布，可从早晨一直等到中午，来上朝的文官只有6个人。而此前担任左丞相的留梦炎早在一个多月前就逃回老家了。

谢道清忧心如焚，她再一次派出使者到伯颜营中，向大元奉表称臣，请求封大宋为大元的属国，保存现有的版图和赵家小朝廷。这次伯颜直接懒得搭理了，只是让使者带回来一句话：正月十五在临安东北的长安镇（今属浙江海宁），要南宋朝廷派宰相来谈判投降事宜。

文天祥到临安任职后，想上朝陈述他的抗元大计，可谢道清、陈宜中正忙着乞降，根本就不见他。在这段忧心如焚的日子里，他结识了杜浒。

杜浒，字贵卿，年少时曾是临安的游侠，这时他招募了4000人来临安勤王，朝廷却对他不理不睬。终于，杜浒在西湖边上见到了文天祥，两人一见如故，结成挚友。

南宋朝廷数次遣使议和都被拒绝后，陈宜中建议迁都，束手无策的谢道清只得同意，却没想到在时间上出了岔头。陈宜中的意见是第二天一早出发，可不知是没说清楚还是没听清楚，谢道清以为是当晚出发，结果老太太等了一晚上也没看到陈宜中过来接她们，气得她把头上的首饰摘下来重重摔在地上，大骂道："我本来不想迁都，是你们这帮大臣屡次三番恳求我才同意的，现在却这样戏弄我！"然后闭门谢客，关起门来生气。

这么一闹腾，就错过了离京的最佳时间，等到谢道清和陈宜中消除了误会，却发现已经走不了了。

正月十五日，陈宜中不敢去元营谈判。正月十七日，伯颜进军到了临平镇（今浙江余杭）。

面对随时可能打进临安城的元军，谢道清同意了以文天祥为首的一些大臣和赵家宗室的意见，把小皇帝的两个兄弟赵昰和赵昺秘密送出临安送到福建，一旦小皇帝赵㬎发生意外，这两个小兄弟在外面也可以继续延续大宋的血脉。

正月十八日，伯颜率领的三路元军会师于皋亭山（今浙江杭州北），兵临临安城下。走投无路的谢道清派大臣杨应奎出使元营，向伯颜献上传国玉玺和降表，乞求伯颜对大宋皇室从宽处理。至此，谢道清带着小皇帝正式投降大元。

伯颜非常高兴，答应了谢道清的请求，同时再次提出，投降这么大的事儿必须得由宰相来谈。

谢道清急忙找陈宜中商量谈判的事儿，却发现陈宜中已经抛下她和小皇帝，于当天夜里就逃离了临安，他不想当这个亡国的宰相。

陈宜中不是第一个逃跑的，第一个离开临安的是张世杰。文天祥认为，目前临安的驻军和义军还有20多万，还是建议谢道清、全太后和小皇帝到海上避难，自己和张世杰与元军背城一战。但这次张世杰反对他的意见，张世杰看到朝廷根本没有作战的决心，便对文天祥说，你回江西据守，我到两淮活动，以图东山再起吧。见文天祥不同意，他就率军离开临安到定海（今浙江镇海）驻防，准备和元军继续战斗到底。接着，陆秀夫等一批文臣也离开临安，他们有的回乡隐居，有的准备拥立赵昰或赵昺继续抗元。

眼前的局面实在让谢道清欲哭无泪，现在留在临安的大臣中可担大任的也只剩下文天祥了。谢道清想起了伯颜的要求，他不是一直要求宰相去谈判吗？那谢道清就马上任命一个宰相去。

于是，文天祥被任命为右丞相兼枢密使，任务只有一个：去和元军议和。

## 二、出使

谢道清认为文天祥是目前去元营"乞降"的最佳人选,可让她万万没想到的是,她精心挑选并寄予厚望的这个人却差点把谈判给搞砸了。

朝廷里的大臣也都认为目前只有文天祥才能纾祸,便一致推举文天祥去元营谈判,甚至连他的宾客陈志道等也赞成。只有杜浒认为"敌虎狼也,入必无还",坚决反对,陈志道就把杜浒赶了出去。

文天祥认为,为了谢道清、全太后、小皇帝赵㬎和全城百姓的安全,他应该不计个人得失地到元营去谈判,而且他的志向一直是以身许国,与元军决一死战,所以正好趁这个机会到元营去探探底。当然,他也知道朝廷派他出使的目的,但如果他乖乖执行的话,他就不是文天祥了。

为了督促南宋的宰相赶紧出使,伯颜派吕文焕、范文虎等9人进宫去见谢道清,让她下诏令让没有投降的府州县等赶紧投降,并在临安贴出安民告示。吕文焕等人在临安的出现,让整个京师蒙上了一层不安的阴影。

正月二十日,谢道清赶紧派文天祥同左丞相吴坚、同签书枢密院事兼知临安府贾余庆等一行人去元营谈判。文天祥打心里不愿意当这个所谓的宰相，所以他坚辞相印不拜，最后以资政殿学士身份随吴坚出使元营。

文天祥和吴坚一行来到位于皋亭山明因寺的伯颜营中。一进元军大营，文天祥就把这些年憋的一肚子气都爆发出来，他径直居中坐下，然后昂首挺胸地对伯颜说："我们大宋朝廷向你们大元求和，那些事情都是陈宜中干的，我根本就不知道。太皇太后任命我为丞相，我没有接受，丞相的使命是来投降，我不是丞相，所以我今天就不是来投降的，而是来商量事情的。"

文天祥的这段开场白，直接把伯颜说糊涂了。但伯颜的涵养极好，虽然看出文天祥的来意不太友好，仍然顺着文天祥的话说道："丞相来此，当然是来商量事儿的，说得是，说得对。"这里说明一下，文天祥告诉伯颜自己不是丞相，但伯颜却称他为丞相，是因为朝廷对文天祥的任命已经公布，所以伯颜拿到的使者团名单里，文天祥的职务是右丞相，至于文天祥接没接受，伯颜一时之间哪里搞得清楚。

文天祥接着义正词严地说："我们大宋是中原的帝王正统，衣冠礼乐之邦。你们元朝究竟是想把我们当作国家来对待呢，还是想要毁掉我们的社稷？"接着，他又责问伯颜："你们元朝出兵攻宋的诏书上，只是指责贾似道拘留使者郝经违背和约，并没说要灭了我们大宋啊，而你们今天的所作所为，究竟是按照你们

## 第五章 硬气的使者

皇帝说的只是为郝经讨个公道,还是要灭亡宋朝呢?"

伯颜看到文天祥这么敢说,也一下子没摸到他的底,总不能和他说"我们皇帝已经决定灭宋,之前诏书中的话已经过期了"之类的话吧,于是他继续用忽必烈诏书中的话来敷衍:"社稷必不动,百姓必不杀。"

文天祥于是又抓住伯颜的话柄,继续大声说:"你们此前与本朝多次立约,又多次失信,你不是之前总要派丞相过来谈判吗?现在丞相已经来了,如果两国的丞相要签订盟约,那你们就应该先退兵,然后把议和的情况报告给你们朝廷,等到朝廷的诏令下来,我们再继续谈!"

话说到这个份儿上,伯颜就是涵养再好也忍不住了,他灭宋心切,大宋的传国玉玺和降表都在自己桌上呢,哪有什么闲心和文天祥讨论这些文字游戏,于是态度也蛮横起来。文天祥更是不肯示弱,针锋相对,于是双方激烈争论起来,他高声说:"依我之见,咱们双方讲和才是上策,如果继续打下去,对你们也没什么好处!"

伯颜一看文天祥的架势,这哪里是来投降的,分明是来约架的,难道大宋的太皇太后又改主意不投降,准备决一死战了?但看到使者团其他成员的表现,吴坚谦恭,贾余庆谄媚,是来投降的啊!于是他威胁文天祥:"作为使者,你私自更改出使的目的,就不怕杀头吗?"文天祥的牛脾气也上来了,厉声说:"我是大宋的状元宰相,正想一死报国,是刀砍还是鼎烹,你说吧,我什么都不怕!"

文天祥视死如归的表现让在场元军将领既愤怒又佩服,最后他们还是相顾赞叹,称他为"大丈夫"。

伯颜看到文天祥这么硬气,知道他一定是心怀异志,不肯投降,必将成为后患,这次回去搞不好又惹出什么乱子,要是打乱了宋朝投降的整体计划就不好了。于是他和元军诸将商议,决定把文天祥先拘留在元营,其他人都放回去。同时,前两天南宋朝廷送来的降表中,伯颜见里面仍写着"大宋"国号,小皇帝也只是称"㬎",不称"臣",用词有几个不妥之处,就派南宋降臣程鹏飞、洪君祥跟吴坚、贾余庆他们一起回朝廷去换新的降表。

文天祥见同来的使者团除了自己都被放回朝廷,就跑去向伯颜强烈抗议,伯颜平静地解释道:"您别生气,把您留下来是因为还有事要和您商量,请您暂住几日。"文天祥相信了伯颜的话,先留了下来。伯颜怕文天祥偷跑,就派了大将忙古歹、唆都两个人去做文天祥的"馆伴",名义上是陪着文天祥,实际上是将文天祥软禁了起来,负责监视文天祥,伯颜还在文天祥住所周围布置了重兵把守,如临大敌。

## 第五章 硬气的使者

第二天，左丞相吴坚、右丞相贾余庆、同知枢密院事谢堂、签书枢密院事家铉翁、同签书枢密院事刘岊，与吕师孟一同组成新的使者团，奉着新的降表来到元营，并带来了谢道清命令南宋各州县投降元朝的手诏及檄文。原来，谢道清一看文天祥不接受右丞相的任命，又因为言辞激烈被扣留在元营，为了赶紧谈判，就直接让贾余庆顶替了文天祥的职务。

伯颜请文天祥出来与吴坚他们同坐，谈完事情，吴坚一行正要各自坐车回去，伯颜又要把文天祥独自留在元营。这回文天祥不上当了，他怒发冲冠，先是大骂贾余庆卖国，又指责伯颜失信，越骂越凶，弄得连翻译官都不知道该怎么翻译了。伯颜很生气，后果很严重，在场的元军诸将一看主帅生气了，就群情激奋地一起站起来呵斥和威胁文天祥，甚至有人把刀子都亮出来了，但文天祥怎么可能被他们吓唬住，反倒是更激烈起来。坐在文天祥旁边的吕文焕实在看不下去了，就想把文天祥拉开，文天祥原本从坐下就没正眼看一下吕文焕，现在看他还要把自己拉开，就更加怒不可遏，他一把甩开吕文焕，然后指着他大骂："你这个叛逆遗孽，应当用诛灭乱贼的刑法杀了你！"

听到文天祥这么骂自己，吕文焕也生气了，他不服地说："文丞相你因为什么骂我是乱贼？"

文天祥说："大宋沦落到今天这个地步，你就是罪魁祸首，你不是乱贼谁是乱贼？现在大街上连身高三尺的小孩儿都在骂你，可不是只有我一个！"

吕文焕委屈地说："我在襄阳守了6年也没有等到朝廷的援军，真的是已经对大宋尽忠了。"

文天祥驳斥说："你守到最后实在守不住了，可以以死报国啊。但你却贪生怕死，只知道保护自己的妻子儿女，既辜负了国家，又让你们吕氏家族抹黑，现在你们吕家全族都是贼，以后也都是贼了！"

看到自己叔叔被骂，吕师孟想起文天祥前阵子还上书要杀他，就气势汹汹地挖苦文天祥说："文丞相你前几天不是还上书要杀我吗？朝廷怎么没杀我呢？"

文天祥毫不示弱地说："你们叔侄都投降了元朝，不把你们吕家族灭，是我们大宋的刑法太宽仁了。你还有脸在朝廷为官，我实在恨不得亲手杀了你们叔侄！我是大宋的忠臣，你们叔侄如果能杀了我，反倒是成全了我的忠义！"

文天祥理直气壮，把吕师孟骂得哑口无言，在场的元军将领也不禁佩服文天祥的胆色。伯颜更是赞道："文丞相心直口快，是个真正的男子汉！"但是，不管怎么说，就是不能放你回去。后来有一次，唆都在与文天祥闲聊时说："丞相骂吕家骂得好。"可见，投降的人在哪里都被人看不起。

## 第五章 硬气的使者

其实这次文天祥还真冤枉了吕师孟，吕师孟这时是大宋正儿八经的兵部尚书，即使后来北上大都，也是被忽必烈软禁了4年后才投降的，在明朝人张昶编的《吴中人物记》中，还将吕师孟列为"忠义"。

正月二十三日，伯颜进驻湖州（今浙江吴兴），派将领将大宋朝的传国玉玺送往大都。

正月二十四日，伯颜率元军众将领大摇大摆地巡视临安城，南宋宗室大臣依次来见。

正月二十五日，伯颜觉得虽然扣住了文天祥，但他的义军还驻扎在临安近郊，始终是个威胁，于是派人拿着文书来到军中，命令他们各归乡里，解散了文天祥毁家纾难、辛辛苦苦组建起来的这支忠义之师。这对文天祥的打击极大，他知道了这件事后放声大哭。

但是，这些以忠义的大旗召集起来的义士不甘心就此放下武器。他们中的一部分由方兴、朱华、邹㵯、张汴等率领，撤入福建，前去追随陈宜中、张世杰、陆秀夫等建立的小朝廷，继续抗元；一部分回到江西老家，进行零星的斗争，在后来文天祥率军反攻江西的战斗中，很多人又重新加入文天祥的义军。其他如杜浒、金应等十几个人跟着文天祥出使元营，这时也被扣留在文天祥身边。

## 凛然正气盈天地：文天祥

在伯颜看来，南宋已经亡国，义军也被遣散，这时正是劝降文天祥的最好机会。如果文天祥能够投降，以他的声望和影响一定会对元朝巩固江南的统治大有好处。于是，他派唆都试着去探探口风。

唆都对文天祥说："我们大元也将兴学校、立科举，丞相您是大宋的状元宰相，如果能到我们大元，肯定也是大元的宰相啊！丞相您不是常说国存与存，国亡与亡，现在我们大元统一了天下，您的大宋已经亡了，这不正是您加入大元的好时机吗？"哪知文天祥一听到"国亡与亡"四个字，立即失声痛哭。唆都怕他真的以身殉国，自己不好交差，就没敢再提此事。文天祥还写了一首诗表达自己的决心：

虎牌毡笠号公卿，不直人间一唾轻。

但愿扶桑红日上，江南匹士死犹荣。

又有一次，唆都问文天祥为什么弃守平江，文天祥告诉他是因为朝廷命他带兵增援独松关，唆都就问文天祥当时有多少兵马，文天祥说有5万人。唆都惊叹道："我的天啊，这么多人！要是丞相您还守卫平江的话，那里一定不会投降。"文天祥问他："你怎么知道？"唆都说："就凭丞相您的气概，平江一定会抵抗

## 第五章 硬气的使者

到底,但城破后却会连累满城的百姓。"文天祥听出唆都话里饱含元军必胜、宋军必败的自负心态,就想挫一下他的锐气,反唇相讥道:"如果我的义军真的和你们元军在平江相遇,鹿死谁手还说不定呢!"唆都摇头苦笑。文天祥也写了一首诗记录下这件事情:

气概如虹俺得知,留吴那肯竖降旗。
北人不解欺心语,正恐南人作浅窥。

还有一次,忙古歹和唆都问文天祥,宋度宗有几个儿子。文天祥告诉他们有三个,赵㬎是老二,因为是嫡子被立为天子。忙古歹和唆都赶紧问另外两个小孩儿的下落,文天祥告诉他们,已经被大臣护送着离开临安,不是去福建就是去广东,反正大宋疆域大得很。忙古歹和唆都又问:"现在都是一家了,还跑那么远干吗?"文天祥答道:"这可是延续宗庙社稷的大事儿,你们大元要是对宋恭帝赵㬎好,他的两个兄弟就会安安心心地做人臣,如果对他不好,肯定就会有别的皇帝出来。"忙古歹和唆都听了,脸上都露出惊愕之色。对于这件事,文天祥也写了一首诗:

213

一马渡江开晋土，五龙夹日复唐天。

内家苗裔真隆准，虏运从来无百年。

经过这一系列的试探，伯颜和元军将领们都意识到文天祥确实是身在元营心在宋，而且心如铁石，根本就没有半点投降的意思。

二月初五日，6岁的宋恭帝赵㬎在群臣的簇拥下，向北跪拜，宣布退位。伯颜代表大元朝廷接受了南宋的投降，把临安由京师降为两浙大都督府，命忙古歹、范文虎入城管理都督府事务。同时，伯颜又正式拿出谢道清的手诏，命令南宋所有州县全部无条件投降；命令吴坚、贾余庆等官员签署檄文，给南宋所有未投降的州县发过去。吴坚、贾余庆等都在招降檄文上签了名，只有家铉翁不签。

同时，伯颜让谢道清和赵㬎命令左丞相吴坚、右丞相兼枢密使贾余庆、同知枢密院事谢堂、签书枢密院事家铉翁、同签书枢密院事刘岊五人组成"祈请使"，去大都亲手将降表献给忽必烈。这个代表团中，吴坚是个老儒生，什么事儿都交给贾余庆做主。贾余庆觉得投降元朝对自己的仕途是一个转机，所以拼命奉承伯颜，只要能成为元朝的新贵，他什么事儿都肯干。谢堂是个没什么见识的老实人，只会随声附和。刘岊人称"江南浪子"，文天

## 第五章 硬气的使者

祥一直把他看作沐猴而冠的小人。只有家铉翁是以直言敢谏著称的君子，他去大都的目的就一个，当面向忽必烈陈说利害，希望能保住大宋的社稷。

人员确定好了，出发的日期也确定在二月初八日。启程前，吴坚找到伯颜，以自己年老多病为理由不想北上，伯颜同意了他的请求。

出发那天，贾余庆、谢堂、家铉翁、刘岊四人在临安北新桥登船启程，吴坚前来送行。这时伯颜突然决定：吴坚和文天祥也一起北上！

吴坚一听，眼泪都要下来了，可文天祥却早有思想准备，他前一天就写好了家书，安排了后事，只要伯颜让他北上他就以死殉国。这时家铉翁劝他："现在还不是自杀的时候，等我们到达大都后向元朝皇帝祈请保留大宋的社稷，他要是不同意我们再自杀不迟。"文天祥一想也是，就隐忍了下来。由于是刚下的命令，所以伯颜让文天祥和吴坚先收拾一下，第二天再出发。

追随在文天祥身边的有11个人，他们是兵部架阁杜浒、路分（一种地方军职）金应、虞候张庆、总辖（一种军职）吕武、帐前将官余元庆、亲随夏仲、帐兵王青，以及仆夫邹捷、李茂、吴亮、萧发。其中，杜浒是最令人感动的。当初文天祥要去元营谈判，杜浒坚决反对，甚至在议事时被人赶了出去。现在文天祥

215

要去大都了，如果他不投降元朝的话，等待他的一定是囚徒的生涯，甚至被杀掉也有可能。现在，文天祥身边昔日的宾客都纷纷离去，而杜浒却毅然决定留在文天祥的身边，他决心与文天祥生死与共。

未卜的前路上，他们又会经历怎样的磨难呢？

## 三、脱困

南宋恭帝德祐二年（1276）二月初九日，在料峭的寒风中，文天祥一行人登上北行的客船，他们的船只沿着京杭大运河北上，经过一夜的航行，于第二天清晨鸡鸣时到达谢村（今属浙江杭州），与前一天出发的贾余庆、谢堂、家铉翁、刘岊会合，吕文焕也"陪同"他们北上。

从临安登船开始，文天祥就和杜浒他们盘算着怎样摆脱"陪同"的元军，在中途逃跑。一行人当晚留宿在谢村，文天祥和杜浒看到这些元军对他们的监管并不严，就决定事不宜迟，当晚就跑。可谁知到了二更天时，元军又派了刘百户等二三十人驾船赶来谢村，并逼迫文天祥他们上他的船，以就近监视和看管文天祥，文天祥的第一次逃跑计划失败。

这个刘百户是中原人，也算是北宋的遗民，文天祥就想疏通他，可没想到贾余庆为了讨好新的主人，就在伯颜和元将铁

## 第五章　硬气的使者

木儿面前说文天祥很有心计，必须严加看管，还对伯颜说，到了北方后应该把文天祥囚禁在沙漠中。第二天一早，铁木儿亲自驾了一艘船来到谢村，命令一个叫命里的千户将文天祥揪到他的船上。这个命里是个西域人，长得相貌凶恶、高鼻深目、满脸胡须，这个身材壮硕的人汉揪起瘦弱的文天祥，也不理会文天祥的喝骂和反抗，直接把他从一条船拖到另一条船上。旁边的人看到堂堂的大宋状元宰相受到这样的侮辱，都流下了气愤和屈辱的泪水。

与文天祥的待遇不同，前一天出发的谢堂通过唆都向伯颜行贿，使伯颜同意其不用北上，于是他刚到谢村就被放了回去。

二月十一日晚上，船队在一个叫留远亭的地方停泊。在亭前点起篝火后，一行人围坐一圈喝酒闲聊。贾余庆为了向元将献媚，借着酒劲儿把两宋的精英人物全部贬低了一遍，听得元将都感到好笑。而刘岊更是不负"浪子"之名，尽说些低俗下流的话语讨元将开心。看着他俩的表演，连吕文焕都觉得太不像话，叹息着说："只有国之将亡，才生得出这样的货色！"元将们玩得高兴，就从船上叫来一名粗手大脚干杂活儿的村妇，让她和刘岊睡觉。这个村妇估计也是在村里见过世面的，一看元将起哄就顺势坐在刘岊怀里，和他搂搂抱抱、打情骂俏。这样不堪入目的情景让文天祥和家铉翁倍感悲愤，觉得他们真是丢尽了大宋朝廷的脸。

二月十四日，船到平江。看着这个曾经驻守过的地方，文天祥心里百感交集，如果不是朝廷的调令，他一定会与这座城市共存亡。本地的官员安排了酒菜和歌妓接待一行人，文天祥托病待在船里拒绝赴宴。这时，有几个以前跟随文天祥守平江的旧吏来看望他，大家见面不胜唏嘘。平江的百姓听说文天祥路过，很多人失声痛哭。"陪同"北上的元将一看文天祥在平江这么得民心，也害怕出事，吃完饭后急忙解缆开船，连夜驶出90里，还向平江府借了300多名骑兵，沿着运河两岸一直把船队送到无锡。

从无锡再出发后，船过五木。想起尹玉、麻士龙和那些为国战死的勤王义士，文天祥心潮澎湃，泪如泉涌。接着船过常州，看着这座不屈的城市，文天祥更是夜不能寐，写下了"山河千里在，烟火一家无"的诗句。

二月十八日，一行人到达镇江。镇江是长江与大运河的交汇点，北面隔江与扬州相望。扬州目前还在李庭芝和姜才的手中，此时已被驻守瓜洲的阿术困住了很长时间。应该说，伯颜之所以可以长驱直入临安，多亏阿术在瓜洲挡住了扬州等地的援军，从这个意义上说，阿术的功劳不亚于伯颜。

文天祥清楚地知道，如果渡过长江，很快就会进入淮北元朝的统治地区，就再也没有逃走的机会了，只有趁着现在淮东、淮

## 第五章　硬气的使者

西尚未完全沦陷，逃出镇江投奔扬州或真州等城市，才有可能逃出囚笼，所以镇江是他最好的机会。

二月十九日，一行人被安排过江去见阿术。阿术完全是一副胜利者的姿态，趾高气扬，不可一世。贾余庆和刘岊竭力奉承阿术，吴坚和家铉翁也不得不说几句应酬的话。只有文天祥自始至终对阿术怒目而视，不发一言。阿术看到文天祥这个表现，就私下对"陪同"北上的元军将领说："文天祥嘴上不说话，肚子里一定在打什么主意。"考虑到江北的扬州、真州等地还在宋军手中，为防不测，阿术让他们这批人回到镇江候命。

回到镇江后，元军将领们以款待大宋的"祈请使"为名，将他们软禁在镇江府衙中，只有吴坚因病留在船上。文天祥不想和贾余庆、刘岊住在一处，再加上他正盘算着如何脱逃，万一被他们发现坏了大事，更是得不偿失。于是文天祥只在府衙过了一夜就找了个理由回到船上，住在岸边一个叫沈颐的乡绅家中。元军也不怀疑，只派了个姓王的千户相随监视。

但这位王千户工作非常认真负责，不分日夜牢牢地盯着文天祥，每天几乎是寸步不离，就连睡觉都恨不得要和文天祥睡在一张席子上。值得庆幸的是，他只盯着文天祥，对杜浒等人却没有兴趣，也懒得管他们。

文天祥他们想要逃出元军的控制，遇到的第一个难题就是往哪儿逃的问题。

　　王千户虽然盯得紧，但总不能一天24小时不闭眼睛地盯着，所以文天祥还是找到机会与杜浒、余元庆他们秘密商议逃跑的事儿。当时长江南岸基本都被元军控制，要跑只有渡江去宋军防守的地方才较安全。文天祥首先想到了扬州，李庭芝在那里誓死不降，到了那里就可以和扬州的官兵们共谋大事。但余元庆认为不可，他认为目前从镇江到扬州的路线都被元军封锁了，要想穿过阿术的防线更是难上加难，还是去真州（今江苏仪征）比较妥当，真州虽然在镇江的上游，需要溯江而上，但就在江北岸边，而且余元庆就是真州人，熟悉周围的环境。大家听了都觉得有理，就一致决定先逃往真州。

　　杜浒对文天祥说："我们现在谋划的事情一旦被元军发现，大家可能都会死，您确实决定了吗？"文天祥指心发誓，并拿出一把匕首藏在身上，告诉杜浒："如果计划失败了，我就用这把匕首自杀！"大家看到文天祥的决心和勇气，都决定与他生死与共，誓死追随。

　　一场惊心动魄的逃亡故事就此展开。

　　要从江上逃跑，最最重要的是必须得有船，但此时长江两岸的所有船只都由元军控制，连百姓手里的渔船都全部被元军收上去统一管理，这可怎么办呢？

## 第五章 硬气的使者

由于文天祥整天被王千户盯着,所以找船的事儿只能靠杜浒、余元庆他们了。杜浒拿出他年轻时的游侠本色,每天上街喝酒,然后故意装成喝多的样子,晃晃悠悠地满街闲逛,仔细观察、物色每一个可能帮他们搞到船只的人。他经常和一些素不相识的人谈天说地,只要发现对方对大宋还有怀念之情、丧国之痛,就送给他们银两并偷偷问他们能不能弄到船只。杜浒一共找了十几个愿意帮忙的,可八九天过去了,这些人没有一个能搞到船只,而且这种秘密行动时间拖得越长就越危险,这些人里只要有一个去衙门告发,大伙儿就全完了。

正在文天祥他们快绝望的时候,余元庆遇见一个老朋友,巧的是这个人正好是为元军管理船只的!余元庆经过一番试探,发现他虽然替元军办事,但心里还是怀念大宋,于是私下请他帮忙,告诉他事成之后由文天祥为他在朝廷请封一个承宣使的官职,并赠送白银千两。这位朋友一口答应,并且说:"我能为大宋救一个宰相回去,这是建立了大功业,怎么可以要钱呢?我只求文丞相给我写一个批帖(古代公文的一种),作为以后的凭证。"余元庆立刻回报文天祥,文天祥喜出望外,立即写了一张批帖送给他。

船的难题解决了,剩下的就是怎么跑的难题了。元军在镇江城内实行了宵禁制度,严禁百姓夜间出门,还加强了巡逻盘查,而文天祥他们逃跑只能选择在晚上,所以如何出城又成了一个大难题。同时,镇江虽然没有城墙,但要去长江边还有十几里的路程,元兵在各交通要道上都设置了关卡,日夜巡逻,就算出了城,怎么到江边还是一个难题。

杜浒这几天认识了一个养马的老兵,每天都请他喝酒,关系搞得火热。俗话说"重赏之下,必有勇夫",老兵答应给他们当向导,他知道一条城外的小路可以绕过元军所有的关卡直到江边。出城以后的问题解决了,现在就看怎么出城了。

二月二十七日,忽然有个元军将领来到沈颐家。文天祥随口问他姓什么,担任什么官职,那个元将告诉他自己姓刘,是个专管城内宵禁的百户。文天祥又问他:如果镇江衙门里的人有事儿要晚上出门,怎么才能通行?刘百户告诉他,只要提着官灯晚上就可以随便走,巡逻的元军看到也不管。

杜浒一听机会来了,就马上过去和刘百户套近乎,没一会儿俩人就兄弟相称了。刘百户酒足饭饱离开沈颐家时,杜浒就故意拉着他去妓舍接着喝。又喝了一会儿,杜浒起身要走,刘百户拉着他非要在妓舍过夜,杜浒装作为难地说:"我是文丞相的跟班,不说一声就在外面过夜怕他担心和责罚我,还是改天吧。"刘百户听杜浒这么说也不好强留,就约他后天晚上继续来这里喝酒。杜浒说:"好是好,可我必须得晚上等丞相就寝以后才能出来,

## 第五章　硬气的使者

到时只怕宵禁不许夜行。"刘百户忙拍着胸脯说："没事儿，后天晚上我派我的小卒拿着官灯去接你。"于是，杜浒便与刘百户约定后天晚上见面，这下宵禁期间的通行证也拿到了。

到了二月二十九日，一切准备就绪。文天祥一早先派了两个随从人员上船接应，约好晚上把船停在甘露寺旁边等他们。没想到刚到中午，元军突然命令祈请使和文天祥过江去瓜洲，住在镇江府衙中的贾余庆、刘岊等人接到命令已经渡江。而吴坚和文天祥住在外面，所以得到通知的时间稍晚。如果此时过江，那文天祥他们之前的努力就都白费了，于是他推托时间已晚，东西还没收拾好，明天一早和吴坚一起渡江。元军一听也没有怀疑，就同意了他的要求。文天祥他们都被吓出了一身冷汗。

文天祥虽然已经先派了两人去船上，但还剩下10人，如果一起走目标太大，容易被元军发现。正好去江边必须经过养马老兵的家门前，文天祥就又派了三个人趁着天还没黑先去老兵家等候，等他们到老兵家后再一起逃走。

接下来就该考虑如何摆脱王千户了。文天祥以明早就要过江去瓜洲为由，摆好酒菜向房东沈颐告别，并请王千户也一起喝酒。他和杜浒几人将沈颐和王千户都灌得酩酊大醉、不省人事，然后他们换好衣服，准备拿到官灯就偷偷开溜。

没想到这个计划一波三折，这边刚把看守的问题解决，那边向导却出现了突发情况。

在文天祥他们正等官灯时,一个之前先去老兵家的随从火急火燎地跑回来,他告诉文天祥:"老兵变卦了,他媳妇正吵吵嚷嚷地说要去报官,丞相您赶紧拿个主意吧!"

原来,这个老兵到关键时刻突然害怕了,怕出事,就躺在床上假装醉得不省人事。文天祥派的这三个人到了老兵家后,任他们怎么叫老兵就是装睡,这时老兵的媳妇看见家里来了三个陌生人,就问老兵是怎么回事儿,老兵还是装睡。他媳妇就说:"既然他醉得这么沉,那我就找邻居过来看看有没有认识你们的。"三人一听大惊,要是真把邻居喊来就全完了!千钧一发之际,三个随从火速应变,留下两个人和老兵的妻子周旋,派出一人跑回来向文天祥和杜浒报信儿。

文天祥他们一听都吓出一身冷汗,但马上又冷静下来,杜浒说:"如果老兵的媳妇要出去喊人早就喊了,肯定是他们夫妇两个演戏给咱们看,变着法儿想多要钱。"文天祥赶紧拿出300两银子交给那个随从,让他给老兵两口子送去。果然,老兵媳妇见到银子也不嚷嚷了,老兵见到银子酒也醒了,翻身而起,随时准备带路。为防止再出意外,文天祥让三个仆从和老兵也回到沈颐家,大家一起行动。

这时,刘百户派来送官灯的小兵也按时到达。

## 第五章 硬气的使者

文天祥他们赶紧离开沈颐家，由小兵提着官灯走在前头，其他人跟在后面。文天祥怕大家聚在一起引起巡逻元兵的怀疑，于是只留他和杜浒跟着小兵，其他人在后面的暗处跟随。好在有官灯开道，路上遇到几波巡逻的元兵都有惊无险地擦肩而过。随后杜浒拿出一些银子赏给小兵，告诉小兵他自己去找刘百户就行了，让小兵回家，约定明天再把灯还给他。这个小兵才十五六岁，还不懂事，刘百户只告诉他来送灯，没告诉他要去哪里，所以他拿了银子就欢天喜地地回家去了。

随后他们让老兵领路，继续往前走，眼看要出市区了，却看到元军在一个路口新设了关卡，拴了10多匹马以拦阻行人。余元庆悄悄摸到前面，看到驻守的元军都在呼呼大睡，就招呼众人赶紧过去。众人蹑手蹑脚地走过街口，岂料警觉的马群还是被惊动。文天祥后来回忆说，如果元兵被吵醒，他就用匕首自尽。好在又是虚惊一场，守卡的元兵都已熟睡，鼾声如雷，根本不知道文天祥他们从这里偷偷经过。然后老兵带他们出城，绕过了元军的所有关卡，终于来到江边。

打发走老兵，文天祥他们来到江边的甘露寺下，一看又傻眼了，哪有什么船只在这里等候啊，连之前派出的两个随从也不见了！大伙儿一看在这里等着也不是办法，于是分散开找船。文天祥站在江边，眼看只差最后一步就能逃出生天，偏偏又出了岔头，如果天亮再找不到船只，他们很快就会被元军发现，文天祥握紧了手中的匕首，做好了最坏的打算。因为当时天黑能见度差，余元庆就撩起裤管，不顾江水寒冷，涉水找了一二里，终于找到了船只。原来文天祥预先派去的两个随从怕船被元军发现，就先藏了起来，大家终于都上船了，又是虚惊一场。

文天祥他们立即溯江而上，向着真州（今江苏仪征）方向驶去。他们本以为可以顺利到达，可谁知长江沿岸数十里江防都是元兵的船只，好在这时天刚亮，大多数的元军还没睡醒。船到七里江时，他们还是被元军的巡逻船发现了。只听巡逻船上的元军喝问："是干什么的船只？"划船的艄公回答是捕河豚的船。元兵喊他们划过去检查，文天祥他们经历层层磨难才逃到江上，一看情况紧急都加劲儿向上游划去。巡逻船上的元兵大叫抓住这艘奸细船，于是加速向文天祥他们的小船追过来。元军的船大，人少，划得快；文天祥他们的船小，人多，划得慢。眼看就要被元军追上，正在这千钧一发的时候，长江退潮了！元军的大船搁浅，眼看着小船也要搁浅，却突然起了一阵风，把小船"吹走"了，艄公说这是"神道来送"。

小船顺风行驶了一会儿，大家都说天亮前就可以直达真州城下了。可没想到这阵风吹了一会儿又停了，天快亮时，离真州还有20里呢。于是大家一起行动，有的摇桨，有的撑篙，能拉纤的地方就派人上岸拉纤,好不容易赶到了真州。

真州的城濠本来与长江相通,可现在退潮了,小船只能划到离城墙还有5里的地方,于是文天祥他们弃船上岸,踩着泥泞的河滩向真州走去。文天祥他们一边走,一边四处张望,唯恐元军追来,还好一路有惊无险,终于平安抵达真州城下。

城上的守军看到陌生人来到城下,立即出来戒备。文天祥的随从大声向城上喊话:"文丞相在镇江脱险,快开城门!"守城的官兵一听丞相来了,赶紧禀报守将苗再成,苗再成一听也是兴奋不已,立即打开城门迎接他们进城,真州的百姓听说丞相来了,也纷纷到街上一睹文天祥的风采。

几天后,文天祥以《脱京口》为总标题,写下了15首以"难"字开头的诗,分别是《定计难》《谋人难》《踏路难》《得船难》《绐北难》《定变难》《出门难》《出巷难》《出隘难》《候船难》《上江难》《得风难》《望城难》《上岸难》《入城难》。这15首诗各有标题和小序,环环相扣,真实而生动地记述了文天祥这次惊心动魄的脱险历程,足见他对这段经历的感悟之深。

## 四、南归

镇守真州的苗再成是李庭芝的得力部将,也是个一心为大宋流尽最后一滴血的忠义之士。

文天祥他们稍事休整后，苗再成设宴款待他们，原来，自从阿术屯兵瓜洲后，真州已经几个月没有得到外面的消息了。直到此时，真州官兵才知道大宋朝廷在名义上已经灭亡，苗再成不禁悲愤得眼泪直流。过了一会儿，他对文天祥说："以两淮的兵力，一定可以复兴大宋，可就是淮东的李庭芝怯懦不敢进兵，淮西的夏贵还和李庭芝有些矛盾，两边总是合不来。现在好了，文丞相您来了，就可以统一调度两淮的兵力，先把入侵两淮的元军打跑，然后整个江南就可传檄而定了。"

文天祥听后也非常高兴，他问苗再成有没有具体计划。苗再成说："可以先让夏贵作出出兵建康的样子，以牵制建康的元军，然后再由李庭芝全线出击，合围瓜洲，直捣镇江，使元军失去退路，然后宋军再合力歼灭之，恢复大宋的天下。"

文天祥听了苗再成的战略方案，兴奋得拍案而起，立即动笔给李庭芝、夏贵写信，然后又按照苗再成的请求，给扬州守将朱焕、姜才等人一一写了信，又给各州知州写信勉励他们牢记忠义、复兴大宋，苗再成派人将这些信件送出。接下来的几天，文天祥和苗再成每天都在讨论如何复兴大宋中度过。然而，他们都不知道的是，此时的两淮只剩下李庭芝还在苦苦支撑，夏贵已经投降元朝了。

原来，自从鄂州、鲁港之役战败后，夏贵就清醒地认识到，

## 第五章 硬气的使者

南宋的灭亡已经无法避免,他也在心里打着自己的小九九。因此,在收到朝廷发出的让南宋没有投降的地区和军队赶紧投降的命令后,他就于二月二十二日率部投降了元朝。

随后,为了表示对大元的忠心,当得知镇巢军(今安徽巢县)的守将洪福誓死不降时,夏贵就派了自己的侄子去诱降洪福,洪福原来是夏贵的家童,夏贵认为这还不是手到擒来?可忠义的洪福根本没给老东家面子,直接把夏贵的侄子给斩了。元军久攻镇巢军不克,夏贵就亲自跑到城下,以好言好语欺骗洪福,说自己想单骑入城。洪福一看夏贵亲自来了,也想利用他单骑入城的机会劝他一同复兴大宋,实在不行就来硬的,于是打开了城门,结果埋伏在城边的元军一拥而入,洪福父子被活捉。为了报复,元军将镇巢军屠城,夏贵还到刑场亲眼观看杀害洪福一家。洪福临死前大骂夏贵不忠,并请南向而死,表示自己绝不背叛大宋的决心。听到这件事的人无不感动流泪。

文天祥在真州,与苗再成意气相投,可没想到又突然祸从天降,因为要杀文天祥的人竟然是李庭芝!

三月初三日早饭后,苗再成约文天祥去巡城,文天祥欣然答应。上午,他们在一个姓陆的都统陪同下查看了小西门城楼,不久又来了一个王都统,把文天祥他们全都带出了城。忽然,王都统对文天祥说:"扬州城已经回信了,李大人责骂了我们苗大人一顿。"随即拿出一张李庭芝的文书让文天祥看。

文天祥看见文书中写道：据从元营中逃回来的朱七二报告，元军派了一个丞相到真州去做内应！接着责备苗再成不经审查就把这一伙儿"奸细"放进城，万一出了事儿怎么办？李庭芝还说，他从来就没听说过还有丞相这个级别的官员能从元营里逃出，就算逃出也不可能一下子逃出来十二个，等等。信是王都统拿着让文天祥看的，他握着信的右半边，只给文天祥看了左半边，文天祥正在错愕间，这两个都统突然跑回城去，小西门立即紧闭，文天祥等人被"驱逐出境"。

此时的文天祥不知道的是，苗再成这么做已经是对他们仁至义尽了。原来，李庭芝来信的右半边就是让苗再成直接杀了文天祥的命令，现在兵荒马乱的，李庭芝也没有闲工夫去甄别文天祥的真实身份了。对于这个命令苗再成将信将疑，通过这几天的接触，他感到文天祥也是一个一心报国的人，但李庭芝的命令又不能违背，思来想去，他只好用这个办法把文天祥赶出城去。

文天祥九死一生逃到真州，满怀激情地筹划着和两淮官兵一起收复国土，却没想到换来一个差点被当作奸细杀掉的结局，实在让人欲哭无泪，心如刀割。尤其是杜浒，几次要跳护城河自杀以示清白，幸亏被大伙儿拉住，其他人也不知如何是好。

## 第五章 硬气的使者

正在大伙儿彷徨无措时,城门又开了,走出两个人,自称是义军头目,苗再成派他们来送文天祥,并问文天祥准备去哪里。文天祥说:"逼不得已,我们只有去扬州见李庭芝了。"这两人赶紧说:"苗大人说了,李大人要杀你,千万不要去扬州啊!"文天祥斩钉截铁地答道:"我和夏贵素未谋面,况且淮西周围都已经被元军占领,无路可退,另外我去淮西也可能被当作奸细杀掉。既然这样,我还是要去扬州。"说罢,文天祥问清了去扬州的道路,带领大家启程出发,两个义军头目也回城复命。

文天祥他们刚走出不远,就看见后面追上来50名全副武装的宋军士兵,领头的还是刚才那两个义军头目。他们把文天祥等人的行李包袱送了过来,并告诉文天祥,苗再成让他们护送文天祥一行人去扬州。

这让文天祥他们非常高兴,毕竟真州城外时常有元军的哨骑出没,有他们护送安心了不少。可走着走着文天祥和杜浒就发现味道不对了。刚走了几里路,这50个士兵忽然停住脚步,个个拔刀在手,两个头目请文天祥下马,说"有事商量",然后指着一块大石让文天祥坐。文天祥以为他们要在这里结果自己一行人的性命,就坚决不坐,宁可站着被他们杀死。

两个头目向文天祥摊牌说:"今天这个事儿,真的不是苗大人的意思,是李大人要杀丞相,但苗大人实在不忍杀害丞相,所以才派我们护送,丞相您准备去哪里?"文天祥说:"刚才我已经说了,除了扬州我哪儿也不去!"两个头目说:"您去了扬州就是送死,不如我们护送您到附近的山寨避一避。"文天祥怒道:"大丈夫生就生、死就死,我就是死也要死在扬州城下,去山寨干什么?"两个头目又说:"苗大人已经安排好了船只,丞相要不你们从水路走,这样无论归南归北都可以。"文天祥一听说"归北"二字,更是气得火冒三丈,他说:"连苗大人也认为我已经降元了吗?算了,你们要护送就护送,不护送我们自己去扬州!"

看到文天祥坚决要去扬州,心如铁石,两个头目也终于说了真话:"其实苗大人对您也是将信将疑,把我们派来就是试探您的,如果您真的表露出'归北'的意思,我们两个就在这里结果了您。但我们看到丞相您是心口一致的忠臣,又怎么忍心加害您,既然您真的要去扬州,苗大人就让我们护送您去。"文天祥这时才恍然大悟,他拿出随身携带的150两银子赏给这些士兵,并答应到扬州后再给每人加10两。

走了一段路,天色渐渐暗了下来,这里又是元军控制的地方,大家都很紧张,担心遇到伏兵或哨骑。又走了一会儿,两个头目留下20个士兵后就跑回真州了。再走了十几里,这留下的20个士兵也不敢往前走了,他们向文天祥勒索了一些银子也跑了。好在临走前给文天祥一行指了一条明路，他们告诉文天祥：这里一到晚上就有"马垛子"经过，跟着他们就能到达扬州西门。所谓"马垛子"，就是那些利用夜色掩护往扬州贩运货物的马队。文天祥一行人不得已，只好在黑暗中默默跟着"马垛子"，终于来到扬州城外。

坐在扬州西门城下，大家都已疲惫不堪。由于此时天还没亮，文天祥他们就和想要进城的上百个百姓待在一起，等候城门开启。城上的守军紧紧盯着下面的人，不时严厉盘问，文天祥他们想去叫城，但怕外地口音会引起怀疑。这让文天祥进退两难：他是来找李庭芝表明心迹、一起抗元的，可李庭芝能相信他吗？

正在犹豫，杜浒对他说："李庭芝要杀我们，我们应该趁现在找一个地方躲起来，避开元军的哨骑，然后晚上向高邮出发，到达通州（今江苏南通）后渡海回江南，投奔赵昰、赵昺二王，我们的报国之志也能实现，要是现在死在城下真是一点儿意义都没有。"金应和杜浒的意见不一样，他认为："扬州城周围都是元军的哨骑，要想到达五六百里外的通州谈何容易。与其在路上受苦而死，还不如就死在扬州城下，况且，万一李庭芝不杀我们呢！"

正在他们争执不下时，余元庆带了一个卖柴的过来，经过一番交谈，这个卖柴人答应给他们当向导，带他们去高沙（今江苏高邮西南），而且可以先去他家里暂避一下，等晚上再出发，他家也不远，就在扬州城外二三十里的地方。最后，文天祥问他："你家附近经常出现元军的哨骑吗？"卖柴人回答："几天也来不了一次。"文天祥最后问道："今天会有哨骑吗？"卖柴人答道："这得看运气了！"

就这样，文天祥决定跟着卖柴人出发了，可刚一起身清点人数，却发现少了4个人。原来，帐前将官余元庆和仆夫李茂、吴亮、萧发不想去高邮，他们一合计，决定趁天没亮，各自带着藏在每人身上的150两银子离队逃走了，这让文天祥十分痛心。从镇江到扬州，他们跟随文天祥经历了种种磨难，尤其是余元庆，联系逃跑船只的是他，在长江岸边不畏寒冷涉水寻船的是他，这回找到卖柴人当向导的还是他，看来他们确实是对前途失望了，这也没办法，文天祥自己还说不准到底会是什么结局呢。

这4个人的逃走对文天祥的打击非常大，弄得他身心交瘁，就像一个身患重病的老人，每走几十步就气喘不堪，必须停下来休息一会儿，有时候走着走着会跌倒在荒草中，别人把他扶起来，没走几步又会跌倒。如此跌倒爬起，反反复复了几十次，一直走到拂晓才走了15里路，离卖柴人的家差不多还有一半呢。

但天亮了，再走就有危险了，这时他们到了一个叫"桂公塘"的地方，发现半山腰有一个破旧的土围子，为了躲避元兵，

## 第五章 硬气的使者

大家决定进去暂避一下。这个土围子是座房顶坍塌的民居，只剩几堵断墙，里面尽是一堆一堆的牛粪马粪，又脏又臭。众人进入土围后，一个个又累又饿，实在没办法了，只能拿出银子请卖柴的向导进城去买米救命。然后，他们打扫干净一块地方，铺上衣服，或睡或坐，睡得都不踏实，焦急地等待向导回来。

文天祥他们都知道，元兵的惯例是上午派出哨骑巡逻，过了中午就回营了。好不容易挨过中午，大家都高兴地说："今天的这条命算是捡到了！"可话还没说完，突然听到外面人声嘈杂，从墙缝往外偷偷看去，只见数千元军骑兵，正自东向西行军，离土围越来越近。

文天祥等人紧张得心脏都要跳出嗓子眼了，当元军骑兵从土围外经过时，只听见马蹄声、兵器和箭筒的撞击声不断传入耳中。文天祥他们8个人紧紧贴着墙壁蜷缩在一起，当时只要有一个元兵进入土围，他们8个人都会没命！结果这时突然又来了一阵"神风"，天上黑云密布，山色昏暗，电闪雷鸣后风雨大作。元军一看土围也不能避雨，只得快马加鞭，冒雨加速前进。元军去远了，文天祥他们才松了一口气，虽然他们8个人都被淋成了落汤鸡，但也因此又躲过一劫。后来文天祥他们才知道，这支队伍竟然是"保护"祈请使北上的队伍，原本没这么多人，就是因为文天祥逃走，才增加了护送的兵力。真是冤家路窄，却不知他们正在苦苦寻找的文天祥就在与他们一墙之隔的地方。

文天祥他们发现山下不远处有座古庙，里面住着一个年老的女乞丐，庙前有口井，文天祥他们都渴得厉害，便派吕武和邹捷去取水，说不定还能从乞丐那里弄些残羹剩饭充饥。可没想到这段路没走多远，吕武、邹捷却偏偏遇到了元军哨骑，二人被抓住。他俩急中生智，急忙解下腰上所藏的300两银子全部送给元兵，元兵见到银子就把他们放了。等这队元兵哨骑走远后，他俩才敢回到土围，又惊又怕，相对哭泣，但又庆幸都捡回一条命。

卖柴人进城买米，原本约定傍晚就能回来。但由于今天押送祈请使的大队元军经过，扬州城城门紧闭，卖柴人出不了城。天色渐晚，文天祥他们8个人一商量，破庙虽然破，但好歹能遮风挡雨，而且门前还有一口井，于是众人决定下山，今晚到古庙中住宿。

现在8个人个个浑身湿透，满身牛粪泥巴，三分像人七分像鬼，刚来到庙中，就看到外面进来了四五个人，有的手里还提着大木棍。文天祥又紧张起来，难不成刚躲过元军，又碰上了土匪？后来仔细一观察，才知道这些人和他们找的向导一样，都是砍柴卖柴的，准备在这里住一夜，第二天赶早去城里叫卖。他们煮了一锅菜粥，看到文天祥他们饥寒难耐，便分了一些给8个人吃。文天祥他们喝了些热粥，又在篝火旁烤干了被暴雨淋湿的衣

## 第五章 硬气的使者

服,身体才暖和起来,总算休息了一会儿。

文天祥自称刘洙,和樵夫们攀谈一阵,感觉他们都非常质朴善良,便请求他们帮忙带路去高沙,许诺到达后给他们丰厚的报酬,有三名樵夫同意给他们做向导。

他们告诉文天祥,这里不是去高沙的路,应该先去城北的贾家庄暂住一天,他们会帮忙买米买肉,先把肚子填饱了再说,再准备一些干粮,他们还知道哪里能雇到马匹,等准备好了再出发。文天祥非常感动,自己一行人落难至此,身上还带着金银,幸亏遇到的是这些忠厚老实的好人,要是遇到土匪,搞不好不仅财物被劫,恐怕连性命都难保。

三月五日黎明,文天祥一行人跟随樵夫到了贾家庄,樵夫把他们安置在一个和昨天差不多的土围子中。到了中午,三个樵夫买了米、肉回来,大家终于好好饱餐了一顿。到了晚上,樵夫雇了马匹,又雇了3个人,一行人向高沙出发。

可刚启程没多久,忽见迎面有5个骑马的人疾奔而来,自称是扬州的宋军,不分青红皂白上来就要挥刀杀人。文天祥他们赶紧拿出银子买命,那几个比元军还凶恶的宋军才走了。文天祥后来在诗中写道:"金钱买命方无语,何必豺狼骂北人。"

文天祥一行连夜赶了40里路,走到一个叫板桥的地方,忽然发现迷路了。这里四周都是稻田,他们就在田埂间乱转,夜雾弥漫,不辨东西,每个人身上都被露水打湿了,人困马乏。好不容易盼到天亮,正准备找寻道路时,却隐隐约约看到有一队元军骑兵正向着他们奔来。看到路旁有一片竹林,大伙儿都赶紧钻到里面躲避。可是元兵已经发现了他们,不一会儿,20多名骑兵绕着竹林大声呼叫,一看他们不出来,就进入林中搜索。张庆的右眼中了一箭,脖子上被砍了两刀,发髻也被削掉,身上的东西连衣服都被抢走了。王青被五花大绑拉出了竹林,凶多吉少。杜浒和金应也在林中被抓到,他们就用身上所带的金银贿赂元兵,幸好元兵拿了钱就去搜寻别人了。文天祥就躲在离杜浒不远的地方,元兵有三四次从他身旁经过,他随时都有可能被发现。邹捷躺在又密又厚的烂竹枝叶下,虽然没被发现,但他的脚被元兵的马蹄踩伤,流血不止,他强忍着疼痛不敢动一下。只有吕武和夏仲因分散躲在别处,逃过一劫。

  元兵搜索完就走了,但文天祥听说他们想烧了这片竹林,就赶紧跑到对面山上,又躲进一片竹林当中。过了一会儿,吕武前来报告,告诉大家这队骑兵已经跑远了,他们才出来准备继续赶路。结果一清点人数,王青被抓走,他们只剩下7个人,都连吓带累地趴在地上走不动了。雇用的6名樵夫和牵马的,或被元兵捉去,或自己逃走,只剩下两人。这两人经过这场危险,也不想再给文天祥他们当向导了,于是文天祥只好多给他们些银子,让

## 第五章 硬气的使者

他们回去了。

后来文天祥才知道,从高邮运米到扬州,必须经过板桥附近的鲇鱼坝,这队元军哨骑就是派出来拦截宋军粮食的。而鲇鱼坝也是文天祥去高沙的必经之路,如果不是他们碰巧在板桥一带迷路,直接去鲇鱼坝的话,可能一行人一个也跑不了,他庆幸自己又逃过了一死。

经过这一场折腾,文天祥他们每个人都精疲力竭,但还是跌跌撞撞地坚持前行。傍晚时分,他们终于又遇到几个樵夫,文天祥实在走不动了,就拿银子请樵夫帮忙。一个樵夫弄来一个箩筐,系上绳子,让文天祥坐在箩筐里,几个人轮流抬着他走,终于在三月初七日黎明时分到了高邮城西。

走近高邮城,宋军虽然盘查得非常仔细,但看到文天祥坐在箩筐里被人抬着,张庆一身是血,被别人搀扶着,邹捷走路一瘸一拐,认为他们是刚被元兵洗劫过的难民,十分同情他们。城门口的守军也没有怀疑他们是奸细。但是高邮毕竟也收到了李庭芝的通报,说文丞相要来此,命令加强关防。文天祥还是想用刘洙的名字进城看一下,可守军根本不放行,一看这架势,文天祥他们也不敢过多停留,急忙雇了一艘船离开高邮前往海陵(今江苏泰州)。

文天祥坐在船里,惊讶地发现城子河里流尸无数,岸边积尸盈野，一股股腐臭味直让人作呕。一问船工才知道，二月初六日，元军带着南宋奉降表北上的柳岳、洪雷震和大批辎重，在嵇家庄遭到了宋军的迎头痛击，高邮的宋军也赶来支援，一阵猛打后，元军大败，这里就变成现在这个样子。之前那个到伯颜大营痛哭的柳岳被杀，洪雷震被宋军留在高邮。这一仗是元军进入两淮以来，宋军唯一获得的一次大胜。船工说："如果我们大宋的军队都这样英勇，怎么可能亡国、亡天下啊！"

船只向前行驶，四周一片寂静，大家都惴惴不安，生怕元军的哨骑突然出现。结果越是担心越出岔子，这艘船的船舵突然折了，船只不能行驶，好在过了一会儿船舵终于修好，又是一场虚惊。

嵇家庄在高邮东南15里处，靠近城子河，庄人筑起营寨防御元军。嵇家庄的主人嵇耸是个爱国志士，还一直非常敬佩文天祥。当文天祥来到庄上时，他喜不自胜，立即设宴盛情款待，文天祥他们终于睡了一个安稳觉。随后，嵇耸又派他的儿子嵇德润护送文天祥去海陵。

三月十一日，文天祥顺利到达海陵。他打听到海陵距离通州有300里水路，但这中间常有元兵和强盗出没，路上并不安全。他想等几条船聚在一起结伴出发，于是就在海陵城下住了10天。正巧有6名通州的军校经过海陵要回通州，文天祥见他们携刀带

第五章 硬气的使者

箭的就约他们一同出发，这几名军校也见文天祥他们谈吐不俗，就答应同行。

三月二十一日清早，文天祥一行乘船出发。可没想到刚走了10里，就听说有元军骑兵在前面，大伙儿只得又折回海陵，等到晚上才又启程。船行驶一段后靠岸休息，第二天天刚亮，就听从通州来海陵的船上人说：有元军正向这边来！文天祥他们一刻也不敢耽搁，赶紧张帆疾驶，后来听说他们的船刚过海安县（今江苏海安），就有元兵到了海安，要是文天祥他们晚出发一会儿，过海安时就会被元军全部俘虏。文天祥又一次与危险擦肩而过。

海安县东南是如皋（今江苏如皋），如皋有个看守海堤的人叫张阿终，他一见文天祥就认为他不是普通人，他留文天祥一行人在自己家里住了几天，躲过了元军的搜索，然后派两个儿子护送文天祥等人去通州。与海安的经历一样，文天祥他们前脚刚走，当地盘查道路的官吏和士兵后脚就到了。文天祥又一次成功避险。

三月二十四日，文天祥一行人终于到达通州。通州对入城的盘查也极为严格，文天祥还是想隐瞒身份入城，可一连几天都没混进去，如果进不了城就不能走海路南归，再想往前走也没路了，与其这样干耗着还不如放手一搏，文天祥于是向守军亮明了身份，即便被李庭芝杀了他也认了。可命运又一次和文天祥开了

241

一个玩笑，通州的守将杨师亮竟然亲自出郊迎接文天祥入城！

原来，通州也收到了李庭芝的要擒杀文天祥的命令，可几天前杨师亮又得到准确情报：文天祥从镇江逃出，元军专门派出一路人马正到处找他、抓他。所以既然元兵要捉文天祥，就可以说明文天祥不是元朝的奸细。于是，他没有听李庭芝的命令，而是热情地将文天祥一行迎接进城。

经历了千辛万苦，一次次死里逃生，文天祥一行人终于进入通州。这时他容貌大变，人整个瘦了一大圈，头上还多了不少白发，身上长满了虱子。杨师亮周到地将通州最好的住处安排给他们居住，每天盛情款待他们，还为他们准备出海的船只，他们7个人得到了难得的休息机会。可人有旦夕祸福，一直是文天祥左右手的金应却不幸病故了。

金应是文天祥的老乡，与文天祥以笔墨交往20年，他性情刚烈、深明大义。文天祥起兵勤王时，金应就是他的得力助手，被封为承信郎、东南第六正将，驻扎赣州。文天祥出使元营，他那时任江西兵马都监。文天祥被元兵软禁，身边的僚属都散了，可他却不离不弃，跟随文天祥历尽艰险、矢志不渝。到通州安顿下来后，他就因积劳成疾一病不起，药石无医，几天后离世。文天祥伤心欲绝，下葬那天，他写了两首悼诗焚于墓前，并亲手在金应的棺木上钉了7枚小钉和一块木牌作为记号，以便将来取骨归葬庐陵。

在通州这段时间，文天祥得到了两个消息。

一个让他悲痛欲绝：宋恭帝赵㬎和他的母亲全太后被元军押往大都，太皇太后谢道清因为身体原因暂时留在临安。恭帝一行经过瓜洲附近时，李庭芝和姜才率军偷袭，准备夺回恭帝，重建大宋，可惜元军早有防备，李庭芝和姜才无功而返。身为臣子，眼睁睁看着自己的皇帝和太后被元人掳走却束手无策，文天祥悲不自胜。

一个让他重燃希望：虽然恭帝被俘了，但他的两个兄弟益王赵昰和广王赵昺却在临安被占领前成功逃了出来，现在陈宜中、张世杰、陆秀夫等在永嘉（今浙江温州）建立了元帅府，已经发布檄文，号召天下的忠义之士前往永嘉一起复兴大宋。这让文天祥又重新看到了希望，他喜不自胜，决定赶紧出海南归，去追随二王，重举义旗。

文天祥平生写了很多诗，即使在政务繁忙或戎马倥偬之际也会随手记下，这次元营脱险的经历更是让他终生难忘。在通州那段时间，他就把从平江撤防、入卫临安、出使元营、镇江逃离到金应病逝期间写的诗，整理编辑成诗集三卷，并写了自序。后来他又把渡海南归和在福建重举义旗期间写的诗编为第四卷补充进去，又写了后序。文天祥将诗集定名为《指南录》，诗集中的

《扬子江》一诗,既代表他逃离"北营"矢志"南归"的顽强信念,也表达了他会像指南针一样永远指着南方,永远对大宋誓死不渝的决心。录《扬子江》诗如下:

几日随风北海游,回从扬子大江头。

臣心一片磁针石,不指南方不肯休。

# 第六章
# 顽强的抗争

南宋恭帝德祐二年（1276）五月，伯颜带着赵㬎和全太后来到上都。忽必烈没有为难这个只有6岁的孩子，而是给了他一个亡国之君应得的礼遇，他将赵㬎降封为瀛国公，还给他许配了个元朝公主，将俘虏来的南宋宗室都安排在大都居住。也是这个月，五月初一日，7岁的赵昰在福州即位，史称宋端宗，改元景炎。还是这个月，五月二十六日，文天祥终于来到福州，向新皇帝跪拜后，耿直的他拒绝了宰相的任命，也没有与主政的陈宜中冰释前嫌，还得罪了张世杰，于是，文天祥很快又被朝廷"派"了出去。

凛然正气盈天地：文天祥

## 一、开府

德祐二年（1276）闰三月十七日，文天祥一行6人从通州（今属江苏南通）出发，坐的是杨师亮送给他们的一艘海船，去追随赵昰、赵昺二王。

与文天祥同行的还有太监曹镇等的三艘船，海上航行风险很大，不仅有可能遭遇风暴船沉人亡，还可能遇到海贼的袭击随时送命，有船相伴而行也就互相有个照应，安全系数相对高很多。宋代将扬子江口以北的大海称为北洋，以南的称为南洋。文天祥他们本想从通州直接南下到永嘉（今浙江温州），可扬子江口已被元军占领，只能出海兜一个大圈子绕过元朝水军的封锁，虽然绕远但却安全得多。

没想到刚一出发又遇到了小插曲。曹太监的一艘船因为搁浅只能等到第二天涨潮才能出发，可这边潮刚涨起来，那边就看到18艘海船向他们驶来。大伙儿以为是海盗都做好了战斗准备，好在离近了终于看清楚是渔船，原来又是虚惊一场。

三月二十二日，船队驶入大海，这是文天祥第一次坐船出海。看着一望无际的碧波，那独特的辽阔雄浑深邃让文天祥感到从未有过的震撼，胸中的积郁似乎也被海风吹散了。

四月初八日，经过20多天的航行，文天祥终于到达永嘉，

## 第六章　顽强的抗争

此前被遣散的张汴、邹㵯、朱华等闻讯赶紧过来迎接。他们告诉文天祥，现在大元帅府已经迁到福州了，文天祥马上写了一份奏折，差人送往福州大元帅府。主持朝政的陈宜中收到文天祥的奏章后非常重视，马上派人来永嘉与文天祥商议益王赵昰的即位事宜。从这件事可以看出，陈宜中还是想好好经营与文天祥的关系的。

在永嘉虽然没有见到二王，但时隔两个月，终于和朝廷取得了联系，这让文天祥兴奋不已，他全力支持益王即位，并表示，自己留在永嘉待命，同时积极开展募兵勤王活动以随时响应国家的召唤。

五月初一日，陈宜中、张世杰等在福州奉益王赵昰为帝，福州新朝廷的人事设置主要是：赵昰的生母杨淑妃被封为皇太后，垂帘听政；广王赵昺晋封为卫王；陈宜中为左丞相兼枢密使、都督诸路军马；李庭芝为右丞相；张世杰为枢密副使；陆秀夫为端明殿学士、签书枢密院事；江万里的弟弟江万载为殿前司都指挥使、摄行军中事；苏轼的后裔苏刘义为检校少保、殿前司司马。同时升福州府为福安府，改元景炎。

新朝廷授予文天祥观文殿学士侍读的身份召他去福安，五月二十六日，文天祥终于来到福安。到达福安后，由于右丞相李庭芝仍在扬州固守，所以朝廷便任命文天祥为通议大夫、右丞相、枢密使、都督诸路军马，任命的诏书由文天祥的同榜"同学"陆秀夫亲自起草。

陆秀夫在诏书中夸赞文天祥不仅文武全才，而且一身正气、铮铮铁骨、临危不乱，是国家的股肱之臣，又说他九死一生从元营中脱险，历尽千辛万苦终于来到福安，极大鼓舞了朝廷上下的士气，坚定了大家复兴大宋的信心，因此他是担任右丞相的最好人选。从陆秀夫对他的评价可以看出，当时文天祥的归朝不仅使他的声望得到极大提高，更是给朝廷打了一针强心剂。

当时朝廷里主政的是陈宜中，文天祥能得到这样的任命，再次说明陈宜中确想与文天祥重归于好，才向他抛出橄榄枝，希望与他一起经营这个小朝廷，毕竟在这样的烂摊子下，一起抵御大元才是正事儿。

可文天祥根本就不领陈宜中这个情，他先是拒绝了右丞相的任命，然后见面就问陈宜中："为什么临安陷落前没带赵㬎和全太后一起跑出来？"前面介绍过，这事儿还真不怪人家陈宜中，本来他们已经决定迁都一起走了，但出发前出了岔子，最后谢道清一生气不走了。面对这样的责问，陈宜中总不能把责任推给太皇太后吧，所以只能闭口不言。在接下来的一段日子里，文天祥还是多次批评陈宜中，要么说他怯懦逃跑，要么说他把朝廷搞得纲纪不立、权臣外戚专权，把陈宜中气得七窍生烟，但考虑到文

## 第六章 顽强的抗争

天祥目前的声望，陈宜中决定先忍耐一下。

紧接着，文天祥将炮口对准了张世杰，他问张世杰目前还有多少兵马，张世杰老实回答："我手里只剩下本部的兵马，朝廷的军队都被打散了。"文天祥痛心地说道："您的本部军队在这里，可朝廷的大军却在哪里啊？"张世杰一听也不高兴了。在后来召开的几次军事会议上，文天祥不止一次当面指责张世杰不会打仗、瞎指挥，两人的关系也是越来越恶化。

文天祥和陈宜中、张世杰的关系不好，而新朝廷中其他大臣的关系也不怎么样。陆秀夫也是一个宁折不弯的性子，什么事儿都特别较真儿，所以也没少得罪陈宜中，气得陈宜中想让御史弹劾他，把他赶出朝廷。这时候张世杰说话了："现在都什么局势了，怎么还动不动就让御史去弹劾大臣啊！"陈宜中忌惮张世杰手中的兵马，此事只得作罢，但与陆秀夫的矛盾也越来越深。张世杰与苏刘义也不和。苏刘义以前是京湖战区的将领，尤其在建立新朝廷上立了大功，又跟张世杰一样都有兵权，一山不容二虎，两人龃龉不断，苏刘义每天郁郁不得志。而从常州浴血突围出来的刘师勇看到朝廷这个样子，深感大势无可挽回，每天酗酒，不久忧愤而死。

这就是当时朝廷几位主政大臣的关系，基本乱成了一锅粥，朝廷名义上的最高领导杨太后是一个老实本分的女人，与群臣讲话时还自称"奴家"，根本压不住这帮大臣。陆秀夫痛心小朝廷竟落得如此局面，虽然每次朝会都拿着笏板俨然肃立，私下里却常常流泪，他总是随手以朝衣擦眼泪，后来擦得衣角袖口上尽是泪痕，见者无不动容。

最后，还是文天祥先想明白了，与其在这里天天怄气打嘴仗，还不如出去募兵抗元干点实事儿，于是他向朝廷上书请求去永嘉募兵。朝廷先是否定了他的请求，然后又经过几番争论，终于决定任命他为枢密使、同都督诸路军马，在南剑州（今福建南平）开府，并经略江西。

南剑州位于福建北部，背靠武夷山脉，地势险要，素有"八闽屏障"之称，因传说"干将莫邪"在此"双剑化龙"而得名剑州，后来为了和四川的剑州区别，就改名南剑州。

七月十三日，文天祥到达南剑州，建立同督府，开始募兵，号召天下义士都来勤王，为攻取江西做准备。与上次在赣州毁家纾难、白手起家不同，这次是朝廷出钱招兵买马，所以规模和声势都比上次要大得多，再加上文天祥此时的声望，一时之间很多名士都聚集到文天祥的幕府中。除了一直跟随他的杜浒、吕武等之外，主要有下列人物：

巩信，荆湖老将，有勇有谋，原是苏刘义部下，文天祥在南剑州开府，他奉朝廷的命令率军随府，任都统制、江西招谕使。

## 第六章 顽强的抗争

赵时赏，大宋宗室，当年任知县的时候就因抗元有功，升为军器太监。其人"神采明隽，议论慷慨"，文天祥此次奏辟他为参议军事、江西招讨副使，随府典兵，也是独当一面的人物。

缪朝宗，江淮人，之前在平江时就跟随过文天祥，听说文天祥南归到福安的消息后，他立刻赶过来继续跟随。缪朝宗为人精明干练，孜孜奉公，文天祥将管理军事器械的工作交给了他。

徐榛，永嘉人，他因去看望在湖北当官的父亲，中途迷路，正好听说文天祥开府，就直接过来投奔。文天祥见这个年轻人精练勤勉，就让他替代已故的金应，在自己身边负责文案、保密等工作。

林琦，福建人，既有文采，又能带兵，年初元兵包围临安时，他在赭山（今浙江萧山东北）募集忠义之士千人在海上抗元，因而得官。文天祥欣赏他的忠义，这次开府专门把他要了过来。

还有文天祥少年时的老师曾凤。曾老师这些年一直关注着他的这位得意弟子，听说他在南剑州开府，立刻过来投奔。文天祥以师道尊之，不敢把他看作属吏。

还有他的同科进士陈龙复，曾历任州县官，以清俭著名，这位陈老先生虽然已经71岁，但工作起来一点儿不比年轻人差，他的老成持重赢得了整个幕府的尊重。

还有他的表弟曾良孺、曾明孺兄弟俩。曾良孺当过县令，后为兵部架阁。曾明孺在13岁时考进士没考上，就开始学习骑马射箭，他智勇过人，文天祥把他比作唐朝的名将尉迟敬德，现在的官职也是兵部架阁。

还有一大批本地有才学的忠义之士，如谢杞是太学名士，许由、李幼节都是进士及第，吴文炳、林栋都是福建著名文人。尤其是谢翱，这位后来宋末遗民诗人的代表，当时虽然年轻，却有勇气效仿文天祥，倾尽家产招募乡兵数百人，到南剑州投奔文天祥，被任命为谘议参军。

文天祥一面在南剑州开府招募人才，准备攻取江西，一面派吕武去江淮一带、派杜浒去永嘉一带活动和联络，以便发动两淮和浙东地区的抗元斗争。

除了前面讲到的嵇家庄的庄主嵇耸外，文天祥还在台州的城门镇结识了豪杰张和孙。张和孙是宋初名将张永德的后裔，再加上他为人正直、清操自守，在当地非常有名望和号召力。张和孙和文天祥相谈甚欢，文天祥邀他同举义旗，张和孙慨然允诺，随后他招募乡勇，打造海船，结交附近的英雄豪杰，随时准备追随文天祥起兵勤王。

还有黄岩县（今属浙江台州）的爱国志士牟大昌，文天祥在永嘉时曾多次拜访，牟大昌被他的忠义精神所感动。杜浒返回永嘉时又找到牟大昌，举荐牟大昌和他的侄子牟天与为正副将军。

## 第六章 顽强的抗争

## 二、苦撑

文天祥建立了同督府军,抗元的大旗又重新立了起来,但此时全国形势却让他忧心忡忡:元军步步紧逼,宋朝官员纷纷投降,一座座城池沦陷,新朝廷也岌岌可危。但让文天祥倍感欣慰的是,尽管南宋这艘大船已经倾覆在即,但与他一样苦苦支撑的忠义之士也比比皆是,他们共同谱写了宋末的悲壮篇章。

先说扬州。此时扬州城的有生力量已经达到了极限,尤其是夏贵以淮西降元后,扬州彻底变成了一座孤城,没有补给、没有援军。城中的食物早已吃光,满大街都是死人。到了德祐二年(1276)的二月,扬州一带饥荒更甚,每天都有人因为实在忍受不了饥饿爬上城濠跳水自杀,路上如果有个死人,其他人就像疯了一样争相割他的肉吃,一会儿就吃完了,甚至还出现当兵的煮自己儿子的肉来吃的。就是这样,李庭芝和姜才还是不投降!

这期间,元朝以谢道清和小皇帝赵㬎的名义来让李庭芝投降。李庭芝登上城墙向外喊道:"我奉诏令守城,没有听说有诏谕投降的。"后来听说押送赵㬎和全太后的队伍经过瓜洲,李庭芝与姜才流泪发誓要把他们从元军手中救回来。他们率领4万大军趁夜色进攻瓜洲,在长江岸边苦战近两个时辰,由于伯颜和阿术早有防备,加之力量悬殊,李庭芝和姜才功亏一篑,损兵折将,只好又退回扬州城死守。

三月,阿术让淮西的降兵到扬州城下集结,以瓦解李庭芝的斗志。看着城下密密麻麻的都是元军,就连李庭芝的幕僚中也有人用语言来试探李庭芝。李庭芝还是不为所动,只是平静地说:"我只有一死而已!"阿术派使者拿着诏令来招降,李庭芝先打开城门让他进来,然后二话不说,就把使者砍了,还把诏令拿到城头,当着阿术的面给烧了。

到了七月,姜才率兵5000人保护从高邮运来的粮食,元将史弼领兵来夺,被姜才打败,阿术派兵来救,打败姜才,杀死宋军数千背米的士兵。阿术敬佩李庭芝和姜才的忠义,就向朝廷请求赦免了李庭芝焚烧诏令之罪,只要他投降,什么条件都可以谈,李庭芝还是不接受。这时,小朝廷派人来到扬州,以少保、左丞相的职务召李庭芝去福安。李庭芝权衡利弊之下,命淮东制置副使朱焕驻守扬州,自己与姜才率兵7000人赶往泰州(今江苏泰州),想从海上寻找机会突围。

不料李庭芝前脚刚走,朱焕后脚就打开城门投降了。阿术立即派兵追击李庭芝,追上后杀死宋军千余人。李庭芝败入泰州,阿术率军将泰州围了起来,并驱赶李庭芝的卫士、妻子儿女到泰州城下。当时正赶上姜才后背疽疮发作,不能打仗,泰州的裨将孙贵等打开城门引元兵入城。李庭芝一看大势已去,就跳莲池自

第六章　顽强的抗争

杀，结果因为水浅没有死成，与姜才一起被俘至扬州。

阿术责问李庭芝为什么不降，姜才大声说："不投降的是我！"并大骂旁边的夏贵："看到我你不觉得羞愧吗？"阿术命令凌迟处死姜才，姜才至死骂不绝口。八月，元军又攻真州，苗再成率军死战，最终城破殉国。李庭芝也拒绝了阿术最后的劝降，行刑那天，扬州民众都伤心落泪，满城呜咽。他死后，其他几个城市全部投降，至此两淮完全被元军占领。

这里说一下在通州时曾经盛情款待文天祥的杨师亮。杨师亮曾经对文天祥表示，他想要筹集海船数百艘，拥兵勤王。文天祥听后十分高兴，一到永嘉（今浙江温州）就向小朝廷报告了这件事，可谁知陈宜中不相信杨师亮，他只是派了一个叫毛浚的人去通州看一下情况。杨师亮见来人没有带文天祥的文书，也没有任何支持和鼓励的举动，就了解到朝廷不接纳自己的建议，勃然大怒，差点儿杀掉毛浚。七月，杨师亮一看扬州城破，自己孤军坚持也没什么意义，就投降了元军。

再说说江西。南宋名将吕文德的儿子吕师夔降元后，率军在江西一路攻城略地，除了在进贤坪与密佑大打了一仗外，基本没有遇到什么有组织的抵抗，直到他在信州（今江西上饶）遇到了他的老朋友谢枋得。

前面介绍过，谢枋得与文天祥同一年参加殿试，而且在考试

255

环节，他的卷子被主考官王应麟定为第一名，文天祥才第七名，最后是因为宋理宗认为谢枋得"太敢"说话了，才把状元给了文天祥。

谢枋得，字君直，自幼就天分极高，读书不仅能一目五行，更神的是还能过目不忘，以至于无书不读、知识渊博。谢枋得性子直爽，嫉恶如仇，胸怀大志，一与别人讨论古今兴亡之事，总是情不自禁地又蹦又跳，以忠义为己任。谢枋得长得也很有特点，他左目重瞳，脑壳隆起，大口长须，身材矮小。从现代医学的角度讲，重瞳就是一个眼睛里有两个瞳孔，又叫对子眼，是早期白内障的症状，但古人认为长有重瞳的人一般不是皇帝就是圣人，至少注定不是平常人，谢枋得的确如此。

谢枋得和吕师夔是好朋友，吕文焕降元后，朝廷上下都不信任吕师夔，可谢枋得却认为吕师夔和他叔叔不一样，并以一族人的性命担保吕师夔可以信任。朝廷于是将战略要地九江交给了他，可后面的事实证明谢枋得看走了眼，他的好朋友在吕文焕率军到来时直接开城投降了。

德祐元年（1275）年底，谢枋得被任命为江东提刑兼信州知州。此时的信州与潭州情况差不多，也没有什么军队，谢枋得就从民间招募起一支勤王义军，还有一些溃兵听到消息后前来投奔。这支军队既缺乏训练，也没有朝廷的支持，但他们有的是一

## 第六章 顽强的抗争

颗颗忠义爱国、誓死抗元的坚定决心。第二年大年初一，吕师夔率领的元军来到信州附近，谢枋得带兵迎敌，他命前锋高呼："谢提刑来也！"吕师夔对这位老朋友心怀愧疚，也清楚以他的性格肯定不会投降，于是派骑兵跑到谢枋得军前，用箭射谢枋得，箭头一直射到马前，希望能把他吓走。谢枋得丝毫不惧，亲自指挥部队奋勇迎战，结果还是寡不敌众失败了，谢枋得退守安仁（今江西余江）。

在安仁，谢枋得会合部将张孝忠又与元军展开了一场血战。张孝忠挥舞双刀，身先士卒，左冲右突，一口气杀死100多人，最后力竭殉国。元兵打扫战场时，只见张孝忠怒睁双眼，半跪半卧在众尸之中，不禁跪拜并由衷赞道："真壮士也！"谢枋得率残部撤离，准备伺机再起。

到了七月，谢枋得率兵进攻铅山（今江西铅山），却因约好的援兵未至又遭惨败。为躲避元军的追捕，谢枋得被迫隐姓埋名，长期流亡在建阳（今属福建南平）一带的穷山野岭之间，每天穿着麻衣草鞋，面向东方痛哭，悼念自己的国家，誓死不投降元朝，靠卖卜教书度日，生活十分困苦。

元朝平定天下后，元世祖忽必烈广泛搜揽天下人才，谢枋得名列榜首。鉴于他的文名和威望，元廷三番五次派人劝降，但都被他严词拒绝，最后他被强行北上大都。当时，被俘7年的谢

257

道清已经逝世，享年 74 岁。为了能拜谒谢道清墓和面见宋恭帝，谢枋得每天只吃少量的蔬菜水果以维持生命，到大都时，他已经形容枯槁，一进城就问谢道清墓和宋恭帝所在的方向，恸哭跪拜后开始绝食。在元为官的留梦炎派大夫拿了混有米饭的药汤让他喝，他怒骂着将药罐摔在地上，5 天后为国尽节，将他对大宋的忠诚保持到了最后。

让人肃然起敬的是，在这场抗元战争中，谢枋得一家满门忠烈以死殉国。前文说到元军进攻富阳（今属浙江杭州）时，富阳县尉谢徽明就是谢枋得的伯父，八十几岁高龄战死沙场，谢徽明的两个儿子谢君恩、谢君赐也一同阵亡。谢枋得的兄长江州（今江西九江）太守谢君禹抗元被俘，坚贞不屈，被元军杀害；谢枋得的两个弟弟谢君烈、谢君泽都为国死难；谢枋得的妻子李氏被元兵囚于建康，自缢于狱中，与李氏一同被囚的还有其次女和两个婢女，也都保节自缢；长女谢葵英已经出嫁，早寡无子，得知父母双亡，遂变卖全部家产为乡人建造石桥，桥成，葵英与两个婢女也都投水而死，乡人感其忠魂烈魄，名其桥曰"孝烈桥"。

在谢枋得兵败铅山的同时，原来文天祥义军的部将张云在吉州也遭失败。义军在临安被遣散后，张云率部回到老家吉州，此时的吉州已经投降，张云就想把吉州再夺回来。他率部夜袭元营，杀敌数百，正要发炮攻城时，元军的增援部队赶到，义军前后受

## 第六章 顽强的抗争

敌。这场突袭战从晚上一直打到天亮，义军人困马乏，因口渴到江边喝水，这时元军杀到，张云和他的很多部下都溺水而死。

自义军被遣散后，陈继周回到老家，准备伺机再举，无奈八月遭元兵袭击，被俘殉国。

而作为江西制置使的黄万石却坐视江西被元军攻占，自己也于第二年降元。以前黄万石的帐前都统米立兵败被俘后，誓死不降，元军爱惜他是个人才，就没杀他，只是将他关了起来。黄万石投降后，元兵便派他劝米立投降。黄万石厚颜无耻地对米立说："我是国家重臣，朝廷封我的官衔一张牙牌都写不全，我今天都投降了，你米立一个小官还有什么不投降的理由吗？"米立傲然道："我米立虽然只是一个无名小卒，但我米家三世食大宋俸禄，大宋亡了，我又怎能再活着！"最终不屈殉国。

与江西相邻的广东，东莞人熊飞起兵勤王，为朝廷守卫潮州、惠州，并率兵收复了韶州（广东韶关）。德祐二年（1276）十月，吕师夔领兵翻越梅岭（今江西大庾岭），即将进入广东。守将熊飞、曾逢龙在南雄州（今广东南雄）阻击元兵。一场血战后，曾逢龙阵亡，熊飞撤回韶州。元军随后包围韶州，韶州守将刘自立开城降元，熊飞率兵巷战，不屈殉国。

还有音信隔绝的四川，成都安抚使昝万寿在咸淳八年（1272）年底大败元军于成都，此后又多次力保成都不失并收复周边失地,坚持了三年后还是兵败降元。合州守将张珏当年曾以副将的身份和主将王坚一起竭力守卫钓鱼城,在王坚被贾似道调出四川后,接替了王坚的工作,带领兵民开荒种田,恢复生产,使得公私皆足。后来,元军采用刘整的计策,想在嘉陵江上游的三江口筑城,以攻取合州,张珏抓住战机、不等不靠,派奇兵从后路偷袭元军,还烧了元军的船只和筑城器材。张珏守合州期间,要求"士卒必练,器械必精",同时他还赏罚分明,即便身份最低的奴隶立了功也有赏赐,即便自己的亲戚犯了法也会被惩罚,所以人人用命,他被称为"四川虓将"。

到了德祐二年(1276),伯颜让谢道清谕令天下军民降元。然而,由于交通不便,四川军民还不知道南宋朝廷已经投降了元朝,更不知道在福安南宋又建立了一个小朝廷,只是继续与重兵压境的元军作战,保卫自己的家园。第二年,张珏出兵大败元军,收复了被元军占领的重庆、泸州、涪州等地。后来得知小朝廷建立的消息后,张珏立即派人出川去联系小朝廷,但兵荒马乱的也没有什么结果。

南宋祥兴元年(1278),元军向四川增兵。负责攻取四川的主帅汪良臣率军包围重庆,有一次在与张珏的鏖战中身中四箭依然不退。被围一段日子后,重庆粮尽,张珏的部将赵安打开了城门,张珏率兵巷战不支,回去准备喝鸩酒殉国,但他身边的人把毒酒藏了起来，用预先准备好的小船载着他和他的妻子儿女逃往涪州。张珏在船上愤恨交加，抡起斧头准备砍漏船底沉船殉国，但斧头被船夫夺过丢入江中，张珏走到船边想投水自尽，又被家人死死拉住，终究没在江上死成。第二天，元军追到涪州，张珏被俘。元军决定将他押往大都，经过安西（今陕西西安东北）时，他的朋友对他说："您为大宋尽忠一辈子，现在到了这个地步，苟活下去又有什么意义呢？"张珏听后心中戚戚，趁看守的元军不注意解下一根弓弦，自缢殉国。

文天祥得知后感慨万千，写下《张制置珏第五十一》诗：

气敌万人将，独在天一隅。
向使国不亡，功业竟何如。

又过了一年，钓鱼城王立出降，四川全部被元朝占领。

咱们再把视线投向在南剑州开府的文天祥身上。正当文天祥雄心勃勃准备和元军大干一场时，朝廷的命令又到了，命他移驻汀州（今福建长汀），这又是怎么一回事呢？

## 三、转机

汀州位于武夷山脉南麓，南与广东相邻，西与江西接壤，有

"福建西大门"之称,也是著名的"客家首府"。

南宋景炎元年(1276)十一月,文天祥率部到达汀州。

刚到汀州,他少年时期的发小、原来义军中的核心将领刘沐率领一支义军风尘仆仆地赶过来与他会合。老友重逢,文天祥悲喜交加,十分感慨。

原来,文天祥的义军在临安被遣散后,刘沐回到老家庐陵,一听文天祥又在南剑州开府,他马上召集以前的义军旧部赶来投效,等他们风尘仆仆赶过来时,文天祥已经到了汀州。刘沐沉稳有谋,办事能力强,江西的忠义之士都听他的号召,与他同来的还有萧明哲、陈子敬等义士。于是,文天祥便让刘沐专领一军,任命他为自己的督帐亲卫,刘沐日夜帮助文天祥处理军中事务,重新成为他最亲密可靠的战友。

文天祥在汀州安顿好后,立即准备收复江西。他派赵时赏领军去与邹沨、刘钦会合,计划收复宁都(今江西宁都),派参赞吴浚领军攻取雩都(今江西于都),兵锋直指赣州,派武冈军教授罗开礼筹备夺取吉州永丰县,希望能够通过主动出击的方式扭转江西被动挨打的局面。

但就在同月,元军也对福安的小朝廷发起了进攻。元军主将阿剌罕、董文炳率部攻占建宁府(今福建建瓯)、邵武军(今福建邵武),还有文天祥之前开府的南剑州。南剑州知州王积翁虽

## 第六章 顽强的抗争

是一位能臣，但此时对小朝廷心灰意冷，弃城而逃。

小朝廷里的陈宜中和张世杰坐不住了。按照文天祥的记述，当时的福安还有宋军17万、民兵30万，其中战斗力强的淮军就有1万多人，完全可以与元军决一死战。但他们没有考虑怎么守住福安，而是立即准备海船，带着赵昰、赵昺、杨太后等逃到海上避难。出发不久，他们就在海上遇到了元军水师，多亏当时大雾弥漫才没有被发现。

没过几天，王积翁逃到福安，与福安知府王刚中一起投降了元军。这次逃跑造成的影响极坏，严重打击了各地抵抗元军的信心和决心。

陈宜中、张世杰等带着小皇帝来到泉州，船队在港口停泊补充给养，泉州招抚使蒲寿庚前来觐见皇帝。蒲寿庚的祖先是西域人，很可能是阿拉伯人，至蒲寿庚父亲时，蒲家由广州移居泉州。宋理宗淳祐十年（1250），蒲寿庚因与其兄寿宬击退海盗有功，被朝廷任命主管泉州市舶司，此后30年他都负责泉州的对外贸易，在当地富可敌国、称霸一方。

蒲寿庚请小皇帝留在泉州，但张世杰不许。当时朝廷有人看出蒲寿庚的异志，就劝张世杰在蒲寿庚上船面见小皇帝时把他扣押下来，因为张世杰本来想把蒲寿庚所有的船只都收归朝廷，而扣押下蒲寿庚后，由不得他不听话，他的船队自然都会跟着朝廷

263

走。可刚愎自用的张世杰并未听取意见，在蒲寿庚给小皇帝磕完头后就把他放了回去。

不久，小朝廷舟船不足，张世杰就命自己的部队抢夺了蒲寿庚的海船2000多艘，并以朝廷的名义没收了他的全部货物。此时的蒲寿庚原本举棋不定，张世杰的这记昏招推促蒲寿庚做出了最终选择，愤怒的他竟把流亡到泉州的千余赵宋宗室、士大夫和淮军全部杀死。十二月，蒲寿庚与泉州知府田子真一起降元。忽必烈不战而得到一座东方大港，欣喜若狂，而亦官亦商的蒲寿庚也从此铁了心为元朝卖命。

在广州，守将赵溍将工作交给方兴后弃城而逃。随后，文天祥江西义军中的老部下方兴也逃走了。

闽北各地也是望风而降，只有兴化军（今福建莆田）知军陈文龙仍在为大宋守城。降元的王刚中派使者来兴化军劝降，陈文龙杀掉使者并怒斥王刚中负国。当时兴化军城内的官兵不足1000人，但在陈文龙的领导下同仇敌忾，元军攻了几次竟然没打下来，又派陈文龙的亲家拿着书信继续劝降，陈文龙这次更是不讲情面，杀了亲家，烧了书信，誓死不降。随后，陈文龙派部将林华出城侦察，林华一出去就反了，带着元兵进入城内。陈文龙不幸被俘，元军劝降不成将他送往临安，路上，陈文龙绝食殉国。

此时在汀州的文天祥形势也不乐观，他本想在汀州与元军决

## 第六章　顽强的抗争

一死战,但发现汀州的守将黄去疾在听说朝廷逃到海上后,表现异常,怎么看都像要举兵叛变。而文天祥的同督府军主力都已派出去准备收复江西,留在身边的部队不多,加之他们刚到汀州,立足未稳,所以文天祥权衡利弊后,带兵离开了汀州,将他的同督府迁到漳州(今福建漳州)。

与文天祥预料的一样,同督府军刚一离开汀州,黄去疾就投降了,与他一同投降的还有此前被文天祥派去攻取零都的参赞吴浚。

事发突然,文天祥的老师曾凤这时正在梅州(今广东梅州)任通判,听说文天祥离开汀州,元军大兵压境,他就弃官带着家眷离开梅州去追文天祥,可惜还没追上就不幸病故。

领军在宁都的赵时赏听说同督府离开汀州,担心自己孤军深入,万一与文天祥失去联系就有全军覆没的危险,于是带兵撤回福建,在中途追上了文天祥。而与赵时赏同在宁都的邹㴬、刘钦却出了意外,邹㴬被元军擒获,他骗元军说自己是一个算卦的而侥幸脱险,刘钦却死于乱军之中。

此时,整个福建除了漳州之外基本都被元军占领。

之前派出去的吕武、杜浒等听到消息后也都赶回漳州,他们在江淮、浙东地区联络的义军也纷纷失败。

在浙东联络的张和孙虽然没有直接带兵到福建加入文天祥的

同督府军，但他也用自己一族的生命捍卫了祖先的荣光。张和孙带领义军在海上与元军展开了激烈的战斗，他们拼尽全力、奋勇抵抗，血水染红了海面，终因势单力孤归于失败。张和孙因战船被炸裂落水被俘。元军许以高官厚禄，被张和孙严词拒绝。元兵不仅杀了张和孙，还决定屠杀他的整个家族，有人得到消息后告诉张和孙的儿子，劝他跑到海岛上逃生，他说："哪有父亲为国尽忠而死，儿子却苟活在世上的道理呢！"遂也被元军杀害。

还有牟大昌，这年十一月，元军向永嘉推进，牟大昌率数百乡勇扼守黄土岭，并在自己的旗帜上题了一首诗："大宋忠臣牟大昌，义兵今起应天祥。赤城虽已降为虏，黄山不愿为之氓。"牟大昌手执大刀与元军血战，终因众寡悬殊全军覆没，牟氏叔侄与数百义军全部阵亡，牟氏宗族被元军杀害无数。

文天祥刚到漳州不久，元军就派吴浚来劝降。关于这个委派实在让人无语，虽说两国交兵不斩来使，但吴浚以前是文天祥的部下，文天祥早就恨他入骨，果然，文天祥一看到吴浚，直接将他带到军前处死，用以鼓舞士气。

随后，文天祥被扣留元营时的"馆伴"唆都又命降将李珏、王积翁给他写信，这次文天祥很礼貌地给唆都回了封信，既坚定回绝了唆都的劝降，又回顾了他们去年在元营共处的日子，信的结尾用了两遍"永诀"二字，表达了他战斗到底的决心。

## 第六章 顽强的抗争

正当元军在福建和广东节节胜利、全面推进的时候,东北方向的高丽发生了叛乱,忽必烈命阿术从前线调回1万精兵平叛。同时,大元帝国内部又发生内讧,忽必烈急命伯颜率大军讨伐,还将南征的重要将领全部调回,并亲自到上都指挥作战,一下子减弱了对南宋小朝廷的攻势。

文天祥抓住战机,于景炎二年(1277)三月迅速出兵占领了梅州。也是这个月,陈义龙的侄子陈瓒也起兵抗元,杀死守将收复了兴化军,完成了陈文龙的遗愿。

文天祥进入梅州后不久,他的弟弟文璧带了母亲曾德慈、三弟文璋、妹妹文淑孙以及他的妻子儿女们前来团聚。自文天祥从赣州入卫临安开始,已有两年多没看到母亲和家人,现在终于欢聚了,文天祥回想起这段时间自己的遭遇,真是悲喜交加、恍若隔世。

文天祥的二弟文璧这些年官声始终不错,后来文天祥在赣州起兵时,特意把他要过来给自己帮忙,和金应一起主管文书、保密等工作。后来他们的祖母刘氏去世,朝廷又急着让文天祥率义军移驻隆兴府,文天祥就让文璧带着一家护送祖母的灵柩回老家安葬。三弟文璋也曾在赣州随文天祥起兵勤王,主要做一些文字方面的工作。文璧和文璋听说文天祥回到福安后,就准备过来团聚,结果一直兵荒马乱地辗转多地,直到现在终于在梅州团聚

267

了。

前面介绍过,文天祥的妻子欧阳氏和妾颜氏、黄氏一共生有二子六女:长子道生、次子佛生,女儿定娘、柳娘、环娘、监娘、奉娘、寿娘。文天祥又见到孩子,高兴得眼泪直流,可又一看,大女儿定娘和小女儿寿娘不见了,一问才知道,去年当他们走到惠州(今广东惠州)时,两个女儿因为劳累和疾病一病不起,不久相继亡故。文天祥悲痛欲绝,又感到无比愧疚,他写了一首题为《二女第一百五十》的诗,记下了当时的心情:

痴女饥咬我,郁没一悲魂。

不得收骨肉,痛哭苍烟根。

经历了家庭团聚之乐和丧女之痛后,文天祥继续回到工作中。他清楚地知道现在的战机稍纵即逝,如果不趁着现在招兵买马、收复失地,不断壮大抗元武装的话,等到忽必烈处理完北边的事情后挥师南下,一切就都晚了。

四月,文天祥厉兵秣马,准备向赣南进军。江西是他的故乡,尤其是赣州、吉州等地更是他的大本营,文天祥在这里有着极高的威望。而且江西南部多是山川河流,不利于元军骑兵作战,文天祥的同督府军却在这里占有地利之便,所以,宋军要想取得胜利，只有在江西才有希望。这时他的部将中都统钱汉英、王福二人飞扬跋扈、不听指挥，而且屡教不改。出兵在即，部队中怎么能容得下这种害群之马，于是文天祥当机立断，在军前宣布这二人的罪状后，斩了他们以明军纪，部队士气整体提升。

五月，文天祥在梅州誓师，并向天下发出抗元檄文，拉开了收复江西的大幕。随即他率军出兵北上进入赣南，吉州、赣州的抗元力量闻讯都来会合，同督府军很快就占领了会昌县（今江西会昌）。

六月，同督府军在雩都再次取得大捷，并乘胜收复兴国县（今江西兴国），兴国人钟绍安散尽家财招募义兵800余人加入同督府军。文天祥为靠前指挥，将他的同督府移到兴国。

就在文天祥准备带着他的同督府军大干一场的时候，发生了一件让他悲痛欲绝的事情——吕武被冤杀了。前面讲过，吕武是随文天祥逃离元营的功臣，文天祥开府南剑州时派他去江淮联络义士共同抗元，文天祥在汀州、梅州时他又历尽艰险回到文天祥身边，之后他还曾孤身一人到强盗的山寨，说服他们共同抗元。吕武有胆有识，是文天祥最为倚重的部下，可当他率领数千人进军江西时，却因为"无礼于士大夫"被杀害了。也许是为了顾全当时的大局，文天祥并未详说吕武的死因，只说他是冤死的，得知消息后全军痛哭。

七月，文天祥在兴国作出重要部署，他派同督府参谋张汴及赵时赏、赵孟溁率主力攻打赣州，派招谕使邹洬率赣县义兵攻打永丰、吉水，派招谕副使黎贵达率吉州义兵攻打泰和。由于赣州城防坚固，驻军较多，张汴等人没有打下来。虽然主力部队进攻受挫，但派出去的其他部队却纷纷告捷，一下子在江西打开了局面。

邹洬顺利攻下吉水后，又与之前被文天祥派到永丰的原武冈军教授罗开礼里应外合，收复了永丰。文天祥的大妹夫孙桌在吉州龙泉县起兵响应，文天祥的妹妹文懿孙把自己所有的首饰都拿出来支持丈夫抗元，龙泉县被收复，孙桌被任命为知县。文天祥的二妹夫彭震龙也在吉州永新县起兵响应，他联络豪杰，与萧敬夫、萧焘夫、张履翁、颜思理等歃血为盟，率义军收复了永新县城。在吉州万安县，有一个和尚也响应文天祥起兵勤王，他的义军取名"降魔军"，帮助文天祥的同督府军将领萧明哲收复了万安县城，他还拒绝了所有封赏和任命，表示自己"时危聊作将，事定复为僧"，只是在国家危难的时候尽了一名百姓的责任而已。

在吉州泰和县，有个叫刘士昭的裁缝，与同乡密谋收复泰和，可惜事泄被捕，他咬破手指在白布上写道："生为宋民，死为宋鬼。赤心报国，一死而已！"随后自杀殉国。泰和县还有一位叫胡文可的豪杰之士，他散尽家财招募义勇，响应文天祥，被

## 第六章 顽强的抗争

任命为都巡，文天祥称赞他有"忠肝义膂"。此时，吉州下辖的吉水、永丰、万安、永新、龙泉等县都被收复，8个县一下打下了5个。

在吉州西面的袁州（今江西宜春），文天祥之前曾派刘伯文带着文书去招募义兵，可惜刘伯文的仆从酒后泄密，刘伯文被元军将领来万户杀害。此时，袁州下辖的萍乡县被吴希奭、陈子全等率义军收复，还斩了来这里镇压义军的来万户，也算为刘伯文报了仇。

在南安县（今江西大余），当地豪杰李梓发等共同推举前南安县尉叶茂为知县，坚守县城，元军数次进攻都被打败。景炎元年（1276）年底，元丞相塔出与张弘范、吕师夔率元兵1万多人，重重包围了南安县城。南安虽然城小墙低，但李梓发等随机应变，白天拼死守城，晚上率军出去偷袭元营，把元军折腾得寝食难安。塔出对张弘范、吕师夔说："城子如堞大，人心乃尔硬耶！"于是他们改变策略，到城下劝降，李梓发等大骂元兵，发炮差点儿打中塔出。塔出大怒，指挥元军继续攻城，又打了35天，付出了惨重的伤亡代价，可就是攻不下南安县。到了第二年二月，叶茂实在坚持不住了出城投降，李梓发仍率众坚守如故，并与文天祥的同督府军遥相呼应。

江西百姓的抗元积极性都被文天祥的一连串胜利激发了出

来，连洪州（今江西南昌）的义军都派人来到兴国向他请命，每天都有各地的豪杰为同督府军送来粮食钱款。文天祥的同督府军主力虽然没有攻下赣州城，但却将赣州周边的虔化、信丰、瑞金、石城、安远、龙南6个县都攻打下来，加上之前收复的会昌、兴国、雩都，赣州9个县都被同督府军占领，赣州成了孤城一座。

江西的胜利影响了所有南宋被元军占领的地区。

在鄂皖交界地区，刘源、张德兴等起兵杀死县丞占领太湖县（今安徽太湖县），并攻复了兴国军（今湖北阳新）、寿昌军（今湖北鄂城）等地，还在樊口（今湖北鄂城西）打败了元湖北宣慰使郑鼎，郑鼎落水溺死。刘源等打出"景炎"的年号表示服从同督府军的指挥，前后达40多天。

在湖南，张虎于景炎二年（1277）三月在宝庆府（今湖南邵阳）起兵，收复了新化、安化、益阳、宁乡、湘潭等县。五月，进士赵璠在湘乡（今湖南湘乡）起兵，写信与同督府联系，被授予军器监的官职。紧接着朝奉郎张唐、前通判熊桂等人也都纷纷起兵，加入抗元的浪潮。

在福建，汀州的义军斩了一个敢自封皇帝的义军首领黄从，并把他的首级送到同督府报功。七月，张世杰见文天祥的义军连战连捷，且一部分元军已经撤退，就亲自带兵到泉州找蒲寿庚算账，蒲寿庚闭城自守，不敢出战。福州城内的淮兵也被胜利的形势感染，准备杀掉王积翁举义，可惜事情败露，参与兵变的淮兵全部被王积翁杀死。

景炎二年（1277）五月到七月，文天祥的同督府军取得了江西大捷，更带动了四方的义军烽火相连，达到了"所在义兵不可计数"，同督府"号令通于江淮"的鼎盛局面，一直低迷的抗元大业终于出现了一丝转机，就像南宋小朝廷阴霾多年的天空终于透出一丝光亮。但是，这样的局面又能维持多久呢？

## 四、折戟

文天祥在江西取得的一连串胜利，以及在江南引起的连锁反应，使忽必烈与整个大元朝廷都震惊了，为了尽快扑灭这股抗元浪潮，忽必烈命令专门设置江西行中书省，以塔出为右丞，麦术丁为左丞，李恒、蒲寿庚、程鹏飞为参知政事。这几位宰相、副宰相在隆兴府（今江西南昌）一商量，决定以李恒为主帅，迅速消灭文天祥的同督府军。

李恒是党项人，西夏王室的后人，他的爷爷在成吉思汗征西夏时战死，他的父亲被蒙古宗王收养。李恒从小生长在蒙古军中，智勇双全，是当时难得的名将。襄阳之战时，李恒就表现出色，大败范文虎的援兵。伯颜伐宋时，李恒更是屡建奇功。在鄂州，夏贵派他的儿子夏松率军攻击元军，李恒带兵与宋军对垒，战斗中李恒的额头中箭，伯颜让他赶紧回营治疗，李恒反而越战越勇，并射杀了夏松，最终打败夏贵，攻下鄂州、汉阳。

景炎二年（1277）八月，李恒兵分两路，一面派兵增援赣州，进攻那里的张汴、邹㵯、黎贵达的部队，一面亲率大军悄悄出发直奔文天祥的大本营兴国。八月十五日中秋节，李恒率元军精锐突然杀到兴国，文天祥措手不及，此时驻守兴国的同督府军所剩无几，他只得率军向永丰转移，想先到那里会合邹㵯的部队。但此时他不知道的是，邹㵯虽有数万部队，但大都是未经过训练和战斗的义军，面对突然到来的元军铁骑，战斗只进行了不到一天，邹㵯所部的数万人众就被全面击溃。曾经起兵和邹㵯一起收复永丰县城的罗开礼被俘，死于吉州的监狱中。

正在进攻泰和县的黎贵达也与一支元军相遇，此时黎贵达身边有宋军的正规军1000人、民军数千人，黎贵达命1000名宋军在前，民军在后。在元军铁骑的猛烈冲击下，这1000名有战斗经验的宋军顶住了元军的进攻。元军随即改变策略，发挥骑兵的机动优势，绕到宋军的背后攻击民军，这些民军哪见过这种阵仗，立即乱作一团，四散奔逃，自相践踏，死伤无数，而且把前面的阵型也冲乱了，黎贵达战败。泰和县有一名叫袁德亨的读书人，不仅把大部分家产都捐给了同督府军，还率领族人加入义军，此战，袁德亨也壮烈殉国。

## 第六章 顽强的抗争

正在围攻赣州的张汴、赵时赏也与上两路同督府军遭遇一样，数万民军在元军骑兵的冲击下，纷纷溃逃，也被迫向永丰转移。

李恒的骑兵在庐陵县东固的方石岭追上了文天祥。由于方石岭隘口地势十分险要，都统巩信决定率领身边的几十人据此死守，掩护文天祥撤退。面对数倍于己的元军，老将巩信临危不惧，与攻上来的元军短兵相接，硬是将元军打了回去。看到巩信敢以这区区几十人拦住自己的部队，李恒担心巩信的后面一定埋有伏兵，于是想先等一下看看情况。这时，他发现巩信正端坐在一块大石头上，他的几十名士兵都侍立两旁，李恒命令赶紧放箭，一阵箭雨过后，巩信等人都身中数箭，可令李恒疑惑的是，巩信依然在大石头上屹然不动。过了一会儿，元军抓到几个当地百姓，就让他们先上去看个究竟，发现山后没有伏兵后，李恒才上山走到巩信身边，发现巩信他们遍体鳞伤、满身是箭，巩信早已阵亡。原来，巩信他们都知道今天难免一死，就用最后的力气摆好迎敌的架势，人死了而尸体却坚持不倒，果然迷惑了敌人，为文天祥争取了宝贵的时间。他们的壮举让李恒和在场的所有元军都敬佩不已，他们让当地百姓好好安葬了巩信他们的遗体。

在巩信的舍身掩护下，文天祥来到了永丰县的空坑村，这时张汴、赵时赏、邹㴩等都带着残部与文天祥会合了，当然，文天祥的这支队伍里不只有同督府的官员和官兵，还有家眷和追随的百姓，以及同督府能带走的家当，所以行军速度十分缓慢。一到空坑，这支疲惫不堪的队伍就倒地而睡。文天祥借宿在山前的陈韩师家，他这时才知道邹洬的部队已经战败，罗开礼殉国，文天祥悲从中来，立即置办丧服哭祭。

文天祥刚把一大家人安排睡下，突然有人报告元军已经追到空坑，此时疲惫的同督府军根本不是元军骑兵的对手，再加上队伍中多是官员和随行家属，一旦被追上后果不堪设想。情况紧急，陈韩师立即拉着文天祥从小路往山上逃走，由于走得匆忙，同督府军的官兵不知文天祥去向，只得凭着猜测马上赶去护卫。所幸猜得不错，官兵们追上文天祥，文天祥就命500名弓手赶紧砍树设置防线，掩护后面的官民逃跑。

元军的追兵进入空坑后，高举火把喝问文天祥的下落，见无人知道就开始了屠杀。

住在附近的百姓见元兵来了，也都纷纷扶老携幼、牵羊带狗地往山上跑，一时间场面混乱到了极点，再加上山路崎岖狭窄，大家都走不快。天亮时，山上起了大雾，可元军还是追了上来，文天祥已经能清楚听到后面元兵的说话声。眼看就要追上了，千钧一发之间，奇迹又一次降临到文天祥身上，山顶突然滚落一块巨石，正好堵住了文天祥身后的道路。这块突如其来的落石把元军也吓得够呛，等到他们或攀或绕地通过巨石时，已不见了文天

## 第六章 顽强的抗争

祥的踪影。由于这次山体滑坡发生的时间、地点太过凑巧,人们就将这块巨石称为"神石""相公石",纪念文天祥空坑脱险。

绕过巨石的元兵继续向前追击文天祥,眼看又要追上了,文天祥的部下赵时赏停了下来,他让部下将路边一个丢弃的轿子抬了过来,自己坐在轿中,故意落在后面。当元兵追上时,大声喝问:"你是谁?"赵时赏平静地回答:"我姓文。"元兵看他长得一表人才、丰神俊朗,又坐着轿子,便以为他是文天祥,一拥而上将他俘获,欢天喜地地找李恒领功去了。赵时赏为了让文天祥脱险,宁愿牺牲自己,因为他坚信,只要有文天祥在,大宋的江山就有收复的希望。

至此,在经历了巩信誓死掩护、巨石飞落阻道和赵时赏舍命顶替三次危难,以及500名同督府军砍树设置障碍并拼死抵抗之后,文天祥终于逃脱了元军的追捕。当他再一次查点身边的人数时,却发现还在身边的战友和亲人已经没剩几个了。

赵时赏被押到李恒面前,李恒也没见过文天祥,就找人辨认,有的人就招供说这是通判赵时赏,李恒大怒,命令将赵时赏押到隆兴府(今江西南昌)严办。赵时赏被关押在隆兴府期间,看到很多被俘的同督府文官武将,元兵让他去认人,他看到一个就说:"这就是一个小小的签厅官,抓他有什么用!"同督府的不少官员因此被释放。

刘沐跟随文天祥到空坑时，已经因为劳累过度而身患疾病，元兵杀来，他强撑着病体率军殿后，他的次子死于乱军之中，他被俘后也被押到隆兴。元军诱降，他怒骂敌人，与赵时赏一起被元军定为死刑。临刑时，刘沐突然想辩白几句，旁边的赵时赏大声说："死都死了，还说那些有什么用！"两人都慷慨殉国，同时被杀的还有吴文炳、萧敬夫、萧焘夫、刘沐的长子等人。后来文天祥找到了刘沐的第三个儿子，可惜的是这个孩子不久之后也在广州患病亡故，父子四人都死于国事，一门忠烈。

缪朝宗主管同督府的军事器械，为人勤勉干练，他一看实在跑不出去了，就在山间自缢殉国。之前被文天祥委派攻打赣州的张汴，换上士兵的衣服躲在草丛中，结果仍死于乱兵之中。

杜浒始终紧紧跟随、保护文天祥，与文天祥一起艰难跋涉、成功脱险。邹𣻣率残部与元军死战，死伤满地仍不肯后退，最后幸而脱险，他就跑到溪峒蛮，继续联络豪杰抗元。曾明孺装死躺在尸体堆中，幸免于难，随后他又与二哥曾良孺一起收集溃兵，继续追随文天祥抗元。

还有文天祥的亲人，他的夫人欧阳氏和妾颜氏、黄氏，以及次子文佛生、二女儿柳娘、三女儿环娘都被元兵俘虏。欧阳夫人在被押往元营的路上，一心想着找个深水或险崖自尽殉国，以免受敌人侮辱，可谁知沿途一路平坦，根本没有自杀的机会。

## 第六章　顽强的抗争

元将李恒倒没有为难这些家眷，只是命令士兵将他们送往大都。文天祥则以为他们都死了，悲痛欲绝之下还写了不少诗缅怀他们。

而文天祥的母亲曾德慈则在书吏萧资的保护下逃了出来，机敏的萧资不仅带出了文天祥的母亲，还带出了同督府的大印。文天祥的长子文道生也逃出重围，回到了父亲和祖母的身边。

空坑惨败后，同督府军的精锐损失殆尽，此前夺取的所有县城也几乎全部得而复失，其他各地的抗元斗争也相继失败。

文天祥的大妹夫孙桌死守龙泉县，元兵久攻不下，但后来孙桌被亲戚出卖，城破被俘，被元军杀害于隆兴，元军还将他的家属全部押往大都。文天祥的二妹夫彭震龙在永新昼夜守城不懈，李恒见永新也是久攻不下，就还是采取了往城内派奸细的办法，彭震龙被俘，被押至吉州腰斩。永新城破后，彭震龙的余部继续坚持抵抗，后因寡不敌众被包围，刘、颜、张、段、吴、龙、左、谭八姓豪杰誓不降元，全部投水殉国，他们殉国的水潭被后人称为"忠义潭"。

吴希奭听说空坑兵败的消息后被迫退出萍乡，向其他方向转移，还一度率军收复了湖南醴陵，但终因寡不敌众战败殉国，一家 30 口无一幸免。

在湖南，已经收复的各县再次纷纷被元军占领，只有陈子全

279

仍率部据险坚守,等待同督府的命令。元军以优势兵力日夜不停地进攻,陈子全胸中流矢阵亡,他的儿子尽数被俘杀害,妻子及家属都死在狱中。

在福建,唆都率部进攻兴化军,陈文龙的侄子陈瓒闭门坚守。唆都亲到城下劝降,守城官兵用箭矢回答。于是元军造云梯、投石机等,攻破了兴化城。陈瓒率军巷战,力尽被俘,被元军车裂而死。元军在兴化军屠城,血流成河,汩汩有声。

到了景炎二年(1277)年底,只剩下南安县(今江西大余)的李梓发还在坚持。直到第三年的三月,也就是崖山之战后的一个多月后,南安县终被攻破,李梓发全家自焚殉国,元兵屠城报复,南安县很多军民将自己家属杀死后再与元军作最后死战,让元军付出了血的代价。

面对这么大的挫折,坚毅的文天祥并没有灰心,只要他活着,就不会放弃希望。

文天祥率领还留在身边的杜浒等人退至汀州,在那里收集溃兵、整训队伍。他还把母亲曾德慈和长子文道生接到汀州,不久前还是一家十几口人共聚一堂,可现在只剩下他们祖孙几个,真的是国破家亡、妻离子散。

这时,文天祥身边的重要将领黎贵达已经对当前的形势感到彻底失望,并开始联系身边的官兵密谋反叛,多亏文天祥及时察

第六章 顽强的抗争

觉，当机立断斩了黎贵达，才把军心稳住。

困顿之际，文天祥想起了已经断绝联系很久的小朝廷，小朝廷还有兵，还可以从头再来，可是，这时的小朝廷又在哪里呢？

这段时间小朝廷很狼狈，而且不是一般狼狈。自从于福安出海后，小朝廷就像一只无头苍蝇到处乱撞，到处流浪，先后到过泉州、潮州、惠州等地，又在浅湾（今广东南澳岛）短暂停留。

景炎二年（1277）十一月，元军在又一次占领广州后派出刘深率水师进攻浅湾，张世杰出战不利，就带着小皇帝端宗赵昰逃往秀山（今广东南珠江口）。秀山附近居住着万余户人家，张世杰就买了一处宅院让赵昰和杨太后等安顿下来。可谁想天有不测风云，小朝廷刚一安顿好，士兵中间就因水土不服死了好多人，张世杰无奈，又继续带着小朝廷向井澳（今广东珠海大横琴岛与小横琴岛间）转移。陈宜中一看朝廷复兴无望，就借口去占城（今越南境内）借兵，从此一去不返，再一次在朝廷最需要的时候抽身逃跑。关于陈宜中的结局有两种说法：一种是说他死在占城；一种说他在占城被元朝占领后又跑到了暹罗（今泰国），并老死在那里。总之一句话，陈宜中死在了国外，但到死也没有投降元朝。

十二月，井澳遭遇飓风袭击，许多船只沉没海中，士兵溺死无

281

数,虽然皇帝和大臣们乘坐的船只没有被吹翻,但小皇帝赵昰却被吓出了重病。更糟的是祸不单行,第二天,张世杰和陆秀夫正在收拾残兵,刘深率领的水师就追到了,小朝廷只得仓皇向珠江口外的谢女峡(今香港九龙)撤退,刘深疾追了一阵才退兵回去。

小朝廷后来又逃到硇洲岛(今广东湛江硇洲岛),到了景炎三年(1278)三月,年仅10岁的宋端宗赵昰病死。皇帝死了,大家失去了主心骨,群臣悲痛,军心动摇,很多人认为小朝廷即将灭亡,纷纷准备另谋出路。关键时刻,陆秀夫站了出来,他慷慨激昂地对众人说:"端宗皇帝虽然驾崩,可他还有一个弟弟啊,古人有只剩下一支部队或一座城池还能中兴的,现在我们的朝廷还有百官,还有数万的部队,怎么能说就气数已尽了呢?"于是朝廷立7岁的赵昺为帝,是为宋怀宗,也称宋末帝,杨太后仍垂帘听政,改元祥兴。

由于陈宜中去了占城,朝廷就以陆秀夫为左丞相,拜张世杰为太傅、枢密副使。陆秀夫虽然是左丞相,但朝政却由张世杰把持,实际工作中陆秀夫是张世杰的副手,同时每天还要负责为小皇帝讲授朱熹的《大学章句》。

这期间文天祥一面在南岭休整部队,一面派人四处打听小朝廷的消息,他坚信自己"如精钢之金,百炼而弥劲;如朝宗之水,万折而必东"。景炎三年(1278)二月,他率军进驻海丰县

## 第六章 顽强的抗争

（今广东海丰）。随后，趁着忽必烈召塔出等回元廷议事、元军攻势放松的时机，文天祥派文璧率军收复了惠州，接着循州（今属广东惠州）、梅州、潮州等地也反元归宋。

到了五月，功夫不负有心人，文天祥终于与小朝廷联系上了，他立即向小朝廷上表检讨自己开府以来劳而无功的情况，还希望自己可以入朝面圣。朝廷却降诏对他大大表扬了一番，同时拒绝了他入朝的请求。朝廷此时正是用人之际，而以文天祥的声望、能力和人品，入朝正是众望所归，朝廷却拒绝了文天祥的入朝请求，这到底又是怎么回事呢？

小朝廷拿出了一个冠冕堂皇的理由拒绝文天祥：现在主持朝政的陈宜中正在外面搬救兵，不在朝廷，你回朝廷这么大的事儿必须等他回来再说！

实际情况是：此时主持朝政的张世杰不许他入朝。张世杰心里清楚，以文天祥的脾气，只要看到自己肯定还会和自己过不去，以前在福安的时候文天祥就总当着大伙儿的面说自己不会打仗，现在仗打成这样，朝廷都居无定所了，文天祥回来还不得成天弹劾自己，同时他也担心以文天祥目前的地位和声望，一旦入朝一定会分走自己的部分权力，所以还是把他放在外面省心一些。

文天祥见自己的请求被拒绝，也知道是张世杰的主意，于是给陆秀夫写信，指责他不体恤部队，还用这样的理由拒绝自己。与文天祥同榜的陆秀夫倒是同情文天祥的遭遇，也由衷希望他能入朝，可惜陆秀夫此时有名无兵，也只能看着，爱莫能助。随后文天祥又上表为邹洬、杜浒等跟随自己苦战的部下们请功，朝廷一概准许，还加封文璧为户部侍郎兼惠州知州。到了八月，朝廷又加封文天祥为少保、信国公，封张世杰为越国公。文天祥的母亲曾德慈也被封为齐魏国夫人。

不久，文天祥军中发生疫病，几百人病死。九月七日，文天祥的母亲曾德慈病故。紧接着，还没等他从母亲去世的悲痛中恢复过来，十月，他的长子文道生又在惠州病故。接连失去两位最近的亲人，文天祥在精神上备受打击，连生了几场大病，身体更是大不如前。母亲死后，文天祥、文璧照例要离职"丁忧"，但考虑到当时的形势，同督府军实在离不开文天祥，他只能服从小朝廷"夺情"的命令。文天祥让文璧先把母亲的灵柩停在惠州，等条件允许了再与兄弟姐妹们一起扶灵回老家安葬。后来，曾德慈归葬庐陵老家，在文家祖坟入土为安，可惜的是，文天祥却没能看见。文道生病故，文佛生生死未卜，文天祥意识到自己这一支可能要断绝香火了，于是他向文璧要求把侄子过继给自己，文璧同意了。

失去了母亲、妻子、儿子的文天祥已然一无所有，可他仍然在坚持战斗。

他深深热爱的国家，已经到了命悬一线的生死边缘，尽管有那么多仁人志士甘愿为之抛头颅、洒热血，可他们的力量何其单薄，终究是无力回天。

# 第七章
# 不屈的囚徒

元代"儒林四杰"之一的黄溍曾这样评价:"宋之亡,不亡于皋亭之降,而亡于潮阳之执;不亡于崖山之崩,而亡于燕市之戮。"也就是说,崖山之战之后,虽然历史意义上的大宋结束了,可是文化意义上的宋朝在人们心中依然存在,只要那个最后的孤独坚守者还活着,大宋就没有灭亡。这个人,就是文天祥。

## 一、亡国

接着说南宋小朝廷。小朝廷在碙洲驻扎了一段时间,但碙洲只是一座孤岛,还是一座火山岛,产粮极其有限,当时还有官

## 第七章 不屈的囚徒

军、民兵、百姓20多万人跟着小朝廷一起逃亡，他们要么生活在岛上，要么生活在船上，携带的粮食很快就吃完了。张世杰派兵到琼州（今海南海口）征粮，但从琼州到碙洲岛的海路十分难走，中间还要经过元军把守的雷州，一来一回部队损失很大。于是张世杰派张应科、王用领兵去攻取雷州，拔掉这颗挡在中间的钉子。张应科打了三次都没能攻下雷州，副将王用一看攻不下来就直接投降了。张应科收兵再战，力战殉国。张世杰大怒，亲率主力围攻雷州城，等到城中粮绝、胜利在望的时候，元军的援兵到达，张世杰被迫退兵。

六月，小朝廷又迁往崖山。两宋300多年的起点在河南的陈桥驿，终点就在广东的崖山。

崖山也称厓山，位于广东新会县南的大海中，方圆几十里，与西岸的汤瓶嘴山相对，就像两扇大门，里面还有一座港口，历来都是海上镇戍之地。张世杰认为这里有天险可守，决定在此安顿下来。

有人向张世杰建议，认为应该先派水师把出海口牢牢控制住，这样如果打赢了可以乘胜追击，打输了也能继续逃亡，但张世杰担心士兵长时间漂在海上影响军心，同时这些年的东奔西跑也让他疲惫不堪，于是他放弃了出海口，决心在崖山与元军背水一战。

为了解决居住问题,张世杰派人进山伐木,建造行宫30间、军屋2000间。小小的崖山一下子来了20多万人,远远望去,水面船只林列,热闹非凡,颇为壮观。

南宋祥兴元年(1278)六月,得知赵昺继位的消息后,忽必烈非常生气,这时张弘范向他建议,应该乘势继续进攻南宋的小朝廷,斩草除根。忽必烈便任命张弘范为蒙古、汉军的都元帅,张弘范担心自己作为汉军将领不能服众,不肯接受这个任命,他说:"历来没有汉人统率蒙古军队的,还是由一位蒙古大臣担任元帅吧。"忽必烈不答应,坚持让他来做都元帅。张弘范就向忽必烈请赐尚方宝剑和铠甲,于是忽必烈将自己武库中的宝剑和铠甲都拿出来,让他自己挑选,并鼓励他说:"剑,你自己佩戴,如果有人敢不听你的号令,就用这把剑先斩后奏!"他还同意张弘范的推荐,任命李恒为副元帅。张弘范先到扬州,带精兵两万人分水陆两路南下,忽必烈又命令塔出负责张弘范的军需供给,准备一举灭宋。

祥兴元年(1278)十月,文天祥率军进驻潮州潮阳县。

这时的潮州知府叫陈懿,原是强盗出身,兄弟五人在当地号称"五虎"。景炎二年(1277)时,陈懿接受张世杰招安,被封为都统,在福建参加抗元,他也因此占据了潮州。这年年底元军进攻潮州,陈懿带着他的兄弟刘兴直接投降了元军。到了第二年

## 第七章 不屈的囚徒

三月，由于元军攻势放缓，南宋军队收复广州，陈懿又赶紧叛元归宋，文天祥听说后还向朝廷举荐陈懿担任潮州知州。可谁想才过了半年，陈懿听说张弘范将率军攻打潮州，又立即叛宋降元。陈懿和刘兴本来就是打家劫舍的强盗，占了潮州后更是飞扬跋扈、杀人抢劫，百姓深受其害、怨声载道。因此，上万潮州百姓请求文天祥将同督府迁驻潮阳，除掉陈懿这个祸害。文天祥也想依靠潮州百姓建立新的抗元基地，便答应了百姓的请求。陈懿和刘兴的强盗部队平时也就能欺负欺负老百姓，在军纪严明的同督府军的攻击下根本不堪一击，陈懿逃走，刘兴被抓住，押到潮阳后"咔嚓"斩了，百姓拍手称快。年底，文天祥的老部下邹㳂、刘子俊从江西带着人马赶来，三支队伍合在一处，文天祥的力量又壮大了，他又派兵攻打陈懿的余党，陈懿继续逃跑。

祥兴元年（1278）十一月的一天，一艘元军的海船遭遇风暴漂流到潮阳，被同督府军俘获。从被俘的元兵口中，文天祥才知道忽必烈已经派出张弘范和李恒水陆并进，向小朝廷发起进攻。

文天祥一面火速派人向小朝廷报告，一面准备将同督府移到海丰（今广东海丰），必要时进入南岭，依山据险进行长期抵抗。文天祥当时担心的是元军水师马上到达潮阳，却没有想到元军的骑兵会更快赶到，因此他命令赵孟溁为先锋，邹㳂殿后，他自统中军，准备不疾不徐、有条不紊地率军撤入山中。

可是张弘范没有给他这个机会。陈懿迎上张弘范的部队，告诉他同督府军正在转移，张弘范马上派出一支200多人的轻骑部队，由他的弟弟张弘正带领，在陈懿的引导下火速追击同督府军，自己亲率大军舍弃辎重，在后面紧紧跟随。出发前，张弘范对张弘正说："选你执行这个任务，是因为你骁勇善战，而不是因为我是你哥哥。你如果没有完成任务触犯了军法，我也不敢徇私，好好努力吧。"张弘正遵照他哥哥的军令，一路挥师疾进，经过的郡县都望风而降，张弘正不敢耽搁，直追文天祥的同督府军。

十二月二十日中午，张弘正终于追上了，文天祥当时正率军走到五坡岭（今广东海丰北），军士们刚刚吃上午饭，正是防守最薄弱的时候。为了掩人耳目，张弘正的这些蒙古骑兵都作附近乡人打扮，他们缓缓向同督府军靠拢过去。文天祥看到附近山上突然多了很多全副武装的人，就问左右，结果手下稀里糊涂地说那些是附近的乡人，正在猎鹿，文天祥也就放松了警惕。时机成熟时，这些"猎鹿人"突然举起了屠刀，使得同督府军猝不及防，惊慌之下也不知道元军来了多少，一下子全乱了。

文天祥见大势已去，准备拔剑自刎，元军一个叫王惟义的千户手疾眼快，一把上前按住文天祥。匆忙中文天祥掏出了随身带着的二两冰片吞了下去准备自尽，但只觉得一阵头昏目眩，并没

## 第七章 不屈的囚徒

有死去。

文天祥只求速死,他听说吃了冰片要多喝凉水才能死成,就对押送他的人说口太渴了,蹲下身子用手掬起田间马蹄踏的坑里的水喝,结果还是没死成,症状与贾似道一样,只是腹泻。而让人哭笑不得的是,折磨了他10多天的眼病竟然因此痊愈了。

这里解释一下,冰片是从龙脑香植物的树脂和挥发油中提取的结晶,至于吃了能不能死人,李时珍在他的《本草纲目》中记载:"宋朝的文天祥、贾似道都吃了冰片没有死成,而贾似道的亲信廖莹中以热酒加冰片服用后,就九窍流血而死。这并非冰片有毒,而是热酒将冰片的辛香散溢到经络,引发气血沸乱的结果。"当然,这些都已经不重要了。幸运的是,文天祥没有死成,他的故事还将继续,他还将为人们留下名垂青史的《正气歌》。而遗憾的是,这次再没有出现"神风""神石"那样的奇迹,文天祥被元军俘获了,随后的3年,他受尽屈辱,求生不得,求死不能。

赵孟溁是前锋,当时已经走出十几里路,侥幸脱险。杜浒因为奉命护卫海船,没有与文天祥一起行军。邹洬眼见文天祥被俘,自责殿后无功,又不愿做俘虏,横刀自刎,当时没有死,被部下救起,10天后伤重身亡。

刘子俊也被元军俘获,审问他时,他学赵时赏舍生取义,说自己就是文天祥，企图把元军的注意力集中到他身上，好让文天祥脱身。抓获刘子俊的元军以为俘获了文天祥，兴高采烈地把他押解到大营去报功，结果路上遇到另一伙押解文天祥的元军，两拨人都说自己俘虏的是文天祥。到大营后，押解刘子俊的元军才知道被愚弄了，恼羞成怒，竟残忍地将刘子俊用热油烹死。

陈龙复、萧资、林琦被元军俘获，最后都不屈而死。留在文天祥身边的两个女儿监娘和奉娘也死于乱兵之中。

同督府军几乎全军覆没。

元军先把文天祥押到张弘正的营中，文天祥一心求死，他大骂张弘正，元兵举刀威胁，文天祥笑道："死这种小事怎么能吓得倒大丈夫呢！"张弘正无奈，只好派人把他押往潮阳张弘范的帅营。

见到张弘范，元兵强迫文天祥向张弘范跪拜，文天祥说："我怎么能跪张弘范呢？当年我见伯颜、阿术他们，都只是行长揖之礼。我能死，但不能拜！"张弘范当年在伯颜的大营就见过文天祥，知道他一定不会屈服，就对左右说："这是一个忠义之人啊。"随即命人给他松绑。文天祥还是坚决求死，张弘范对部下说："杀了他只会成全他的忠义之名，而不杀他则能体现我的宽宏大量。"于是张弘范以平揖之礼与文天祥相见，就像招待自己的客人一样。

## 第七章 不屈的囚徒

祥兴二年（1279）正月初六日，张弘范率领水师从潮阳出发，准备对小朝廷发起最后一战，文天祥也被囚于船中。十二日，船队经过珠江口外的零丁洋，望着波光粼粼的大海，文天祥心潮起伏，不能平静。大宋山河破碎，小朝廷躲在崖山苟延残喘，他自金榜题名以来，10年宦海浮沉，起起落落，后来率兵入卫，出使元营，九死一生逃回大宋，重举义旗后屡败屡战，如今又身陷敌手，孤苦伶仃，国家和个人的命运都如雨打浮萍，何去何从！于是，他按捺不住激动而又复杂的心情，提笔写下了流传千古的《过零丁洋》：

辛苦遭逢起一经，干戈寥落四周星。
山河破碎风飘絮，身世浮沉雨打萍。
惶恐滩头说惶恐，零丁洋里叹零丁。
人生自古谁无死？留取丹心照汗青。

正月十三日，船队到达崖山，最后的决战即将开始。

当时，虽然小朝廷屡战屡败、东奔西走，但仍有20多万人始终跟随，除去一半左右的百姓、家属、老弱伤病等，也还有近10万的可战之士，其中还不乏久历疆场的锐兵宿将，所以纯以兵力而论，宋军尚占优势。

根据身处元营的文天祥记载：小朝廷还有战船千余艘，而且其中大船极多。而张弘范只有大小战船500艘，其中还有200艘在来崖山的路上迷路，久等不至。还有，元军大多是北方人，不习水战，很多士兵刚一登船就眩晕呕吐，连弓箭都拿不稳。他还看到，元军因为刚来到崖山，对周边的水道不熟悉，舟工操舵也经常进退失据，根本没办法打仗。他还发现，元军水师中战斗力最强的都是些在浙江、福建、广东投降的南宋水军，这些人刚刚降元，人心未定，如果这个时候宋军取得优势的话，他们再叛元归宋也大有可能。总之一句话，天时、地利、人和宋军都占了，只要能趁元军立足未稳发动攻击，宋军一定会打赢，甚至全歼张弘范都有可能。

但是，张世杰放弃了所有的优势。元军一到崖山，就看到宋军将所有战船用大铁索连接起来，依山面海横向排开，等着迎战元军进攻。

这是张世杰情有独钟的水战方法，早在咸淳十年（1274）张世杰守郢州时，就曾把千余艘战船用铁索连住封锁江面。当时的伯颜为争取时间不想和张世杰硬拼，就取道绕过了郢州城。一年后在镇江的焦山，张世杰又用老办法把战船连在一起，这次阿术看出了其中破绽，使用火攻大败宋军。这一次在崖山，张世杰还是拿出了自己的"看家本领"，只不过为了防止元军火攻，在每

## 第七章 不屈的囚徒

艘战船外表都涂了厚厚一层泥巴。他还在船阵的四面围起楼栅，形成一座庞大的水上堡垒，将小皇帝赵昺的御船放在水阵中央，严密保护起来。

张世杰这种做法出发点是将小朝廷转移到海上，断了每个人心中的退路，使全体军民能够坚定信心、背海一战，同时将船只都锁在一起，防止有人临阵脱逃。张世杰的理论很丰满，可现实却无情地给他上了一课，就连文天祥这个不谙兵法的书生都看出来了，这个阵法最大的弱点就是"不可以攻人，而专受攻矣"，也就是放弃了一切主动进攻，直接将自己摆在了被动挨打的位置。前面还介绍过，张世杰怕士兵长期在海上漂着影响军心，就主动放弃了出海口，把自己唯一的后路也给掐断了。

张弘范看到宋军的阵势后大喜过望，他先是派船占领出海口，同时又出奇兵阻断了宋军的砍柴取水之路，接着遣水师进行了试探性的进攻。元军还是采取了火攻的战术，但由于宋军早在船上涂满了泥巴，并用准备好的长木抵挡元军的火船，所以张弘范一时也没有找到诱胖的办法，战争陷入僵局。

元军将宋军死死困在崖山，然后改变策略开展起诱降攻势。说起来，张世杰和张弘范还有一个共同的交集，那就是蒙古大将张柔。张弘范是张柔的第九个儿子，张世杰曾经是张柔的部下，所以此时的张弘范是非常想招降张世杰的。张弘范派张世杰的一个姓韩的外甥三次去向他劝降。张世杰始终不为所动,他没有狠心宰了这个投降的亲戚,只是大骂了他一顿,并列举历代誓死不降的忠臣作为自己的榜样,把这个外甥赶跑了。

接着张弘范又派人到囚禁文天祥的船上,要他给张世杰写劝降信。文天祥说:"我救不了自己的父母兄弟也就罢了,又怎么能劝别人背叛自己的父母兄弟呢?"使者说:"你要是不写的话,我实在没办法回去复命。"于是,文天祥就把他正月十二日写的《过零丁洋》一诗又给使者写了一遍。使者见文天祥誓死不写劝降信,又不能强逼,只好把《过零丁洋》诗稿交给了张弘范。张弘范读后,竟然笑了,并连称:"好人!好诗!"从此也不再找文天祥谈劝降的事。

张弘范见劝不动张世杰和文天祥,就派人向崖山的军民喊话:"你们的陈丞相已经逃走了,文丞相已经被我们俘获了,你们还想有什么作为吗?还是赶紧投降吧!"结果张弘范又一次失望了,因为崖山的军民根本就没搭理喊话的。

接下来的10多天,由于元军切断了砍柴取水的通道,南宋军民只能吃干粮,没有水喝,只能去喝海水,咸涩的海水引起军民呕吐的症状及引发了其他疾病,极大地影响了部队的战斗力。但就是苦成这样,宋军也不投降,张世杰与苏刘义、方兴等将领仍坚持与元军作战。

第七章 不屈的囚徒

不久，李恒的部队从广州来到崖山，与张弘范完成合围。有人建议张弘范炮击崖山，他则认为，一旦发起炮击，宋军的船只必会因为起火而四散逃开，而这次出征前忽必烈对他提出的命令是，一定要将小朝廷聚而歼之，不留后患。于是，李恒建议利用潮水涨落的时机，抓住机会一举灭宋，张弘范采纳了他的建议。

二月初六日，决战的时刻终于来了。这天早晨，海上天色昏黑，乌云密布。张弘范将元军主力分成四队，借着涨潮的时机，从南宋船队的东、南、北三面同时发起进攻，张弘范亲率一军在一里以外的海面守候。

宋军也知道到了最后的时刻，纷纷拼死抵抗，双方炮火轰鸣，箭飞如雨。当船只靠近后，元兵纷纷跳上宋船，与宋军官兵短兵肉搏。但渐渐地，登船的元军越来越多，而宋军经过这十几天的折腾早已疲惫不堪。就在大部分宋军都强撑着与元军殊死抵抗时，元军后方突然传出了鸣金收兵的声音，之后又传来鼓乐之声，宋军以为元军终于要撤军了，都纷纷懈怠下来。但是，所有宋军都被骗了，因为张弘范出征前下的命令是：听到鼓乐声立即发起总攻！

张弘范率领的预备队终于投入战场，其他三支队伍看到张弘范亲自带兵来了，纷纷更加卖力地杀敌，越来越多的战船被元军占领，宋军的阵势终于大乱，将领翟国秀、凌震等皆纷纷解甲投

297

降。张世杰见大势已去，忙令将士砍断船只铁索缆绳，乘机突围。

黄昏时分，突然风雨交加，大雾弥漫，海面上连几尺外的远处都看不清。这时，战斗已近尾声，张世杰忙派出亲信驾小船赶到赵昺的御船旁边，想把赵昺接到他那里，但小皇帝赵昺身边的陆秀夫看现在一片混乱，来人身份真假莫辨，担心这个人是元军派来骗皇帝的，便没让他接走赵昺。但赵昺的御船不但又大又笨重，还被其他船只围在中间，眼看着逃跑无望。

陆秀夫把心一横，走到赵昺的船舱，看到这个小皇帝早已惊作一团，他便抽出宝剑，先逼着自己的妻子和儿女跳海自尽，然后对赵昺说："国事至此，陛下应当为国死节了。德祐皇帝已经被掳到元廷，陛下您不可以再被抓到元廷受辱了！"说罢，陆秀夫整理好朝衣，在向小皇帝行礼后，抱起9岁的赵昺，把传国玉玺挂在他身上，望着波涛汹涌的大海，义无反顾地跳了下去。

一切都结束了。

南宋的宫女、官员、将士、家属、百姓等十数万人，听说皇帝跳海殉国后，也随之纷纷跳海自尽。

悲哉大宋！

张世杰久找赵昺不见，只好和苏刘义等将领趁着天色昏暗，率残部突围而走。

## 第七章 不屈的囚徒

7天以后,元军打扫战场,海上漂浮的尸体竟达十几万具。有一个元军士兵打捞起一具穿黄衣的小孩儿尸体,身上挂着玉玺。这位士兵取下玉玺,又把尸体扔到了海里。玉玺被送到张弘范那里时,他断定这一定是赵昺的遗体,急忙又派人去打捞,但却怎么也找不到了。

陆秀夫的遗体被发现后,安葬于新会二城(今广东台山境内)。

杨太后听说赵昺殉国的消息后,恸哭着说:"我这些年忍辱偷生,全为了赵家的这一块肉。现在小皇帝死了,我活着还有什么意义!"也赴海而死。张世杰把她的尸体捞上来,在海边草草埋葬。

张世杰想移师占城,东山再起,但遭到部下反对,只得再返回南恩州(今广东阳江)海上的螺岛。五月四日,张世杰的船队在海上遭遇飓风,战船摇晃得厉害。将士们都劝张世杰上岸,但他拒绝了,他登上舵楼,仰天说道:"我为赵氏也算尽忠了。一位皇帝驾崩了,又立了一位,现在又驾崩了,我之所以还没有死,是想等到敌兵退走了,再立一位赵氏后裔以存宗庙社稷。现在这个境地,难道就是天意吗!"这时台风越来越强,张世杰一个趔趄从舵楼上坠入海中,溺死殉国,他的部下打捞起他的遗体,葬在螺岛上。螺岛因为埋葬了张世杰的忠骨,改名为海陵岛。

苏刘义突围出海后，被部下所害。文天祥对这位苏轼后人的评价是：其人虽然脾气烈性暴躁让人无法接近，但始终坚守大义、不失大节。

崖山海战，文天祥坐在元军的船里目睹了南宋覆亡的全过程，那惨象让他肝肠寸断、撕心裂肺却又无计可施，只能眼睁睁地看着。他恨不得也投海而死，但元军将他看得紧紧的，不让走出船舱一步，他只能向南恸哭。

战斗结束的那天晚上，大战后的海面恢复了平静。元军杀牛宰羊，庆贺胜利，他们都喝得烂醉如泥，而文天祥却根本无法合眼，在忽明忽暗的孤灯下，他含泪写下了记述崖山海战的叙事长诗《二月六日海上大战国事不济孤臣天祥坐北舟中》。

最后说一下，张弘范亲自指挥元军灭亡了宋朝，志得意满，命人在崖山北面岩壁上刻下了"镇国大将军张弘范灭宋于此"十二个大字，纪念他的"丰功伟绩"。到了大明成化年间，巡按御史徐瑁命人将这十二个字全部铲去。20世纪60年代，田汉先生在此题写"宋少帝与丞相陆秀夫殉国于此"十三个大字，用以纪念崖山海战中壮烈殉国的大宋忠臣。

## 二、北行

崖山之战结束后，张弘范带着文天祥于元世祖至元十六年

## 第七章 不屈的囚徒

（1279）三月十三日乘船回到了广州。文天祥从崖山之战后就一直等着舍生取义的那一天，但张弘范并没有要处决他的意思，而是对他日益以礼相待，还尽量把他之前的那些奴婢、仆役找回来继续侍奉他。

三月十四日，张弘范大宴诸将，也请文天祥参加，觥筹交错间，张弘范又对文天祥说："国家灭亡了，您对大宋已经尽到了忠孝，丞相现在也应该改弦更张了，您如果能像服务大宋一样服务大元，那么我们大元丞相的位子除了您还能有谁呢？"文天祥听张弘范提到大宋，顿时悲从中来，他流着眼泪说："国家亡了，我作为臣子却不能救，这已经是万死之罪了，怎么能为逃避死亡而怀有二心呢！"张弘范又说："国家亡了，您即便再为国家而死，又有谁会将您的功绩记录下来呢？"文天祥平静地回答："古时候商朝灭亡，伯夷、叔齐不食周粟而死，他们已经尽到了自己作为一个臣子的本分，谁还管史书上面写不写呢！"张弘范听后为之动容。

接着，副元帅庞钞儿赤站起来敬酒，文天祥看这是一条糙汉就没搭理他。庞钞儿赤大怒辱骂文天祥，文天祥也大骂回去，只求速死。

宴会结束后，张弘范将文天祥虽誓死不屈但人才难得故未加杀害的情况，详详细细写了一封奏章，上报给忽必烈，请这位雄才大略的皇帝最后定夺。

从现存的各种记载中，可以看出张弘范是非常敬佩文天祥的，也衷心希望他能为大元效力。即便到了至元十七年（1280），张弘范已经病入膏肓，依然向忽必烈上表说：像文天祥这样忠于所事的忠义之士，希望将他释放而不要杀掉。这是后话。

在等待忽必烈批复的这段时间，文天祥又见到了他的生死之交杜浒。从潮阳撤离时，文天祥让杜浒率领船队去崖山支援，杜浒到崖山后就留了下来。崖山之战后，杜浒被元兵俘获也押到了广州，这段时间他因每天忧愤郁闷而身染重病，已经憔悴得不成人形。文天祥见到杜浒既惊喜又伤心，喜的是他们在经历了重重生离死别之后还能活着相见，伤心的是，文天祥看得出，杜浒所剩的时日已经不多了，可是自己也是元兵的囚犯，实在无法帮助他。回想起入卫临安时，杜浒率4000名兵民相从，共议救国之计；出使元营时，杜浒尽力阻止，见劝阻无效便不计生死主动相随；逃亡南归时，杜浒寻船找人，数次与死亡擦肩而过依然无怨无悔；空坑兵败时，杜浒保护文天祥逃出重围，又帮助他重新立足潮阳；崖山被俘后，杜浒忧愤成疾，但为了自己心中的大义誓死不降。文天祥由衷赞他："呜呼！可谓义士。"几天后，杜浒病逝，文天祥悲痛欲绝。

四月十一日，张弘范派出的使者回到了广州。使者报告说，

## 第七章 不屈的囚徒

忽必烈看完奏章后，发出了"谁家无忠臣"之叹，并命令张弘范派人将文天祥"护送"到大都。

四月二十二日，经过10天的准备后，张弘范派都镇抚石嵩"护送"文天祥去大都，同行的还有崖山被俘的南宋礼部侍郎邓光荐。

邓光荐也是庐陵人，与文天祥是老乡；他年少时也曾在白鹭洲书院求学，欧阳守道是他的老师，与文天祥又是校友；邓光荐是宋理宗景定三年（1262）的进士，那一年正好是文天祥担任殿试的复校考官，所以文天祥又是邓光荐的座师。两人相识将近30年，邓光荐一直非常尊重和敬佩文天祥。他考中进士后，因厌恶朝政腐败就一直隐居在家，江万里多次要他出来做官，都被他谢绝。直到文天祥在赣州起兵勤王，邓光荐毅然举家参加，义军被遣散后，他又回到庐陵老家继续隐居，后来元军进攻江西，他携家逃难到福建，后又逃到广东。这期间，他的所有家人都死于一次土匪作乱，只有他一人逃脱。失去了家庭的邓光荐决心以身许国，他跟随小朝廷来到崖山，被任命为礼部侍郎。崖山兵败，他决心投海殉国，却没想到大难不死，连跳两次都被元兵钩了上来，押送到广州。

邓光荐与文天祥一样，被俘后坚强不屈，张弘范劝了几次后也就不再勉强，他见邓光荐学识渊博，就让儿子张珪拜邓光荐为老师，这次与文天祥一起被"护送"往大都。在广州这段时间，文天祥与邓光荐可以经常见面，两人感情深厚、意气相投，文天祥还将自己手书的两册《指南录》诗集，送给了邓光荐一册。

出发前，得知消息的文璧赶紧从惠州赶来与兄长诀别。文璧是在前一年冬天元军大举进攻广东时投降的，他降元的理由是为了保全一城人的性命和文家的宗祀。分别在即，文天祥并没有指责弟弟的选择，只是以一个哥哥的心绪深感"兄弟分离苦""风急手足寒"。文璧的次子文陞已经过继给文天祥，使他这一支人脉得以延续，也了却了文天祥一桩心愿。

这里再说一下文天祥的三弟文璋。文璧以惠州降元，文璋随之，元廷后来任命文璋为同知南恩路总管府事。文天祥在大都狱中得知此事后劝他辞官归隐，文璋听从了大哥的意见，辞官回到老家隐居不仕，兄弟三人最终走了三条不同的道路。

启程前，原同督府将领徐榛也从惠州赶来，请求与文天祥同行，以便沿途可以服侍他，见徐榛态度坚决，他只好同意。文天祥的其他随行人员还有7人，其中知道姓名的，还有刘荣和孙礼二人。

石嵩等率领元军"护送"文天祥从广州出发，经英德、韶州，越过梅岭后进入江西。在广东境内，石嵩还是很照顾文天祥的，他们一行人走走停停，也不急着赶路，累了就歇个一天半天

## 第七章 不屈的囚徒

的,大家相处得也非常融洽。

但是一到江西,石嵩的态度就变了。江西是文天祥的老家,他又曾在这里举兵,民望极高,石嵩担心文天祥的旧部来拦路夺人,就将他的脖颈和脚踝都系上绳索后锁在船舱里,走水路去赣州。

五月二十五日,他们到达了江西境内的南安(今江西大余)。南安这座小城在李梓发的带领下坚守城池达两年零四个月,直到崖山之战后的40天才失守,此时元军占领南安也只有两个多月。在南安,文天祥写下了著名的《南安军》一诗,表达了此时复杂、悲苦的心情。

> 梅花南北路,风雨湿征衣。
> 出岭同谁出?归乡如此归!
> 山河千古在,城郭一时非。
> 饿死真吾志,梦中行采薇。

到达南安那天,文天祥就开始绝食,按照他的估计,人绝食7天就会死,而南安到庐陵刚好有七八天的水路,就可以死节家乡,归葬本土。他还写了告父亲文仪的墓文和与亲友诀别的诗,派遣随行人员孙礼先行登岸,走陆路赶快送到家乡并通知亲友,

305

约定六月初二日在吉州会和。

王炎午是文天祥的好朋友，文天祥在赣州起兵勤王时，王炎午给他提了很多意见和建议，文天祥想把他留在义军，但当时王炎午因为父亲去世了没有安葬，母亲又重病在床随时有生命危险，所以没有参加义军。这些年，王炎午一直关心关注着文天祥的情况，得知他在五坡岭被俘的消息后，他就一直等待着文天祥英勇就义的消息。这次听说他被押送大都，王炎午担心文天祥可能经受不住元廷的诱惑或酷刑而变节投降，如果文天祥投降了，那对天下士人、百姓抗元的信心将会带来致命的打击。于是提笔写下了著名的《生祭文丞相文》，目的只有一个，"以速丞相之死"。写好后，他又抄了几十份，在从赣州到隆兴府（今江西南昌）沿途的驿站、码头、山墙等处张贴，希望文天祥能够看到。

结果，由于文天祥每天都被囚禁在船舱中，石嵩不允许他露面，加上他每天闭目绝食不问外事，所以这篇激昂的祭文虽然产生了很大影响，但文天祥自己却不知道。

六月初一日傍晚，文天祥到达吉州。他强撑着已经绝食5天的衰弱身体，上岸站立在苍然亭下，结果没有看到一个家乡的亲友前来送别。正当他茫然失落时，好友王幼孙赶来相见。王幼孙为人忠孝，当年曾上万言书希望改革弊政，但未被朝廷采纳，一气之下回乡隐居。王幼孙不知道文天祥正在绝食自杀，所以与王炎午一样，

## 第七章 不屈的囚徒

也写了一篇《生祭文丞相信国公文》，前来催促文天祥以死殉国。王炎午的祭文是张贴在显眼的地方，而王幼孙却是当着大伙儿的面直接读给文天祥听的，在场的很多人听后都低头哭泣。

在老家吉州，文天祥还见到了老朋友张弘毅，当年文天祥多次邀请他出来做官，他始终没答应，可这次得知文天祥北上的消息时，他却主动要求跟随去大都，一路也有个照应。

在老家没有见到期待已久的亲人，也不见孙礼回来复命，文天祥只得在元军的催促下，带着满心的遗憾离开了家乡。

六月初三日，文天祥的绝食斗争仍在继续，他已经7天没有吃过东西，此时虚弱不堪，但仍在等待孙礼的消息。船快到丰城（今江西丰城）时，他忽然看到一直苦盼的孙礼竟然坐在另一艘船上，原来石嵩怕走漏消息，根本就没让孙礼上岸去庐陵。文天祥满心的期待被无情打碎，他非常气愤，也伤心得痛哭流涕。当天傍晚，石嵩把孙礼叫回到文天祥的船上，第二天早上船到丰城时，孙礼被放走自找出路，他后来去了惠州投奔文璧。文天祥在广州出发时，身边共有8名随从，但一到丰城，主动追随文天祥的徐榛就病死在这里，其他的7人或逃走或被赶走，现在只剩下了刘荣一人。

六月初四日，石嵩见文天祥绝食8天尚未死亡，怕他真的死了，回到大都也不好交代，就打算派人捏住鼻子，往他嘴里灌粥。而此时的文天祥也在想，既然不能饿死在自己的家乡，总不能不明不白地饿死在其他地方，于是答应石嵩恢复饮食，准备先留得有用之身再与元廷较量。

六月初五日，文天祥一行到了隆兴（今江西南昌）。消息传开后，在城里引起了轰动，几乎全城的百姓都出来看这位不屈的大宋丞相，街道两旁挤得水泄不通。文天祥的身体虽因绝食8天憔悴不堪，他帅气的外表和从容的风度却让百姓折服，更有人说他是"诸葛军师也"。这是文天祥有生以来第三次受到这么热烈的关注。第一次是在他考中状元后赴皇帝的赐宴时，第二次是出使元营脱险到达真州（今江苏仪征）时。文天祥当年率领勤王义军在隆兴驻扎过，这次却是作为元军的俘虏经过此地，昨夕今夕，不胜感慨。

7天后，船到建康府。因为即将渡江北上，再加上文天祥的身体也需要休养，所以石嵩在得到张弘范的同意后，在建康休整了两个多月。当然，为了防止文天祥再次逃跑，元军加强了防范措施。

刚到建康的第二天，邓光荐就病倒了。在从广州出发的一个多月里，这对好友一直相互扶持，文天祥敬重邓光荐的为人，也佩服他的才华。又要启程北上时，邓光荐的病还没有痊愈，只能先留下来。后来邓光荐随张弘范到了大都，过了几年，元廷见邓

## 第七章 不屈的囚徒

光荐只有文学才华，不懂治国持政，这样的人招降了也没有什么大用，杀了又不能震慑人心，就把他给放了。张弘范的儿子张珪按照父亲当年的遗愿把他请到家里做教师。邓光荐在晚年时被释放回庐陵，此后隐居终身。

八月二十四日，出发的时间到了，张弘范亲自布置水陆两军严加戒备，不仅江上有水军的船只紧夹着文天祥的座船，两岸还派有骑兵和步卒护卫，直到扬州。由于防范严密，江淮义士想要趁渡江夺回文天祥的计划终究无法实现。

渡江后的石嵩依旧小心翼翼，路过真州时根本没敢停留，当天就赶到了扬州城。当年文天祥他们从真州来到扬州，最后还是因为怕李庭芝怀疑而没有进城，这次文天祥终于进了扬州，但此时大宋已经亡了，李庭芝也死了，扬州已是大元的土地。

九月二十日，文天祥一行到达河间（今河北河间）。让他惊喜的是，竟然在这里遇到了当年"祈请团"里的家铉翁。原来，家铉翁到大都后，宁死不肯仕元，也先后绝食了好几次，忽必烈赞许他的忠义，没有杀他，只是把他安置在河间。于是家铉翁就在这里开馆授徒，给弟子们讲述宋朝的兴亡历史。他乡遇到故知，两人惊喜交加，各诉自己这几年的遭遇。

十月初一日，文天祥一行终于踏上卢沟桥，到达大都（今北京）。他们四月二十二日从广州出发，一共走了五个月零十一天，终于结束了这段漫长的人生苦旅。

在大都,文天祥又将会遇到什么呢?

## 三、拒降

进入大都后,石嵩直接带着车马来到"会同馆",但这里的工作人员问了他们的情况后,告诉石嵩这里不接待他们,因为会同馆只接待投降的官员,不收犯人。过了很久,他们才把文天祥带到一个小驿馆的偏屋里,然后就没人理他了。

只过了一晚,情况就发生了变化,看守他的人的态度突然来了个180度的大转弯,待文天祥如同上宾,住所和饮食都十分精细考究,他们告诉文天祥这是李罗丞相吩咐的。文天祥意识到元廷对他的劝降开始了,于是他也展开反击,送来的美食他一口不吃,华丽的大床他根本不睡,而是每天穿着宋朝的衣服,面对南方,一直坐到天亮。

果然,没过几天,接二连三的劝降就开始了。

第一个来的是南宋叛臣留梦炎。前面说过,留梦炎与文天祥一样,也是大宋的状元宰相,还是文天祥参加省试时的座师。元廷满以为派他来现身说法,他们两个人一定会有共同语言,可是他们哪里知道,文天祥最讨厌的就是留梦炎。在文天祥眼里,留梦炎就是一个阻挠自己率兵勤王的卑鄙小人,是一遇到困难就逃

## 第七章 不屈的囚徒

跑的懦夫，更是一个寡廉鲜耻、投降元朝的汉奸。所以这两位状元宰相的会面结局不问便知，文天祥一看到留梦炎就把他痛骂了一顿，留梦炎灰溜溜地跑了。

第二个来的是大宋的前皇帝，现在的大元瀛国公赵㬎。元廷这次想利用君臣关系来迫使文天祥投降。文天祥一见这位旧主，根本就不给赵㬎小朋友开口的机会，只是跪在他的面前号啕大哭，并一个劲儿地说："乞回圣驾，乞回圣驾，乞回圣驾。"这时的赵㬎也只不过是一个9岁的小孩，见到文天祥这个阵势，早把来的时候元廷大臣教他说的话给忘了，在文天祥的再三请求下，他只好怏怏离开。

大宋叛臣和亡国之君两次劝降未果后，第三次，元廷动真章了，忽必烈的宠臣、中书平章政事阿合马亲自出场了。

阿合马是个回族人，特长是理财，因此得到忽必烈的信任，此后青云直上，成了炙手可热的人物，官至中书平章政事，成为宰相的副贰。但阿合马既不会做人也不会做官，贪污腐化，无恶不作，最终被人刺杀。阿合马死后，他干的那些缺德事儿都被翻了出来，忽必烈知道后大为震怒，下令开棺戮尸，然后还不解恨，让人将他的尸体抛在野外，任野狗啃食。不过，此时的阿合马还正如日中天，正是最张狂的时候。

阿合马命人把文天祥叫来，文天祥看到阿合马，根本就没把他当回事儿,只是礼节性地长揖了一下就坐下了。阿合马平日里见惯了那些对他低眉顺眼的南宋降臣,一看文天祥这个态度,立即怒喝:"你知道我是谁吗?"文天祥平静地回答:"刚才听人说了,有一个元廷的宰相要来。"阿合马说:"你既然知道我是宰相,为什么不行跪拜之礼呢?"文天祥义正词严地答道:"南朝宰相见北朝宰相,为什么要跪?"阿合马强压着怒火,讽刺文天祥说:"你不是南朝的宰相吗?怎么跑到我们北方来了?"文天祥也不示弱:"南朝要是早用我为相,你们元朝未必能灭亡大宋,我们这些大宋的臣子也不会到你们这里来。"阿合马一看在气势上压不住文天祥,就故意对左右说:"这个人的生死由我做主!"哪知这句话正好戳了文天祥的肺管子,他不怕死,更是一心求死,他大声对阿合马说:"我是一个亡国之人,你要杀便杀,说什么由你不由你的!"阿合马平时被人捧惯了,见到文天祥这么硬气也束手无策了,只好灰溜溜地走了。

劝了三次都铩羽而归,元廷觉得以软的办法恐怕难以诱降文天祥,就决定改变手段,开始对文天祥来硬的了。十月初五日,他们将文天祥移送至兵马司监狱(今北京东城区府学胡同),关进一个土牢,脖子上套上木枷,将双手紧紧缚住,并严加看守。他们还把文天祥从南方带来的衣物银钱都封存起来,每天只给他元钞一钱五分充当伙食费。就这样,文天祥戴着刑具被关了10

## 第七章　不屈的囚徒

多天，才把双手解开。又过了 10 多天，文天祥被折磨得病倒了，他的身上长满了虱子、癞疮。到了十一月初，他颈上的木枷虽已除去，但身上仍系着铁索，不过允许到室外去晒晒太阳，他的身体状况才渐渐好转。

文天祥在兵马司的土牢中被关了整整一个月后，还是不服软，这回连大元的丞相孛罗都坐不住了，他下令要在枢密院提审文天祥，让这个不屈的男人心服口服。

为了打压文天祥的傲气，当他被带到枢密院时，孛罗故意不派人去对接，让他苦等一天，一连四次都是如此。直到第五天，枢密院才开始审问文天祥。

文天祥被带进枢密院大堂，只见场面十分森严肃穆，丞相孛罗高高坐在正中，两旁还正襟危坐着很多枢密院的官员。文天祥和上次见阿合马一样，只是出于礼节向他们长长一揖，然后昂然站立在大堂中间。

这时，翻译官向文天祥喊道："跪！"

文天祥说："我们宋人的长揖之礼，就相当于你们元人的跪拜之礼，我是宋人就要行宋礼，不跪！"

孛罗见文天祥不跪，气得七窍生烟，他命令左右强迫他跪下。当即就有几个如狼似虎的差役上来，结果他们折腾了半天，还是没让文天祥下跪，最后文天祥坐在地上接受孛罗的审讯。

文天祥抬起头愤怒地对孛罗说:"这分明是在动刑法,哪里是礼节?"

孛罗问文天祥:"你还有什么话说?"

文天祥朗声说道:"天下事有兴有废,自古帝王及将相,国亡身死的,哪个朝代没有!我文天祥忠于大宋,以至于此,没有别的要求,只愿早死!"

孛罗见文天祥这么硬气,就想让他彻底折服,于是问道:"你不是说天下事有兴有废吗?好,那你就给我说说从盘古开天辟地一直到今天,这世上有几帝几王。我不清楚,为我逐一说来。"

文天祥一听孛罗的话,就知道他是想让自己说完大宋以后说元廷,让自己亲口承认元朝灭宋是朝代更迭,承认元朝皇帝的正统地位。所以文天祥愤怒地回答说:"浩浩十七部史书,都已记载下来,还有什么说的,再说我今天又不是参加博学宏词科的考试,没必要说这些不相关的。"

孛罗见他没有回答,也不生气,说道:"我是因为你刚才说到天下兴废,所以才有那么一问。这个问题你既然不愿意回答,好,那我再问你,从古到今,可有国家都已经投降了然后又逃走出去另立一个朝廷的吗?"

文天祥立刻听出这是孛罗在说他没有服从太皇太后谢道清和德祐皇帝赵㬎的诏令,讽刺自己是抗旨不从的乱臣贼子而不是忠

第七章　不屈的囚徒

臣。于是他反驳道："把自己的国家拱手奉送给别人，那是卖国的奸臣才做的事。卖国的人，因为有自己的利益在里面，所以一定不会离开新主人；而我们这些没有留在朝廷的，则是还想为这个国家做点事情的人。在出使元营前，我被任命为右丞相，但我没有接受，到了伯颜军前，我因为据理力争而被伯颜囚禁。在我被囚禁的时候，已经有卖国贼将国家献给你们，我知道这个消息的时候国家已经亡了，我那个时候就应当死去。之所以没有死，是因为度宗皇帝还有两个儿子在浙东，我的老母亲也尚在，所以才想留得有用之身为重建大宋出力。"

孛罗抓住了话柄，立刻问道："德祐皇帝赵㬎，不是你的国君吗？"

文天祥答："是。"

孛罗又问："抛弃了你的国君别立二王，这也算是忠诚吗？"

文天祥反驳道："德祐皇帝是我的国君，但他不幸失国。在这样的情况下，社稷为重，君为轻。我们别立新君，就是延续大宋的宗庙社稷，所以只有忠臣才会这么做。当年永嘉之乱，跟随晋怀帝、晋愍帝一起北上的那些大臣不能算作忠臣，而跟随晋元帝衣冠南渡的才是忠臣；当年靖康之难，跟随徽、钦二帝北上的不算忠臣，而跟随宋高宗重建大宋的才是忠臣。"

孛罗被文天祥驳得哑口无言。在场的其他官员都纷纷加入帮助孛罗,就宋端宗赵昰和宋末帝赵昺到底算不算合法的皇帝问题,与文天祥展开争论。一场唇枪舌剑下来,文天祥依然据理力争,不落下风。

文天祥知道这些元朝官吏无法理解他的忠义观,最后说道:"人臣事君,如子事父。如果父亲不幸患病了,明知道这个病已经无药可治,难道就不理不治,放任不管了吗?我们把自己的努力尽到了,就算不可救,那也是天命。今日文天祥至此,有死而已,不用再多言了!"

孛罗也被文天祥说得恼羞成怒,最后说:"你不是一心求死吗?我偏不叫你死,我要把你关押起来!"

文天祥早把生死置之度外,凛然答道:"我为国家,死都不怕,还怕关押!"

孛罗实在无计可施,就命人把文天祥带下去,继续关押起来。这一场精彩的争论,最终以元朝群臣的失败而告终。

文天祥又回到了兵马司的土牢里,他本以为节后就会被杀,谁知等了很多天,还是没有动静。原来,孛罗在审问文天祥后,知道他决不肯投降,就建议杀掉他,而忽必烈和其他大臣都不同意,尤其是张弘范主张不要杀他,这件事就这样被搁置了起来。

从此,文天祥就在这间肮脏而狭小的囚室中住了下来,穿着破烂的宋朝衣冠,等待着死亡的到来。他认为吃元朝的官饭不

## 第七章 不屈的囚徒

洁,所以始终拒绝食用给他送来的牢饭,好在他的好友张弘毅寓居在监狱附近,就天天给他送饭。牢狱生活很苦,但是文天祥连死都不怕,这些困难又算得了什么。闲着无事,他就沉思默想,回忆往事,写作诗歌,以打发无聊的日子。

到了年底,孛罗派人来问狱官:"文丞相的性子还是那么硬吗?"狱官报告孛罗:"狱囚皆已宽放,唯文丞相一人在狱。"孛罗说:"等我上奏皇帝后再来叫你。"文天祥明白,如果再次审问自己,自己必将被杀,不过他早就做好了思想准备。可是这次孛罗失信了,文天祥左等右等,始终没有等到与孛罗的第二次交锋。文天祥猜测,孛罗没再提审他,应该还是怕他态度强硬,让自己下不来台。

南宋的降臣王积翁曾仕宋 30 年,在商业、农业、断案等方面都有着非凡才华,是一位能臣,而且始终关心民生疾苦,不畏强权贵胄。降元后,他的一些发展经济和改善民生的建议都被忽必烈嘉许并采纳。王积翁还对文天祥非常敬佩和看重,当忽必烈想从南宋被俘的官员中录用人才时,王积翁说:"南人无如(文)天祥者。"王积翁一直觉得文天祥这样的人杀了实在太可惜,所以他想尽办法想要保全文天祥的性命。

南宋时理学盛行,这时期理学的一个特点就是在与佛家、道家思想对抗的同时,又吸收了佛、道的许多东西。文天祥从小学习理学，思想里面自然也有一些佛家、道家的出世思想和神仙情结，比如在他青少年时受父亲文仪影响，曾羡慕神仙生活，在罢官隐居期间，向往道家的虚静境界等等。几次劝降的失败让王积翁意识到正面的威逼利诱对文天祥根本不起作用，要想保住性命只能从他思想的最深处，也就是理学入手。于是王积翁请来了一个叫灵阳子的道士经常去狱中拜访文天祥，与他畅谈道家思想，向他灌输出世理念，希望可以在思想上瓦解他的抗元意志。据《宋史》记载：有一次，忽必烈让王积翁来传谕旨，两人聊天时，文天祥说："国家亡了，我一死而已，但如果侥幸不死的话，我就出家做个道士，当个方外之人。"当然，从最后文天祥坚持求死全节的行动看，这样的话也只是闲谈时的有感而发而已。

后来，王积翁找到同是降元的谢昌元等10人，想一起联名上书忽必烈，请求释放文天祥为道士。这时，那位状元宰相留梦炎站出来说："如果放了文天祥，他又来抗元，那我们这些人怎么办呢？"结果此事不了了之。

王积翁还曾上书忽必烈："文天祥是状元宰相，而且忠于所事。如果能释放他的话，以礼待之，一定可以成为人臣的好样子。"忽必烈默然良久，说："告诉狱官好好给文天祥提供茶饭。"文天祥知道后，托人转告王积翁，谢绝了他的好意。

王积翁想保住文天祥性命的计划虽然失败了，但他不遗余力的行为却得到了后世的肯定。当然，如果王积翁成功的话，那文天祥就不是后人敬仰的文天祥了，他还在等待最后舍生取义时刻的到来。

## 四、取义

转眼过了新春，从至元十七年（1280）开始，文天祥在狱中的生活相对"安定"了下来，这一时期他开始着手整理《指南后录》。《指南录》收集了他在率军勤王、出使元营、冒死南归这一时期的诗作，《指南后录》则从他五坡岭被俘后过零丁洋开始，一直写到现在身陷囹圄。《指南录》中的诗大都是叙事诗，记述他当时九死一生的经历，惊心动魄。《指南后录》中的诗则大多是抒情诗，表达他被俘后的思想感受，沉郁悠长。

狱中生活无事，文天祥就通过写诗来抒发心境，但是当他细细读完《杜工部集》后，突然有一种自己想要写的诗句都已被杜甫写完的感叹，于是他大胆创新，采用集句诗的形式将杜甫写过的诗句重新串联，形成新的诗词，也算是苦中作乐。集句诗，又称集锦诗，就是从前人已经写过的诗句中，选取不同诗词中的诗句重新整合搭配成新诗。虽然这种诗历来被人们当作文字游戏，但文天祥的集句诗却与众不同，他的集句诗都只采用杜甫一个人的诗句，还形成了一卷《集杜诗》诗集。诗集中共有五言绝句

200首，详细地记述了从宋理宗晚年到他被关押在大都期间的全部史实，所以也是一部南宋的亡国史，后人对这部集句诗集给予了很高的评价。

突然有一天，文天祥收到了三年多杳无音信的女儿柳娘的来信，让他在惊喜若狂的同时也心如刀割。在信中，他终于知道了他的夫人欧阳氏和柳娘、环娘两个女儿都还活着，现在正在大都的宫中为奴，她们每天身着道家装束，念经诵道，过着囚徒般的生活。从空坑失散到现在，文天祥无时无刻不在挂念她们的安危，他坚信只要欧阳夫人还活着就一定会在某个地方等他。"烈女不嫁二夫，忠臣不事二主。天上地下，惟我与汝"，是他对发妻的信任和期待，可是现在又能怎么样呢？夫妻、父女虽近在咫尺，却不能相见。他知道只要他点一下头，立刻就可以夫妻团聚、父女重逢，不仅可以享受家庭的天伦之乐，还能立刻过上舒适优越的生活，欧阳夫人又会成为万人尊敬的宰相夫人，柳娘今年14岁了，几年后也可以以宰相千金的身份嫁给一个门当户对的乘龙快婿。而现在，她们是囚犯、是人奴，是他造成了她们今天的悲惨处境。

文天祥悲痛的情绪可想而知，但这次元廷的算计又失败了，因为骨肉亲情也丝毫没能动摇他以死殉国的决心！文天祥没有直接给柳娘回信，也许他是知道欧阳夫人和两个女儿被囚禁在宫

## 第七章 不屈的囚徒

中,不一定能收到他的信,也许是他提起笔后不敢落笔,因为怕自己的思念情绪失控,冲毁他一心以死殉国的道德堤坝。

在河间遇到家铉翁时,他告诉文天祥,自己在被留到大都的那段时间,意外遇到了文天祥的大妹妹文懿孙。文懿孙因为丈夫孙桌兵败殉国,也被押解到大都为奴,家铉翁就筹钱将她赎了出来,目前尚在大都。文天祥就挥笔给妹妹写了一封信,说出了他当时的心情。辑录其中数句:

"收柳女信,痛割肠胃。人谁无妻儿骨肉之情?但今日事到这里,于义当死,乃是命也。奈何奈何!

"可令柳女、环女好做人,爹爹管不得。泪下,哽咽哽咽。"

可惜的是,文懿孙也没有收到这封哥哥的来信,文天祥将信交给了王积翁,并委托他寻找妹妹,结果人还没找到,王积翁就被忽必烈派去出使日本,不幸死在途中。直到元朝末年,王积翁的孙子在家中的废纸堆中发现了这封信,信的内容才得以公布天下。

文天祥日夜盼望文璧能来大都,好向弟弟交代自己的后事。到了五月,文璧终于来了。文璧虽然降元,但因为文天祥的缘故,文璧本来不想当元朝的官,可是忽必烈为了巩固大元的统治,推进汉化,要求投降元朝的汉族官员都出来做官,所以文璧也只能继续出仕。

文璧到达大都后,右丞相帖木儿不花将这件事报告了在上都

321

的忽必烈，说："此人是文天祥之弟。"忽必烈问："哪个是文天祥？"孛罗答道："就是文丞相。"忽必烈嗟叹良久，然后说："是好人也！"可见这位大元的皇帝非常尊重文天祥，一直称他为"文丞相"，而不是直呼其名。

忽必烈不在大都，文璧就在大都住了下来，等待忽必烈的召见。关于文天祥和文璧兄弟两个在大都是否见过面，历来众说纷纭、各执一词。认为兄弟两人见过面的理由，是宋末诗人郑思肖写的《文丞相叙》中记载了这件事；而认为兄弟两人没见过面的，则是由于只有《文丞相叙》中记载了这件事，孤证难立。但不管他们兄弟见没见面，文璧和文懿孙兄妹却是见面了，文璧找到了流落在大都的妹妹，告诉她："我们回家！"

其实，不管历史上文天祥和文璧有没有见面，结果都是一样的，因为文璧的劝降肯定也没有成功。

文璧办理完在大都的事情后，就要带着文懿孙回老家了。临行前，文天祥给文璧写了一封信，向他交代了五件事：在家乡给自己买一块墓地；以文陞为嗣子；带文懿孙回老家；请好友邓光荐为自己写墓志铭；在文山建祠堂祭祀自己。除了写信之外，文天祥还把自己平时剪下的须发、指甲和脱落的牙齿，都包起来委托张弘毅送给文璧。此外，文璧来大都时给了他400贯元钞，也被他如数退回，并说："这是元朝的钱，我不要！"

## 第七章 不屈的囚徒

文璧知道自己的哥哥想要什么，于是，他带着妹妹一家，充满悲伤惆怅地踏上了回乡之路，兄弟从此永诀。

回到家乡后，文璧为安顿和保护文氏宗族费尽了心血。他首先把母亲的灵柩从广东移葬故乡，又帮助、周济大妹妹文懿孙一家和体弱多病的二妹妹文淑孙，代为管理弟弟文璋的家事。他还全部收回了文家被元朝没收的田产，教育和培养文家晚辈，建立家庙，祭祀历代祖先。他又按照文天祥的嘱托在文山买地建祠堂，在文天祥就义后命文陞从大都接回了欧阳夫人，使她终老家乡。他尽心竭力搜集文天祥的遗著，并使之流传，让更多的人知道舍生取义、凛然正气的文天祥。总之，文璧弥补了文天祥因不能忠孝两全而留下的遗憾。

这一时期，南宋宫廷的著名琴师汪元量曾几次来狱中探望文天祥。汪元量当年因琴技超群被召入宫中，宋亡后，他随杨太后和小皇帝赵㬎一起被押往大都。忽必烈也对他的琴技大加赞赏，让他做官，汪元量却请求做黄冠道士，忽必烈同意了。汪元量不愿做官是因为在他内心深处始终没有忘记大宋，所以见到文天祥后，两人相谈甚欢。汪元量为文天祥演奏《胡笳十八拍》，给他枯燥的囚徒生活带来了一抹亮色。

至元十八年（1281）正月初一日，这是文天祥在狱中度过的第二个新春佳节，他原以为很快就会被元朝处死，结果在狱中一待又是一年。

文天祥住的这间牢房宽仅八尺，长不足三丈，狭长得像条巷子，牢门低小，窗户短窄，室内阴暗潮湿，不仅终日不见阳光，而且空气也不流通，夏季闷热如蒸笼，冬季又四处漏风成冷库。文天祥在里面已经关了一年多，遭受的痛苦和煎熬可想而知。

五月十七日深夜，大都下了一场特大暴雨，文天祥住的囚室低洼，一会儿房中就涨了大水，雨水甚至没过了木床。墙角的老鼠洞灌满了水，黑暗中一群老鼠在屋内四处乱窜。孤苦无助的文天祥只能站在水中等待天明，大风不断地灌进房来，浑身湿淋淋的他被冻得瑟瑟发抖。

第二天雨过天晴，狱卒过来将门口的泥土、废物清开，屋内的水像决堤的河水一样涌流而出。水流出后，满屋到处是烂泥，一片狼藉，温度一高，屋子里水气弥漫，就像蒸笼一样，死老鼠的味道散发出来，满屋恶臭。一起被关押在兵马司的犯人实在看不下去了，大家搬来一些粪土朽壤，把这间房中的地面垫高了二尺，再用木杵夯实，总算勉强可以让人居住。

即便这样的条件，文天祥仍不屈服，还把这次事件作为对自己的一次历练。心情平复后，他文思泉涌，将这几年的经历全部化为诗句，写下了名垂青史、烛照古今的《正气歌》。

在《正气歌》的序言中，文天祥描述："我被囚禁在大都，住在一间土屋内。土屋有八尺宽,大约四寻深。房门又低又小,窗子又短又窄,房间又脏又低、又潮又暗。到了夏天,各种气味都混合在一起,实在让人作呕。下暴雨时雨水从四面流进来,连木床和木几都漂起来了,这时屋子里弥漫的都是水汽;房间墙壁上的墙泥非常潮湿,阳光一照,散发出阵阵恶臭,这时屋子里弥漫的都是土气;天气最热的时候,屋子四处的风道都被堵塞,酷热难耐,这时屋子里弥漫的都是日气;有人在屋檐下烧柴火做饭,使本来就闷热的房间更加难熬,这时屋子里弥漫的都是火气;旁边仓库里堆积了很多腐烂的粮食,散发出阵阵霉味,这时屋子里弥漫的都是霉烂的米气;关在这里的人很多,在这个小房间里挤在一起,到处散发着汗臭体臭,这时屋子里弥漫的都是人气;还有粪便、尸体、死老鼠,各种各样的恶臭一起散发,这时屋子里弥漫的都是秽气。这么多的气味加在一起,就成了瘟疫,很少有人不染病的。而以我这么虚弱的身体,在这样的环境中生活了两年,竟然没得什么病。我想这大概是因为平时修养的缘故吧,然而这修养是什么呢?孟子说:'吾善养吾浩然之气。'我的周围有七种气,我的心中有一种气,用我心中的一种气就可以打败那七种气,我有什么好担忧的呢!我心中这股博大刚正的气,就是天地之间的浩然正气,因此写成这首《正气歌》。"

录《正气歌》正文如下:

## 凛然正气盈天地：文天祥

天地有正气，杂然赋流形。下则为河岳，上则为日星。
于人曰浩然，沛乎塞苍冥。皇路当清夷，含和吐明庭。
时穷节乃见，一一垂丹青。在齐太史简，在晋董狐笔。
在秦张良椎，在汉苏武节。为严将军头，为嵇侍中血。
为张睢阳齿，为颜常山舌。或为辽东帽，清操厉冰雪。
或为出师表，鬼神泣壮烈。或为渡江楫，慷慨吞胡羯。
或为击贼笏，逆竖头破裂。是气所磅礴，凛烈万古存。
当其贯日月，生死安足论。地维赖以立，天柱赖以尊。
三纲实系命，道义为之根。嗟予遘阳九，隶也实不力。
楚囚缨其冠，传车送穷北。鼎镬甘如饴，求之不可得。
阴房阗鬼火，春院闭天黑。牛骥同一皂，鸡栖凤凰食。
一朝蒙雾露，分作沟中瘠。如此再寒暑，百沴自辟易。
嗟哉沮洳场，为我安乐国。岂有他缪巧，阴阳不能贼。
顾此耿耿在，仰视浮云白。悠悠我心悲，苍天曷有极。
哲人日已远，典刑在夙昔。风檐展书读，古道照颜色。

文天祥的《正气歌》虽然只有60句，300个字，却完美表达了这位忠臣志士高尚的情操和坚贞的气节，读之让人荡气回肠，拍案叫绝。这里面讲到了历史上12位有气节的名臣，文天祥用

## 第七章 不屈的囚徒

他们的事迹来坚定自己的志向。

"在齐太史简。"春秋时，齐庄公被大夫崔杼杀死，齐国的史官太史伯（因其四兄弟都先后担任太史令，可称他为太史伯）便如实记载了崔杼弑君之事。崔杼大怒，命令他把齐庄公写成是暴病而死，太史伯坚决不从，被崔杼杀害。崔杼又召来太史伯的二弟太史仲，让他按照自己的意思写，太史仲也因不屈被杀。随后，他的三弟太史叔也因此被杀。无奈之下，崔杼只好又召来这位太史令的四弟太史季，威胁他说："你的三个哥哥都因不听我的话被我杀了，你难道也不怕死吗？"这位新任的太史令回答："如果我不能如实记下历史，宁愿去死！"崔杼最终妥协。其实，当太史季赴召之时，齐国的另一位史官南史氏推断太史季也会因不屈而被杀，故匆匆手捧竹简而来，要前赴后继如实记载此事。这些史官因不屈权威、秉笔直书而青史留名、万世流芳。

"在晋董狐笔。"这件事发生在春秋时期的晋国，暴虐无道的晋灵公想要杀掉大臣赵盾。赵盾得到消息后想先逃到别的国家，结果遇见了他的同族兄弟赵穿，赵穿说："我去替你评理。"晋灵公不但不听赵穿的意见，还大骂赵穿，于是赵穿率人先下手，杀死了晋灵公。听到消息的赵盾赶紧又回来了。结果晋国的史官董狐直接记录："秋七月，赵盾弑其君"。赵盾找到董狐，问他："谁都知道晋灵公不是我杀的，你怎么能让我承担罪名呢？"董狐回答道:"你身居相位,却曾经逃亡,但回来后也不惩办凶手。这不是你的责任,又是谁的责任!"面对董狐的诘问,赵盾只得作罢。

"在秦张良椎。""汉初三杰"的张良原是韩国人,秦始皇灭掉韩国后,张良一直想找机会报仇。终于他找到一个大力士,在秦始皇出巡经过博浪沙(今河南新乡)的时候,用120斤的大铁锤伏击秦始皇的车驾,可惜误中副车。

"在汉苏武节。"就是著名的"苏武牧羊"的故事。汉武帝派苏武出使匈奴,因为一些变故,匈奴把苏武抓了起来。匈奴人要他投降,苏武坚决拒绝,于是他被流放到北海(今贝加尔湖)边牧羊。为了表示对大汉的忠诚,苏武每天拿着他的符节,后来终于回到汉朝。

"为严将军头。"三国时,刘备派张飞率军进入四川。刘璋手下大将严颜被张飞用计捉住,张飞要他投降。严颜凛然答道:"四川有断头将军,无降将军!"

"为嵇侍中血。"嵇绍是嵇康的长子,在东晋担任侍中。后来发生"八王之乱",乱军想要侵犯晋惠帝司马衷的车驾,嵇绍挺身阻拦不幸被杀,他的血溅到司马衷的衣服上。后来当仆从要去给司马衷洗衣服时,这位以"何不食肉糜"而"青史留名"的傻皇帝却说出了另一千古名句:"此嵇侍中血,勿去!"

"为张睢阳齿。""安史之乱"时,叛军进兵睢阳,太守张巡

## 第七章 不屈的囚徒

誓死守卫，每次上阵督战，都会大声呼喊，眦裂血流，齿牙皆碎。城破被俘之后，张巡拒不投降，依然大骂不止。后来叛军用刀撬开他的嘴巴，发现牙齿都咬碎了，口中只剩下三颗牙齿。

"为颜常山舌。"这个典故说的也是"安史之乱"时，常山太守颜杲卿被安禄山击败擒获。面对安禄山的劝降，颜杲卿坚贞不屈，一直大骂安禄山。愤怒的安禄山派人钩断了颜杲卿的舌头，颜杲卿仍然怒骂，直至死去。

"或为辽东帽，清操励冰雪。"说的是三国时期的名士管宁，他为躲避战乱隐居辽东，曹操和他的子孙都曾征召管宁为官，但他始终都没有答应。后来中原地区安定了，逃到辽东的人都陆续回去，只有管宁继续留在辽东讲学，他常戴一顶黑色帽子，闻名于世。

"或为出师表，鬼神泣壮烈。"这个就是耳熟能详的《出师表》的故事。诸葛亮出师讨伐曹魏之前，写了《出师表》给后主刘禅。宋时就有人说："读《出师表》不哭者不忠，读《陈情表》不哭者不孝，读《祭十二郎文》不哭者不慈。"可见其文的分量。

"或为渡江楫，慷慨吞胡羯。"这个典故说的是"闻鸡起舞"的主人公祖逖的故事。东晋时祖逖率兵北伐，渡长江时，他敲着船桨发誓要北定中原，后来虽然功亏一篑，但他的决心和勇气却让人无比钦佩。

"或为击贼笏，逆竖头破裂。"最后这个典故，说的是唐德宗时军阀朱泚谋反，司农卿段秀实不肯同流合污，于是用上朝时的笏板猛击朱泚的头，并大骂他是谋反之贼，打得朱泚满头是血，段秀实因此被朱泚杀害。

文天祥列举的这些忠臣义士，都是能践行正道和正气的人，他认为自己和他们比起来，个人的生死又算得了什么！他已经做好了最后的准备。

至元十九年（1282）四月，和礼霍孙出任中书右丞相，由于这位丞相好"引用文儒"，一时间，大元朝廷中又出现了让文天祥出仕的呼声。入秋后的某天，忽必烈在上朝时问："南北宰相孰贤？"群臣一起回答："北人无如耶律某（指耶律楚材），南人无如文天祥。"一下子又把文天祥推到了忽必烈的视野当中。

当然，也有人建议快点杀了文天祥，比如参知政事麦术丁。当年文天祥率领同督府军取得江西大捷时，麦术丁正在江西任职，因为见识过文天祥的影响力，所以他竭力主张杀死文天祥。麦述丁甚至还没收了文天祥的棋具、笔墨、书册等，给他本就艰苦的牢狱生活雪上加霜。与麦术丁持相同意见的元朝大臣也不在少数，所以忽必烈也一直举棋不定。

到了这一年的冬天，大都发生了几件震惊朝野的事情，最终促使忽必烈做出了处死文天祥的决定。

## 第七章 不屈的囚徒

第一件事是从福建来了一个善谈星相的和尚妙曦,他向忽必烈上言:"十一月,土星犯帝座,疑有变。"当时已经快到十一月,忽必烈担心到时真出什么事威胁到大元的统治,内心对一些事情也开始敏感起来。

第二件事是不久前,中山府(今河北定州)有个叫薛保住的人聚集了2000多人宣布起义,自称是"真宋幼主",还声称要来劫狱救出文丞相。恰恰此时,太子真金截获了一封匿名信,上面写着"两卫军尽足办事,丞相可以无虑""先焚城上苇子,城外举火为应"等这样有鼻子有眼的话,连怎么劫走文天祥的方法和路线都有了。这件事与和尚的预言联系在一起,不能不使元廷感到万分紧张。忽必烈命令大都立即实行戒严,并决定将大宋的宗室都迁往上都开平(今内蒙古锡林郭勒盟正蓝旗境内)以北,同时也特别提防有人会来劫走文天祥。

第三件事是十二月初七日,司天台上奏"三台折",从天文观测的角度证明了天文爱好者妙曦和尚的推论和预测是正确的。忽必烈把几件事加在一起,觉得这件事必须有一个最后的说法了,要么文天祥投降,要么杀掉他,只要他活着,那些反元的百姓心里就有希望。

忽必烈终于决定要亲自见一见这位闻名已久的文丞相,进行最后一次劝降。

十二月初八日，忽必烈召见文天祥。文天祥依旧长揖不拜，左右强逼他下跪，文天祥还是抵死不跪，殿前的武士甚至用金棍打伤了他的膝盖，但他仍站立不动。

最后，忽必烈见文天祥硬气如此，也就没再强迫他跪倒，他问文天祥有什么话要说。

文天祥从容不迫地说："我们大宋没有无道的皇帝，也没有需要你们拯救的百姓。我大宋不幸恰逢太皇太后年老，德祐皇帝年幼，加上权臣贾似道等误国，在用人等一些政策上出现了一些问题。你们元朝用我们大宋的叛将叛臣，进入我们的国都，断绝了大宋的宗庙社稷。我文天祥成为宰相是在大宋的再造之时，大宋亡了，我应该马上一死殉国，不应该活这么久。"

忽必烈说："你如果能像侍奉亡宋一样侍奉大元，我立即任命你为中书宰相。"

文天祥答道："我文天祥是大宋状元宰相，还是那句话，大宋亡了，我只有死，不可生。"

忽必烈又说："你不当宰相，当枢密使也可以。"

文天祥断然拒绝："除了一死之外，其他没有什么想做的了。"

忽必烈一看文天祥还是不屈服，就命人先把他带下去。

文天祥离开后，那些主张处死他的大臣纷纷对忽必烈上奏：

## 第七章　不屈的囚徒

"既然文天祥不肯归附，不如就满足他的请求，赐他一死。"麦术丁更是力劝忽必烈早下决断，他说："文天祥英才伟略，古今罕有。当年在福建汀州开督府，筹略号令，我大元的将帅很少有能比得上的。如果真把他释放了，他一定会回到江南，号召天下再度反叛，这是国家的大患。不如就按他自己的请求赶紧杀了他，以绝祸根。"

忽必烈最后一想，文天祥被关押在大都数年，自己这边什么手段都用了，可他就是不降，"如虎兕在柙，百计驯之，终不可得"。

最终他决定，批准臣下所奏，下诏杀文天祥。

第二天，元至元十九年十二月初九日（1283年1月9日），为了表示对这位大宋宰相的尊重，元廷派出宣谕使并带着大队人马和金鼓到狱中迎文天祥去刑场。

当身在囚室的文天祥听到门口马蹄声、甲胄刀剑摩擦声，还有金鼓之声的混杂声音传来时，他突然意识到，今天，他三年两个月零八天的囚徒生涯将画上一个句号，他终于求仁得仁。

宣谕使向他宣布了死刑的诏书，文天祥听后欣然说道："吾事了矣！"然后神态从容，脸不变色，稳步走出监狱，登上囚车。

这一天，大风扬沙，天地昏暗，城门紧闭，士卒披甲登城，整个大都戒备森严,唯恐有人来劫法场救走文天祥。

文天祥到了柴市刑场。大都居民纷纷不顾官府禁令来到刑场,观者如堵,一下子来了万余人。

宣谕使当众宣布:"文丞相是南朝忠臣,大元皇帝想请他当宰相,文丞相不同意,现在按照他的心愿,赐其一死!"

接着,文天祥要来纸笔,在刑场写下了两首绝笔诗:

昔年单舸走淮阳,万死逃生辅宋皇。
天地不容兴社稷,邦家无主失忠良。
神归嵩岳风雷变,气吐烟云草树荒。
南望九原何处是,尘沙黯淡路茫茫。

衣冠七载混毡裘,憔悴形容似楚囚。
龙驭两宫崖岭月,貔貅万灶海门秋。
天荒地老英雄丧,国破家亡事业休。
惟有一灵忠烈气,碧空长共暮云愁。

写完后,文天祥掷笔于地,然后对行刑官大声说:"吾事已毕,心无怍矣!"

说完头也不回地走上了刑台。

## 第七章 不屈的囚徒

接着，就是本书开篇的第一幕。

忽必烈决定杀死文天祥后，又突然后悔了，他急忙下诏停止行刑，而此时文天祥已经就义。

至此，随着文天祥的慷慨赴义，两宋的历史也画上了句号。

# 尾 声

## 凛然正气盈天地

《宋史·列传·卷一百七十七》这样评论文天祥之死:"自古志士,欲信大义于天下者,不以成败利钝动其心,君子命之曰'仁',以其合天理之正,即人心之安尔。"又说:"观其从容伏质,就死如归,是其所欲有甚于生者,可不谓之'仁'哉?"

文天祥就义后,官府派人搜查了兵马司的那间土牢,将所得他的诗稿全部上缴朝廷,读过的人都被他的执着和坚贞所打动,有的人甚至掩面哭泣。文天祥在庐陵的老家也被当地官府查抄,办事的官吏只看到这里一贫如洗、四壁萧然。虽然南宋官员的俸禄不低,但由于文天祥经常接济亲戚朋友和穷人,所以余钱实在有限,即便攒下一些,也在赣州起兵勤王时全部毁家纾难了,这

# 尾　声　凛然正气盈天地

让来查抄的人都不禁肃然起敬。

文天祥不仅为大宋付出了自己的生命和全部家资，还付出了自己的家庭，他的母亲、长子、长女、四女、五女、幺女都死在颠沛流离或战乱当中，活下来的一妻二妾都被长时间关押，欧阳氏最后回到了故乡，但黄氏和颜氏却不知所踪。二女和三女都在几年后作为元朝公主的陪嫁终身远离故土。次子佛生在空坑失散后，文天祥以为他已不在人世。但幸运的佛生不仅成功脱险，还被文天祥的好朋友罗宰收养。文陞与文佛生后来终于相见，兄弟二人抱头痛哭，可惜不久之后佛生便身染重病，去世时年仅18岁。

为了匡扶南宋这座将倾的大厦，文天祥虽然妻离子散、家破人亡，但他依然志向不改、视死如归，实践了他在临行前在《自赞》中的承诺："孔曰成仁，孟曰取义，惟其义尽，所以仁至。读圣贤书，所学何事。而今而后，庶几无愧。"

一年后，文天祥归葬故乡的愿望终于实现。在江西吉安富田乡的鹜湖旁边，有一座虎形山，文天祥就长眠在此。

文天祥就义后，他的好友邓光荐不忘好友的嘱托，怀着悲痛又崇敬的心情，撰写了《文信国公墓志铭》，他还为文天祥写下了《信国公像赞》《文丞相传》《文丞相督府忠义传》，以及《哭文丞相》《挽文信公》等诗，向人们介绍文天祥的生平事迹，成为后人研究文天祥最重要的第一手史料。

王炎午得知文天祥就义的消息后，北向痛哭，又写了《望祭文丞相文》颂扬文天祥一生的事业和追求："名相烈士，合为一传，三千年间，人不两见。"

曾经在文天祥面前朗读《生祭文丞相信国公文》的王幼孙，悲痛之余也写了《祭文丞相信国公归葬文》："今公一死，弥久弥光，卓然君臣之义，屹立万世之防。"

琴师汪元量作了一首《浮丘道人招魂歌》，怀念他与文天祥相处的时光，并赞叹说："我公就义何从容，名垂竹帛生英雄。""忠肝义胆不可状，要与人间留好样。"

邓光荐、王炎午、王幼孙、汪元量只是一个缩影，在全国各地，越来越多的人在得知文天祥的故事后对他充满了敬仰，他们用祭文、诗词、传记、建祠、立碑等方式怀念他的崇高气节和正气人生。有人收得文天祥穿的鞋子，将它小心翼翼地收藏起来，作为传家宝，可见人们对他的敬仰之重。

在他的老家庐陵，乡贤祠里增设了他和李芾的塑像，与欧阳修、杨邦乂、胡铨、周必大、杨万里的塑像一起，成为后人敬仰的对象，实现了他少年时的誓言。

元、明以后，文天祥的这种忠节义气和风范更是屡屡唤醒世人的历史记忆，成为忠臣义士和文人士子的效法模范与敬仰对象。

明代的于谦歌颂文天祥："殉国亡身，舍生取义，气吞寰宇，

## 尾声 凛然正气盈天地

诚感天地。"

清代的乾隆皇帝感慨道,"才德兼优者,上也;其次,则以德为贵,而不论其才焉",而文天祥"忠诚之心不徒出于一时之激,久而弥励,浩然之气,与日月争光"。

清末维新志士谭嗣同在《文信国日月星辰砚歌并叙》中赞扬道:"天枢绝,坤维裂,潮无信,海水竭,御舟覆,厓山蹶。"

鲁迅称赞文天祥"是给中国人挣面子的"英雄人物。

在抗日战争的烽火中,文天祥更是成为中华儿女抵御外侮、不做亡国奴的榜样!

毛泽东在读《新唐书·列传·卷三十八》时批注:"岳飞、文天祥、曾静、戴名世、瞿秋白、方志敏、邓演达、杨虎城、闻一多诸辈,以身殉志,不亦伟乎!"

总之,700多年来,文天祥伟大的人格力量和崇高的道德品质,已经在我国历史上铸就了一块无与伦比的正气丰碑,他的精神已内化成为中华优秀传统文化中不可分割的一部分,对中国人的行为准则、思维模式、文化涵养产生了深远的影响,让人们在敬仰英雄的同时,也得到人格的锤炼和精神的升华。

纵观文天祥的一生,无负于大宋,无负于大义,更无负于他"人生自古谁无死,留取丹心照汗青"的铮铮誓言。

凛然正气盈天地。

# 后 记

我曾经多次努力回忆与耿元骊老师初识时的细节，无奈既没有文字记录留下，两位当事人的记忆又均已模糊，所以很多细节已经无法完整复原。但通过与其他相关人物事件的比对求证，大致可以确定，我们是在2007年12月耿老师回长春参加博士答辩时，经高福顺师兄引荐认识的。借此说明文字记载对于历史研究的重要性，以及在没有直接史料的情况下，旁证、考证等方法的重要性。

十几年来没少叨扰耿老师，而耿老师总是秒回且有求必应，我对此深怀感激。所以，2020年3月，当耿老师问我是否想参加他主编的"宋朝往事"系列时，我欣然答应，于是，我开始撰写

# 后 记

《开国皇帝：赵匡胤》。写作过程愉快而充实，4月份启动，10月份交稿。第二年7月，"宋朝往事"系列第一批五本出版。那会儿我正在长沙参加大学毕业二十周年聚会，记得那是7月18日，聚会已经结束，我和好姐妹小玉早就约好在长沙再聚两天。晚上10点来钟，我俩正准备去黄花机场接她从上海比赛归来的女儿，我看到了书已正式面世的信息，很开心地分享给小玉，她则毫不迟疑就转发到了我们大学同学的微信群。于是，祝贺的礼花、玫瑰花与点赞的大拇指立即霸了屏，结果就是，一个晚上，我许诺送出去了五六十本书。这本书据说后来还卖得不错，我想，这其中就有我自己冲的销量吧。这种历史通俗读物，老少咸宜，而我在朋友圈也晒过，关注我的人也都知道我写了本赵匡胤的书。而暑假我又刚回趟老家，跟小学、初中、高中、大学同学乃至亲朋好友都才聚过会，他们纷纷冲我要签名本，所以，从我手里签名、邮寄出去的书都有近200本吧，我可真是为国家的历史普及尽了绵薄之力哈。后来也收到几份情真意切的反馈与好评，倍感惊喜。

2021年8月，"宋朝往事"系列第二辑启动，我们参加第一辑的十位老师只有一位因分身乏术而退出。第一辑，我写的是宋朝第一位大英雄赵匡胤，这一次，我选择了两宋最后一位大英雄文天祥，也算是有始有终吧。对于这两位在中国历史上留下浓墨重彩篇章的人物,我倾注了相当多的感情,看他们在我的指尖下逐渐清晰、饱满、生动起来,真是人生至乐之事。

耿老师绝对是个超级温情的主编及监工,每个星期,他会在我们"宋朝往事"微信群里风雨无阻、饱含深情地催几次稿:"明天又是周末了,诸位亲!写起来,写起来,写起来!""各位兄弟姐妹,亲人!今儿个周日了,抓紧晚上的宝贵时间啊!多写一点!再多写一点!期待!""天冷,疫情,大家都可以宅家写书稿啦!期待!""兄弟们,亲们,又一位亲,刚刚交给我10万字啊,10万字!亲,诸位亲!爱你们哦!"……瞧,花样翻新,从不重复!不得不承认,耿老师的催稿@是我的快乐源泉之一哈。

衷心谢谢耿老师的振臂一呼,把我们这些来自五湖四海的人聚至一堂,为了一个共同的目标而努力奋斗。为了这个目标的完美达成,日理万机的耿老师为此付出了太多,从选题、定书名、催稿、逐本审校到最后统稿,无不凝结着他的心血,这其中,最难的就是催稿吧。

需要郑重说明的是,《开国皇帝:赵匡胤》《凛然正气盈天地:文天祥》两书,均参考引征了学界前辈、同人的诸多研究成果,因书体裁所限,不能在正文中一一列出,在此致以最诚挚的谢意与歉意。

我的一位供职于澎湃新闻的大学同学说:历史通俗读物还是

# 后　记

应该由专业的历史学者来书写，虽然并不一定妙笔生花，但至少秉持"论从史出"的原则，不杜撰，不夸张，不粉饰，不随心所欲发挥，不天马行空想象，通俗而不低俗，浅显而不肤浅，真心诚意尊重每一位历史人物，脚踏实地讲好每一个历史故事。

这既是肯定、鼓励，也是鞭策、监督。

是为记。

蒋金玲

2022 年 1 月 24 日，长春